# OLD-BRAND ENTERPRISES

CASE STUDIES AND DEVELOPMENT REPORT

(2017-2018)

---

老字号绿皮书

# 老字号企业案例及发展报告 No.5

（2017 - 2018）

主编　张继焦　刘卫华

中国市场出版社
China Market Press
·北　京·

图书在版编目（CIP）数据

老字号绿皮书：老字号企业案例及发展报告. No. 5，2017—2018/张继焦，刘卫华主编. —北京：中国市场出版社，2018. 8
ISBN 978-7-5092-1631-6

Ⅰ. ①老… Ⅱ. ①张…②刘… Ⅲ. ①老字号-企业发展-案例-中国-2017—2018 Ⅳ. ①F279. 24

中国版本图书馆 CIP 数据核字（2018）第 032873 号

**老字号绿皮书：老字号企业案例及发展报告 No. 5（2017—2018）**
LAOZIHAO LÜPISHU：LAOZIHAO QIYE ANLI JI FAZHAN BAOGAO No. 5（2017—2018）

**主　　编**　张继焦　刘卫华
**责任编辑**　郭　佳　辛慧蓉（xhr1224@aliyun. com）
**出版发行**　中国市场出版社 China Market Press
**社　　址**　北京市西城区月坛北小街 2 号院 3 号楼（100837）
**电　　话**　编 辑 部（010）68033692　读者服务部（010）68022950
发 行 部（010）68021338　68033577　68020340
总 编 室（010）68020336　盗版举报（010）68020336
**经　　销**　新华书店
**印　　刷**　河北鑫兆源印刷有限公司
**规　　格**　170 mm×240 mm　16 开本
**印　　张**　15. 75　　**字　　数**　310 千字
**版　　次**　2018 年 8 月第 1 版　**印　　次**　2018 年 8 月第 1 次印刷
**书　　号**　ISBN 978-7-5092-1631-6
**定　　价**　98. 00 元

# 本书编委会

**老字号学术委员会委员（以姓氏拼音为序）**

**陈　鸣**　博士，广东技术师范学院教授

**陈阿江**　博士，河海大学社会学系教授

**戴时焱**　北京市西城区社会科学界联合会高级政工师

**高　崇**　博士，香港树仁大学社会学系助理教授

**蓝达居**　厦门大学副教授

**蓝宇蕴**　博士，华南师范大学教授

**李吉星**　博士，云南省社会科学院副研究员

**李培志**　博士，天津市社会科学院副研究员

**李勇军**　博士，中南民族大学教授

**李宇军**　中国社会科学院城市发展与环境研究所副研究员

**刘朝晖**　博士，浙江大学副教授

**罗康隆**　博士，湖南吉首大学历史与文化学院院长、教授

**马　艳**　博士，中国社会科学院民族学与人类学研究所副研究员

**陶　冶**　博士，山东大学副教授

**田　广**　博士，汕头大学商学院教授

**田　阡**　博士，西南大学历史文化学院教授

**王　焯**　辽宁省社会科学院副研究员

**邢启顺**　贵州省社会科学院副研究员

**闫　春**　博士，广西桂林理工大学管理学院副教授

**臧得顺**　博士，上海市社会科学院副研究员

**张小敏**　中国社会科学院民族学与人类学研究所副研究员

**赵巧艳**　博士，广西师范大学副教授

**周尚意**　博士，北京师范大学教授

**老字号学术委员会外籍委员（以首字拼音为序）**

**八卷惠子**　博士，日本广岛大学管理学系教授

**滨田友子**　博士，美国威廉和玛丽大学教授

**方伟晶**　博士，香港中文大学教授

**郭世宝**　博士，加拿大卡尔加里大学教授

**梁浩瀚**　博士，美国纽约州立大学教授

**万军民**　博士，日本福冈大学教授

**王琛发**　博士，马来西亚道理学院教授

**王向华**　博士，香港大学教授

**中牧弘允**　博士，日本国立民族学博物馆教授

**祝家丰**　博士，马来西亚马来亚大学中文系前主任

# 序言

OLD-BRAND ENTERPRISES
Case Studies and Development Report No.5
（2017—2018）

为推动我国老字号研究，建立我国企业品牌案例库，由本书编委会、中国人类学民族学研究会都市人类学委员会和企业人类学委员会、国际人类学与民族学联合会（IUAES）企业人类学委员会和中国社会工作协会企业公民委员会等几家机构组织，联合全国各地社科院和高等院校，开展了广泛的老字号研究工作。本书是这方面研究的第五本绿皮书，汇集了近两年来老字号研究的新成果，致力于进一步推动老字号的深入研究。

“老字号”通常是指历史悠久，拥有世代传承的产品、技艺或服务的商号。老字号之所以在今天格外受到重视，不仅仅是因为其经济的和商业的价值，更因为其文化的和历史的价值。实际上，老字号已经成为中华民族传统文化的重要组成部分，成为传统民间商业文化的代表。这些老字号都是我国数百年商业和手工业竞争中留下的极品，蕴含着数代人艰难坎坷的奋斗历程。

改革开放以来，我国的经济发展突飞猛进，社会生活发生了巨大变迁，工商品牌也层出不穷。国外工商名牌大量涌入国内，受到年轻人的追随。这些变化都对中华传统老字号形成了挑战和冲击，使一些老字号倍感失落，有的老字号甚至举步维艰。当然，也有一些老字号和闻名遐迩的百年老店重新焕发了青春。例如在北京，有始于清朝康熙年间至今已300多岁的“同仁堂”，有创建于清咸丰三年（公元1853年）的中国布鞋第一家内联升，有165年历史的瑞蚨祥绸布店，有明朝中期开业以制作美味酱菜而闻名的六必居等，依然生意兴隆。这些老字号都是中华历史、中华文化的一部分。

有些老字号不仅是百年老店，甚至是千年老店。比如，浙江宁波黄古林工艺品起源于公元713年，已有1 305年的历史，堪称浙江最早的老字号店；浙江丽水市景宁□族自治县惠明茶叶公司，起源于公元861年，已有1 157年的历史；北京老药铺永安堂的历史近600年；北京王致和的历史近350年；云南的老拔云堂可回溯至1728年，至今已有近300年的历史。还有全聚德、冠生园、陈李济、狗不理等，历史都超过了百年。

从这些千年、百年老字号中，我们不但可以发现数代传承的产品、技艺和服务等非物质文化遗产，挖掘中华民族重诚信守信誉的商业传统，而且可以领略中国人的创业精神。这是中华民族一笔宝贵的商业文化遗产，随着时间的推移，愈显弥足珍贵。

**李培林**

中国社会科学院副院长

2018年

# 目录

**OLD-BRAND ENTERPRISES**
Case Studies and Development Report No.5
（2017—2018）

## 第1章　总　论



## 第2章　各省老字号协会2017年度工作成果

## 第 3 章 “老字号价值体系：品牌延伸与品牌重塑”专题研究



## 第 4 章 “老字号的现代转型”专题研究



## 第 5 章 “老字号的地域性、国际性”专题研究

## 第6章 “餐饮、食品类老字号”专题研究



## 第7章 “海外老字号”专题研究

# 第1章 总 论

## 企业人类学：老字号研究的四个阶段和范式转变

张继焦 李宇军[1]

**摘要：**七年来老字号研究经历了四个发展阶段，期间老字号的研究实践始终与企业人类学的学科建设紧密联系在一起。第一个阶段是试探性研究时期，第二个阶段处于边干边学的摸索时期，第三阶段的研究深度、广度和高度得到不断扩展，第四阶段引入社会结构转型理论，形成了独特的创新研究视角，实现了企业人类学的范式转变，引领人类学民族学走出困境，使其学科地位从配角变成主角。

**关键词：**企业人类学 老字号研究 四个阶段 范式转变

### 一、本文的缘起

企业人类学不属于企业管理、经济学等经济管理类学科，却要调查研究老字号，对此很多人都表示不理解。无论是在学术界（如在人类学、民族学、社会学等领域），还是在企业界、政界，都有些同学、朋友曾经问过我：什么是企业人类学？从人类学角度研究老字号有什么特别之处？如何做老字号研究才有现实意义和学术价值？

[1] 供职单位：中国社会科学院民族学与人类学研究所、城市与环境研究所。

全国各地都有或多或少的老字号[1]，相应地，也有不少的老字号研究成果。我国人文科学界和社会科学界关于老字号研究的成果非常丰富，大致可分为八个研究视角[2]。这些成果多来自历史学、企业管理学、法学（关注老字号的品牌商标）等不同的学科。但是，到目前为止，从企业人类学角度研究老字号的学术成果相对比较少，还有很大的发展空间。

## 二、老字号研究七年记：四个发展阶段

从2010年年底启动到2017年年初为止，我们从企业人类学角度对老字号的学术探索历时7个多年头，大致经历了四个发展阶段。

### （一）老字号研究的第一阶段：2010年年底—2011年9月

对老字号的研究始于2010年年底。那时，我开始策划老字号调研项目，2011年年初启动，逐渐形成了涉及13个省份的研究团队。2011年9月第一本老字号皮书正式面世了。做老字号研究的学术基础是什么呢？2003年我曾经编写过一本《商贸民俗词典》，里面涉及很多的老字号、老幌子等。这本词典至今没有正式出版，但钻研老字号、老幌子等的种子在我的学术生涯里埋下7年之后，终于冒出了做老字号研究的树芽。为什么在这个时候会破土而出呢？其学科基础在于关于企业人类学的第一篇中文论文[3]在2009年发表了，中国学者领衔的企业人类学研究得到了国际人类学民族学界的认可，并成立了一个专门委员会。[4]新兴的企业人类学需要一个实际的研究对象作为学科生长的土壤，老字号被选为这门新兴学科实证研究的对象。在老字号研究的最初阶段，我们了解到历史学、经济

[1] 例如，目前浙江省仍在经营的老字号企业大约有400家，其中，国家级的“中华老字号”91家、浙江省级的老字号233家、杭州市级的老字号78家；2009年天津市有113家企业首批荣获“津门老字号”称号；截至2011年年底，上海共有经过认定的“中华老字号”180家。

[2] 八个研究视角包括：商标和品牌价值、法律、非物质文化遗产、经营策略和市场营销、民族文化内涵、企业市场竞争力、历史学和文献学的方法、人类学民族学社会学的视角等。参阅张继焦. 企业人类学的创新视角：老字号的研究现状、现实意义和学术价值［J］. 创新，2015（1）.

[3] 张继焦. 企业人类学的实证与应用研究［J］. 云南民族大学学报，2009（1）.

[4] 张继焦. 企业人类学：作为一门世界性的前沿学科［J］. 杭州师范大学学报（社科版），2014（4）；张继焦. 企业人类学：学科体系建设、发展现状与未来前景［J］. 杭州师范大学学报（社科版），2015（4）.

学、管理学等学科已经对老字号做过大量的研究，我们的主要研究任务是了解老字号企业的发展状况和前景，特别是老字号在现代经济条件下的转型问题。[1]

在这个阶段，为了发挥我们这些非经济管理类研究者的特长，我们主要采用案例研究方法，分析老字号企业的现代转型。在第一本老字号皮书中，我们用六章的篇幅，分别从现代公司治理水平、市场竞争力、信息化水平、技术创新能力、社会责任能力、企业与政府关系等六个方面，研讨了老字号的发展程度和能力。[2]严锦梅将老字号企业的信息化发展分为四个阶段：(1) 简单数据处理阶段。这类老字号企业只配备了极少量的计算机，对计算机的使用方式只限于简单地记录或处理相关的数据，还没有在企业内使用任何信息管理系统。例如，上海老半斋酒楼开业于清光绪三十一年（1905年），由几位扬州籍的银行界人士创办，以经营镇扬风味菜为特色，原名“半斋总会”，曾改为“半斋菜馆”；因为街对面开了一家“新半斋菜馆”，于是，又改名为“老半斋酒楼”。2011年我们在上海的调查显示：老半斋酒楼目前尚未建立真正意义上的计算机信息系统，其企业信息化工程还停留在简单数据处理阶段。(2) 企业局部信息化阶段。这类老字号企业内的一些部门配备了适量的计算机，并各自拥有独立的信息系统，如采购管理系统、生产管理系统、财务管理系统、人力资源管理系统等。但是，这些部门的管理系统之间在功能上不能相互关联，其信息也不能相互交流和使用，在企业内部形成了一些各自为政的“部门壁垒”或“信息孤岛”。譬如，成立于1952年11月4日的中国书店，以经营古旧书刊、古文献为主，是一家集对各类古旧图书的收购、发行、出版、拍卖于一体的国营商业企业。2011年我们在北京的调查显示：中国书店处于局部信息化阶段，已建立起销售信息化系统和企业网站。因为还没有建立起整套完善的信息系统，企业内部的采购、销售、资金流动、库存等各方面的信息不能及时流通、共享。(3) 企业内部信息集成阶段。这类老字号企业已经拥有全套信息系统，采购、生产、销售、库存和自动化办公管理等信息可以在各业务部门之间共享和流动。例如，北京盛锡福1911年始创于天津，20世纪30年代开始在北京设立分销处。目前经营的帽品有8个系列（时装帽、休闲帽、裘皮帽、针织帽、儿童帽、礼士帽、棒球帽、草帽等）近4 000个花色品种。我们2011年曾到北京盛锡福帽业

[1] 李宇军，张继焦. 中国“老字号”企业的经营现状与发展前景 [J]. 广西经济管理干部学院学报，2014 (4).

[2] 张继焦，等. 老字号蓝皮书——中国“老字号”企业发展报告 No.1 (2011) [M]. 北京：社会科学文献出版社，2011：179-244.

有限责任公司进行实地调查，了解到：盛锡福已建立办公自动化管理系统、销售管理系统、财务管理系统、人力资源管理系统等，并建立了公司网站，开展了网上销售，其所拥有的计算机信息系统虽然没有达到如 ERP [1]等国际先进管理系统的水平，但基本上实现了企业内部信息资源的流通与共享。（4）企业内部和外部信息集成阶段。这类老字号企业采用了 ERP、SCM [2]、CRM [3]等信息管理系统，实现了与供应商和分销商等合作伙伴共享相关数据和信息资源，进而将企业内部和外部的信息资源充分地整合、利用。比如，北京稻香村食品公司的前身是稻香村南货店，创立于 1895 年。早在 1998 年，稻香村就开始使用信息管理系统。2003 年，开始运用 ERP 来支持管理升级。ERP 的运用实现了数据的实时获取，使得稻香村庞大的销售网络和生产、库存等实现了一体化，增强了企业的综合管理实力和市场竞争力。始建于 1853 年的内联升，是国内历史最悠久也是规模最大的手工布鞋经营企业，2000 年开发了门店销售系统和生产管理系统；2004 年上线了生产管理系统，与分销系统实现无缝连接；2006 年将业务模式在系统中固化；2008 年 9 月启动了 ERP 项目；2009 年 6 月 ERP 正式替代原有的信息管理系统，负责日常运营；2010 年运用 CRM 对顾客数据实现了高效管理。2011 年我们在 13 个省份的调查发现：半数以上老字号企业（占 51.1%）的信息化管理水平仍处于信息化管理发展的第二阶段，即企业局部信息化阶段，虽然企业内部一些部门已建立起自身的信息管理系统等，但是企业内部各部门之间仍存在“信息孤岛”现象。[4]

关于企业的社会责任，我们认为，老字号企业的利益相关者的多少，决定了

---

[1] ERP（Enterprise Resource Planning，企业资源计划），由美国 Gartner Group 公司于 1990 年提出，是一种主要面向制造行业进行物质资源（物流）、人力资源（人流）、财务资源管理（财流）、信息资源管理（信息流）集成一体化的企业管理系统，可以进行跨地区、跨部门甚至跨公司的系统化管理。

[2] SCM（Supply Chain Management，供应链管理），最早来源于彼得·德鲁克提出的经济链，而后经由迈克尔·波特发展成为价值链，最终演变为供应链；是在 ERP 的基础上发展起来的，将产业上游原材料和零配件供应商，产业下游经销商、物流运输商及产品服务商以及往来银行结合为一体，构成一个面向最终顾客的完整电子商务供应链，目的是降低采购成本和物流成本，提高企业对市场和最终顾客需求的响应速度。

[3] CRM（Customer Relationship Management，客户关系管理），是美国 Gartner Group 公司于 1999 年提出的概念，是一个获取、保持和增加可获利客户的方法和过程，也是选择和管理有价值客户及其关系的一种商业策略。CRM 要求以客户为中心的商业哲学和企业文化来支持有效的市场营销、销售与服务流程。

[4] 严锦梅．“老字号”企业的信息化水平分析［M］//张继焦，等．老字号蓝皮书——中国“老字号”企业发展报告 No.1（2011）．北京：社会科学文献出版社，2011：201-211.

企业需要承担的社会责任，反映了企业发展的不同程度和规模。[1] 根据企业承担社会责任的多少，殷鹏把老字号企业的社会责任发展分为四个类型："自顾型"企业、"少责型"企业、"多责型"企业和"全责型"企业。"自顾型"企业的经营规模通常不大，发展比较缓慢，只能维持自身的经营。2011 年经过调查得知，"自顾型"企业近 20 家，占整个调查的老字号企业比例为 5.7%。"少责型"企业的规模有所扩展，有生产和营销人员，企业开始成长，可以承担一些社会责任。"多责型"企业的规模较大，已经形成了较完整的管理机构，关注经销商、供应商与消费者的需求。"全责型"企业的规模庞大，管理机构复杂，不同管理部门之间分工细致，有的企业甚至设置了社会责任管理部门。调查显示："少责型"的老字号企业占比达到 70%。[2]

从老字号研究的这个阶段起，我们一直在探讨老字号的竞争力、长寿秘籍和发展前景，借用了企业管理学中的一些概念和理论，弥补了人类学的知识不足，解答了国人和国内外学者对老字号的疑惑。

从企业人类学的学科建设来看，老字号研究的第一个阶段（2010—2011 年），是人类学试探性地研究老字号的时期。我们试图以人类学为学科主体，积极地吸收历史学、经济学、管理学、信息科学、医学、食品科学等学科的知识，对老字号企业进行多学科的探讨，是初步形成老字号研究框架和研究团队的阶段。

### （二）老字号研究的第二阶段：2012 年年底—2014 年 3 月

2011 年 8 月到 2012 年 8 月，我到加拿大多伦多大学访学一年。这可以说是老字号研究中断了一年时间，也可以说是我们对如何做老字号研究进行了一年的思考。2012 年 11 月，老字号研究重新启动，到 2013 年 8 月形成了书稿，2014 年 3 月，第二本老字号皮书问世。

经历了第一阶段的试探性研究之后，本阶段的研究设计是：有明确的研究重点，以便集中时间和精力深入钻研，而不再是泛泛地做全国性调查研究。因此，这个阶段的调研目标以"一些地区、一些行业、一些方面"为主。一些地区，指在广东、浙江、辽宁、天津、云南、北京等省（直辖市）开展重点调研；一些行

---

[1] 李宇军，张继焦. 从价值链角度看企业发展与承担社会责任的关系 [J]. 思想战线，2011 (3).

[2] 殷鹏. "老字号"企业的社会责任 [M] //张继焦，等. 老字号蓝皮书——中国"老字号"企业发展报告 No. 1 (2011). 北京：社会科学文献出版社，2011：189-200.

业，指被调查老字号企业主要来自医药、食品、餐饮等三大行业；一些方面，指对老字号企业的研究内容主要集中在市场营销和品牌建设、企业社会责任、传承和创新等三个方面。

本阶段体现出了一个比较明显的特点：扎根深入研究。因为只有把根扎得深一点，树苗才能长得更加茁壮。我们依然以人类学为主，但已初步掌握了历史学、经济学、管理学等不同学科的知识，专业科研能力得到了加强；研究对象集中于医药、食品、餐饮等三大行业中的老字号，深入探究其企业社会责任（有6篇论文）、市场营销和品牌建设（有5篇论文）、传承和创新（有4篇论文）等三个方面。比如，黄孝东、李培志从非物质文化遗产角度，探讨老字号医药企业——天津达仁堂的企业文化传承与创新，指出：老字号企业要想在激烈的市场竞争环境中实现持续发展，需要在继承传统技艺的基础上不断创新，打造独具个性的企业文化并以此引导企业发展。如果刻板地遵循传统工艺的制作方法和炮制技术，医药类老字号企业将会丧失发展活力，很快被现代市场经济所淘汰，传统技艺也将变成对传统的“记忆”。达仁堂的独到之处在于：通过开放的、多元化的方式培养企业传承人，使传统技艺具备一种“活态”特征；通过申请专利、做好非物质文化遗产的申请与保护工作，使传统技艺始终具备焕发新活力的潜质；通过不断引进世界一流的技术与生产设备，以市场化、产业化的方式保持传统技艺持续增值。

在这个阶段，研究对象从中国大陆扩展到了境外的老品牌，如韩国现代汽车、香港八珍、马来西亚传统杂货店等。比如，高崇研究了一家香港老字号——八珍。八珍立足香港超过80年，以生产销售甜醋、酱油等调味品为主要业务，从一个小小的传统杂货铺，发展到今天有三家工厂（香港两家，中国大陆一家），产品超过50种，分销网络涵盖中国大陆、美国、澳洲、加拿大、新加坡、文莱、英国等地。八珍之所以能够活到今天，原因之一是近20年前平稳地实现了领导层的交接。在面对家族代际转换和遗产分割的时候，因为有共同的家族情感作为基础，八珍顺利地完成了领导人的交替，秉承了家族精神。八珍生意的延续还有稳定的经营场所作为物理空间基础。八珍很早就自行购买店铺物业，减少了租金持续攀升的压力，避免了很多老字号因为承受不了高昂租金而被迫结业的后果。[1]

[1] 高崇. 香港八珍国际有限公司：“老字号”企业的生意延续和传承［M］//张继焦，刘卫华. 老字号绿皮书——老字号企业案例及发展报告 No. 2（2013—2014）. 北京：中央文献出版社，2014：258-266.

打通人类学与不同类别学科之间的知识关系是一件很不容易的事，但对企业人类学的学科建设非常重要。进入老字号研究的第二个阶段，我们积极探索人类学与其他学科知识交融问题，在市场营销和品牌建设、企业社会责任、传承和创新等三个方面取得了较大的进步。比如上文所述的八珍案例分析，作者身居香港，对八珍做了扎实的深入调查，找出了八珍做甜醋发家的时代背景、社会经济基础和民间习俗等。20 世纪 30 年代初期和 40 年代中期，一大批年轻人从内地到香港寻找工作机会，香港的婴儿出生率随之上升，出现了两轮“婴儿潮”。广东、香港等地有个传统习俗，即产妇要食用甜醋滋补身体。八珍甜醋价廉物美，普罗大众都买得起，故需求旺盛。

### （三）老字号研究的第三阶段：2014 年 3 月—2015 年 9 月

从 2014 年 3 月至 2015 年 9 月的一年半时间，是老字号研究的第三个阶段。这个阶段的代表性成果是由一系列老字号研究论文集结而成的第三本老字号皮书。中国社会科学院副院长、学部委员李培林为这本书写了序言。李培林指出：老字号品牌是中国数百年商业和手工业竞争中留下的极品，凝聚着数代人艰难坎坷的奋斗历程。这是中华民族一笔宝贵的商业文化遗产，随着时间的推移，愈发弥足珍贵。这本老字号皮书的出版，从总体上回答了人们对企业人类学和用人类学来研究老字号的一些疑惑，是一本有一定的学科理论支撑的老字号研究成果。

经过第二阶段的重点调研，我们逐渐意识到老字号研究不但要有个案研究的深度，还要有一定的广度和高度，如对城市发展与老字号的关系、企业人类学的学科建设与老字号研究的关系等进行探讨。

首先，我们意识到：不能只把老字号企业作为个体来研究，要在城市发展的框架下看老字号发展。我们曾分别从“自下而上”和“自上而下”两个视角，探讨老字号、老商街与城市竞争力的关系[1]。我国各地的国家历史文化名城和历史文化名街，虽然所处的地理位置不同，但是，在城市化快速发展的进程中，都同样面临旧城改造或城市更新问题。20 世纪 90 年代，吴良镛从城市的保护与发展

[1] 张继焦. 老字号、老商街如何重拾竞争力. 中国民族报，2014-09-12：第 6 版整版；张继焦. “自上而下”的视角：对城市竞争力、老商街、老字号的分析［J］. 广西民族大学学报（哲社版），2015（2）.

角度，讨论了城市有机更新和有机秩序问题。2000年以来，城市规划学者对城市更新提出了多种不同观点。[1] 城市的老商街是经过千百年的历史积累而形成的，既不可再生，又难以复制，更不易替代。老商街文化一旦形成，会反过来影响人们的商业经营和消费行为模式。费孝通曾指出："强调传统力量与新的力量具有同等的重要性是必要的，因为中国经济生活变迁的真正过程，既不是从西方社会直接转渡的过程，也不仅是传统的平衡受到干扰而已"。[2] 国内外一些著名的商业街越来越重视商业街文化的再造。2014年12月，笔者在海南省调查时考察了海口骑楼历史文化街区。20世纪30年代，已有35个行业572家商铺，如海口大厦、大亚旅店、远东公司、泰昌隆、梁安记、云旭记和广德堂等许多大商号在老街的骑楼里。那些拥有一批老字号的老商街，自然地带有独特的文化特质，这有利于提升老商街的竞争力，也有利于保持城市的竞争力。当然，老字号企业随时都面临着外部的双重压力——来自全球化和本土化的市场竞争，需要将企业内外部已有的传统优势与新生的现代优势相结合，不断提升自身竞争优势和竞争实力。[3]

其次，我们还意识到：搞老字号研究，要与企业人类学的学科建设相结合。《企业人类学的创新视角：老字号的研究现状、现实意义和学术价值》这篇论文将企业人类学与老字号研究结合起来，探索了从人类学角度研究老字号的特别之处，不但丰富和促进了企业人类学这门新兴学科，而且赋予了老字号研究的学科支撑和现实的学术价值。企业人类学眼中的企业既有其营利性的一面，也有其承担社会责任的一面，我们对企业的经济性和社会性两个方面都进行探讨，通过创立国内和国际的老字号研究网络、建立中国自己的品牌企业案例库、建立老字号企业信息资源数据库等，创立了一套基于企业人类学研究老字号的学术体系。笔者还写了几篇关于企业人类学的论文，其中有两篇专门讨论企业人类学的学科体系，一篇是《企业人类学：作为一门世界性的前沿学科》，另一篇是《企业人类学：学科体系建设、发展现状与未来前景》。这两篇探讨企业人类学学科体系的论文，都把老字号研究的相关成果作为学科建设的主要内

---

[1] 张更立. 走向三方合作的伙伴关系：西方城市更新政策的演变及其对中国的启示 [J]. 城市发展研究，2004 (4)；张平宇. 城市再生：我国新型城市化的理论与实践问题 [J]. 城市规划，2004 (4)；吴良镛. 北京旧城保护研究（上篇）[J]. 北京规划建设，2005 (1)；吴良镛. 北京旧城保护研究（下篇）[J]. 北京规划建设，2005 (2).

[2] 费孝通. 江村经济：1939 [M]. 南京：江苏人民出版社，1986：1.

[3] 李宇军，张继焦. 中国"老字号"企业的经营现状与发展前景 [J]. 广西经济管理干部学院学报，2014 (4).

容之一。

在老字号研究的第三阶段，企业人类学的学科建设与老字号研究的结合越来越紧密，两者相辅相成、相互辉映，不但反映出老字号研究的深度、广度和高度在不断扩展，而且表现出从具体的老字号研究到抽象的企业人类学理论提升之间的连接关系。

### （四）老字号研究的第四阶段：2015 年 10 月—2017 年

2015 年 10 月，第三本老字号皮书的出版，既标志着老字号研究第三阶段的结束，也意味着第四阶段的开始。在这个阶段，我们总结了七年来开展老字号研究的经验和知识，形成了最新的研究框架，即：从企业人类学角度，探索老字号的四个研究层次。

随着这个新颖的研究框架推出，老字号研究不但有了理论基础，也有了更多的分析工具。可以预见：（1）老字号研究团队将不断扩大、更加有活力，因为将有更多地方的学者愿意加入进来；（2）老字号研究将取得更多的学术成果；（3）今后老字号研究的学术水平将有一定的提升；（4）老字号研究还将继续下去，并成为我国人类学研究的一个重要组成部分。

总体来看，七年多来，老字号研究的学术实践始终与企业人类学的学科体系建设紧密联系在一起，两者相互促进，不但深化了老字号的经验研究，而且持续地充实了这个学科的知识体系，提升了企业人类学的理论水平。

## 三、结语：从企业人类学角度，探讨老字号的研究范式转变

中国经济的迅速崛起是人类历史上的一个奇迹，具有中国文化特色的老字号企业在其中发挥了很大的作用。我们对老字号的研究没有停留在对老字号企业的故事描写和案例分析阶段，而是基于本土老字号的调研，进行了大胆思考，开展了理论创新实践。

### （一）老字号研究的新型理论基础和范式转变

2015 年 7 月，我们斗胆提出“企业人类学标志着人类学的第四次革命”这一观

点，引发了一批年轻人类学者的思考和讨论。[1] 从那时起，我们开始进一步思考老字号研究的深度、广度和高度等问题。特别是，出于对企业人类学的学科建设和研究范式的思考，我们找到了一个可以支撑和促进人类学研究范式转变的经济社会学理论，这个理论就是李培林创造性地提出的“社会结构转型”理论（或称“另一只看不见的手”理论）。李老师认为，在中国经济快速发展和社会巨大转型时期，在国家干预（有形之手）和市场调节（无形之手）这“两只手”之外，还存在“第三只手”，即中国社会结构转型。这只“手”也是影响资源配置和经济社会发展的力量。[2]

这个理论的最大贡献在于点明了在资源配置和经济发展方面，社会结构性因素具有与政府、市场同等重要的作用。在西方发达国家，政府的主导作用逐渐让位于市场、市场的作用逐渐从社会从分离出来，都是一个艰难的过程。我认为，社会结构性因素可以用两个概念来表述：一个叫“大社会”，或称广义的社会结构性因素，指的是整个人类社会，包括政府、市场与社会三者及它们之间的相互关系和共同作用。在中国这个没有完成工业化、市场化、城市化等现代化过程的国家，政府、市场与社会这三者经常混在一起，三者之间的界线还不是很清楚。另一个叫“小社会”，或称狭义的社会结构性因素，即政府、市场之外的社会结构性因素。无论是大社会还是小社会，都是“看不见的手”。这样，我们可以把大社会看成“另一只看不见的大手”，把小社会看成“另一只看不见的小手”。有了这个宏观的理论视野，我们就可以使企业人类学和包括老字号在内的所有企业研究发生研究范式的转变。总之，“另一只看不见的手”理论推动人类学经典的整体论向前发展了一大步：从整个社会的宏观角度看待和分析资源配置和经济社会发展，分析现代各种的组织和企业（包括各种老字号企业）。企业人类学引入社会结构转型理论作为其新的基础理论，实现了研究范式的转变。

---

［1］ 2016年6月26日—7月3日，第五届中国人类学民族学中青年学者研修班在云南省大理大学举行。笔者受邀前往授课。在这次讲课中，我首次提出：企业人类学的兴起标示着人类学的第四次革命。此前的三次革命分别是：第一次革命是对原始民族的研究，这标志着人类学作为一门独立科学的产生；第二次革命是对农民社会的研究，这标志着人类学开始进入探究现代农村社会的学科门类；第三次革命是对都市社会的研究，这标志着人类学跨入探索现代化都市社会的征程。

［2］ 其主要观点体现在三篇论文里：李培林．“另一只看不见的手”——社会结构转型［J］．中国社会科学，1992（5）；李培林．再论“另一只看不见的手”［J］．社会学研究，1994（1）；李培林．中国社会结构转型对资源配置方式的影响［J］．中国社会科学，1995（1）．

### （二）引领人类学民族学走出困境：学科地位从配角变成主角

在企业人类学这个名称出现之前，在人类学研究工商业组织的 80 多年时间里，曾经有过四个不同的名称：工业人类学、组织人类学、工商人类学和经营人类学。这些看上去很实用，可能可以赚到钱的学科，为什么没有在人类学民族学界产生比较大的影响呢？我觉得，最主要的原因是人类学在工业、组织、工商、经营等领域的研究中，都是充当了配角。无独有偶，人类学的其他一些分支学科，如法律人类学、政治人类学、艺术人类学、医药人类学等，也存在类似的情况。在这些交叉学科中，只是利用人类学理论和方法，来协助分析法律、政治、艺术、医药等其他领域的内容。在此种情况下，人类学谈不上有什么理论创新，或者形成新的研究范式。在企业人类学中，我们强调了人类学的主导性；企业人类学的兴起，使人类学民族学的学科地位从配角变成了主角。企业人类学已经形成了自己独特的新研究范式，成为一门前沿学科。

从 2010 年年底以来的七年多时间里，我们从企业人类学角度对老字号的学术探索在国内外学术界产生了一定的影响。与经济、管理、法律等学科对老字号的研究不同，企业人类学眼中的老字号既有经济性的一面，也有社会性的一面，更有政治性的一面。在社会结构转型理论指导下，我们提出了独特的创新研究视角。我们提出这套既有中国特色又与西方接轨的新型理论体系，不但引发了企业人类学自身研究范式的转变，也必将引发国内外人类学研究范式的变革；不但可以在世界学术舞台发出中国自己的声音，而且可以在国际上争得一定的学术话语权。希望本文能够抛砖引玉，让我们共同努力，创立中国特色的人类学理论和学派。

# 工匠精神：老字号核心竞争力的企业人类学研究

王　焯[1]

**摘要：**基于企业人类学的研究视角，通过问卷调查和个案的定量定性分析可知，老字号世代相袭的店规、祖训和承袭至今形成的独特的企业文化，都是其宝贵的工匠精神，这些精神是老字号企业的核心竞争力和价值优势所在，在企业的传承与变迁历程中具有重要的社会功能。

**关键词：**工匠精神　老字号　核心竞争力　企业人类学

## 一、问题提出和研究假设

2015年国务院政府工作报告中提出了“工匠精神”这一概念，指出“鼓励企业开展个性化定制、柔性化生产，培育精益求精的工匠精神，增品种、提品质、创品牌”。那么，作为中华传统优秀商业品牌，老字号的工匠精神体现在哪些方面？当下如何挖掘、保护和继续发挥老字号的工匠精神，避免老字号走入部分学者所说的中国企业发展“富不过三代”[2]的怪圈？这是时代的提问，也是一个耐人寻味的企业人类学研究课题。

从史料和实地调研可知，老字号历经百年兴盛不衰，究其原因，除了独门手

[1]　供职单位：辽宁社会科学院。

[2]　汪继峰．家族企业如何迈过“富不过三代”这道坎［J］．国际人才交流，2004（2）；屈寰昕．由“富不过三代”拷问家族企业创业者［J］．商业文化，2009（9）；陈啸．民营企业“富不过三代”的原因探析及对策［J］．科技情报开发与经济，2009（36）；张伟湘，欧阳梦雪，王小莓．神秘的家族信托——解开“富不过三代”的魔咒［N］．人民文摘，2012-08-15.

艺、产品外，还有一个重要因素就是坚守生产和管理的品质，而坚守靠的就是严格的铺规店规、承袭祖训或经营理念。如胡庆余堂，开业之初，创办者胡雪岩便亲笔书写“戒欺”匾额，胡庆余堂一直尊尚匾额中所书的“采购务真，修制务精”理念来经营和管理店铺。同仁堂则曾奉行一套“自东自掌”的祖训家规，即“一切不假手外人”、“不用徒弟，不用资方代理人，不准子孙经营其他业务”。这些世代相袭的店规、祖训延续至今形成了其独特的企业文化和人力资源管理模式，也就是老字号的工匠精神所在。

据老字号企业课题组[1]在全国12个省份的调查显示，被访问的老字号企业经理人认为，本企业与同行业其他公司相比的优势，主要体现在四个方面：第一是品牌（26.4%）；第二是产品质量（22.6%）；第三是传统工艺技术（15.2%）；第四是消费者（8.7%）。可见，老字号企业的品牌、产品质量、传统工艺技术是企业经营者心中较为突出的竞争优势所在。

本文拟探讨的主要问题是：工匠精神这个因素是如何作用于老字号企业的？老字号企业对这个因素是如何认识的？大量史实证明工匠精神在某个特定历史阶段会直接决定老字号的兴衰，假设“工匠精神”是老字号企业的核心竞争力，那么其是不是决定性因素？本文拟通过问卷调查和个案分析方法，剖析工匠精神这个要因的功能与关系，为老字号充分发挥和提高核心竞争力提供理论依据。

## 二、理论依据

企业人类学关注的是企业中人的社会性，认为经济上的成功与文化密不可分。

日本的经营人类学[2]“从广义的意义上把组织作为‘文化的存在’来理解，公司这一组织很大程度上受历史、民族、地域等文化特性的影响，同时它也是创造新的文化的‘主体’”。著名工商人类学家Ann Jorda认为：工商人类学开始关

[1] 2011年，中国社会科学院民族学与人类学研究所的老字号企业课题组组织在全国开展了大规模的问卷调查，受访者为企业管理者，调研涉及浙江、广东、云南、四川、辽宁、福建、北京、上海、天津等12个省份。收回有效问卷378份。课题主持人为张继焦博士，课题组成员主要来自中国社会科学院、商务部及部分高校、学术机构和企业。笔者作为辽宁驻地调研员，负责辽宁地区的调研统筹工作。

[2] 1989年，日本的村山元英在《经营的海外转移论：通向经营人类学的道路》一书中首次提出“经营人类学”的概念。其后，中牧弘允和日置洪一郎将人类学与经营学结合在一起，对经营人类学开展了一系列深入的研究，并对中国企业人类学的发展起到了推动作用。

注组织文化是因为所有组织都是有文化的，而不仅仅是个机构而已。企业不是一个机械的个体，而是一个由很多员工组成的共同体。解析企业的各种现象，离不开以人为本的视野。“企业人类学中的企业既有其经营营利性的一面，也有其承担社会责任的一面。”老字号亦然。比如，很多老字号企业的职工能几十年如一日地坚守企业，并不是单纯出自追求金钱或别无他路的动机，还有社会的、心理的等方面的因素，包括对企业的归属感、认同感、在社会上受人尊敬的优越感等，而这些更为重要。企业的经营理念和管理是靠人来学习和执行的。个体的信念、特点会影响员工工作上的表现甚至企业的整体发展。因此，考量老字号企业的核心竞争力不能单纯从企业技术、规模、产值等着眼，必须充分考虑到人的社会性，将企业作为一种社会文化的存在，“匠人”“匠心”缺一不可。

迈克尔·波特在20世纪80年代提出企业竞争理论，认为价值链包括制造产品、销售、运输、售后服务等主要活动和提供所购买的投入要素、技术、人力资源管理、企业范围内实施的多种职能的辅助活动。其中技术是一个关键因素。老字号企业大都拥有独特的技术，而工匠精神属于人力资源管理范畴。人力资源管理决定了劳动技能和员工激励的水平，“在某些行业里，人力资源管理活动是企业竞争优势的关键”。张继焦在《价值链管理：优化业务流程、提升企业综合竞争能力》一书中提出：“企业的核心竞争力是企业生存和发展的根本，也是价值链管理的根本所在。”他认为，运用企业竞争理论研究老字号的核心竞争力，需要把核心能力和系统运作能力结合起来，“拥有的世代传承的产品、技艺或服务，以及具有良好信誉的和相当价值的品牌等，可以视为‘老字号’企业的核心竞争力”。工匠精神的核心内涵即是一种精益求精、精雕细琢的信誉与品牌的培育和塑造体验，在企业竞争理论范畴则归属至老字号的核心竞争力，是企业发展的关键因素。

运用企业人类学和企业管理学的竞争理论来综合研究老字号的核心竞争力，不难发现，老字号企业的工匠精神（从历史的角度称做店规、祖训或经营理念，从现代企业管理的角度可以称做企业文化、人力资源管理，也可称做老字号的精神）是企业竞争力价值链上的一个至关重要的因子，影响着其他因子的作用发挥。工匠精神会制约技术传承的优劣，失了“精神”，技术可能荡然无存。这种相互作用在小型老字号企业中尤为凸显。当然，除了这个因子以外，价值链上还有许多其他因素与工匠精神相互作用，共同制约着企业的竞争力。但就老字号企业而言，这个因子相对来说更加重要。

## 三、问卷分析

2011年始，中国社科院组织老字号企业课题组进行了两次全国性调查，涉及全国12个省份，共收回问卷近500份，受访者大都为企业管理人员。笔者作为辽宁驻地调研员先后组织并实施了两次问卷调查，辽宁省共收回有效问卷93份。近年来，笔者先后对沈阳萃华金店、老龙口、中和福茶庄、老边饺子、胡魁章笔庄和祖家坊等老字号企业进行了深度访谈，撰写企业案例和随笔多篇。这些调研为本文对老字号企业核心竞争力的分析提供了大量的定量和定性的分析基础。

问卷调查的老字号企业样本来自北京、上海、天津、重庆等12个省（直辖市），涵盖餐饮、零售、食品、酿造、医药、服装鞋帽等企业，样本所在行业分布较为均匀，充分考虑了行业的代表性（见表1）。

**表1**

**问卷调查样本来源**

| 地点 | 数量（份） | 有效百分比（%） | 行业 | 数量（份） | 有效百分比（%） |
|---|---|---|---|---|---|
| 北京 | 34 | 9.0 | 餐饮 | 67 | 17.7 |
| 上海 | 50 | 13.2 | 零售 | 29 | 7.7 |
| 天津 | 35 | 9.3 | 食品 | 86 | 22.8 |
| 重庆 | 38 | 10.1 | 酿造 | 40 | 10.6 |
| 浙江/杭州 | 42 | 11.1 | 医药 | 55 | 14.6 |
| 广州 | 51 | 13.5 | 服装鞋帽 | 25 | 6.6 |
| 辽宁/沈阳 | 32 | 8.5 | 文化用品 | 12 | 3.2 |
| 福建/厦门 | 11 | 2.9 | 日化用品 | 13 | 3.4 |
| 云南/昆明 | 12 | 3.2 | 酒店旅游 | 9 | 2.4 |
| 吉林/长春 | 31 | 8.2 | 美容美发 | 1 | .3 |
| 河北/石家庄 | 20 | 5.3 | 工艺品金银珠宝 | 11 | 2.9 |
| 四川/成都 | 22 | 5.8 | 五金机械 | 14 | 3.7 |
| | | | 家居电器 | 5 | 1.3 |
| | | | 其他 | 11 | 2.9 |
| 合　计 | 378 | 100.0 | 合　计 | 378 | 100.0 |

通过问卷分析整理可以看到，企业管理者认为老字号企业相较于同行其他企业的首要优势在于品牌影响大，占61.44%；其次是品牌时间长，占19.95%。说明大多数老字号企业将自身具有良好信誉和相当价值的品牌视为企业生存与发展

的重要优势。品牌价值说认为：品牌的核心内涵体现在企业的价值、文化和个性三方面，是一种超越生产、商品和所有有形资产以外的无形资产。而工匠精神作为企业生产和管理的文化体现，与品牌在精神内核上高度统一，是品牌培育、塑造和传承的主要表现与保障条件。

进一步将前三项优势综合分析，可以看出，除了品牌影响大和品牌时间长这两项优势之外，传统工艺技术和产品质量成为企业管理者认同的重要优势，分别占 19.92%和 14.73%（见表 2）。综合来看，品牌效应、传统工艺技术和产品质量是老字号企业获得竞争优势的三个重要因素。在具有传统品牌效应的老字号企业，传统手艺与品牌是老字号企业独树一帜并且传承下来的价值链因子，也是老字号核心竞争力的重要构成。调研还发现，品牌、手艺作为老字号核心竞争力的重要构成，也是一把双刃剑。老字号企业往往存在新产品少、管理落后等问题，创新成为老字号企业发展的难点。

**表 2**

**老字号企业发展的重要优势**

| 项目 | 前三位综合优势 | | 首要优势 | |
|---|---|---|---|---|
| | 频率 | 百分比 | 频率 | 百分比 |
| 价格 | 41 | 3.95% | 41 | 10.90% |
| 品牌影响大 | 254 | 24.45% | 231 | 61.44% |
| 品牌时间长 | 173 | 16.65% | 75 | 19.95% |
| 回头客多 | 90 | 8.66% | 14 | 3.72% |
| 产品种类 | 11 | 1.06% | | |
| 产品质量 | 153 | 14.73% | | |
| 传统工艺技术 | 207 | 19.92% | 11 | 2.93% |
| 服务态度 | 31 | 2.98% | 3 | 0.80% |
| 工作效率 | 3 | 0.29% | | |
| 宣传广告 | 8 | 0.77% | | |
| 管理水平 | 12 | 1.15% | | |
| 经营成本 | 12 | 1.15% | | |
| 政府支持 | 38 | 3.66% | | |
| 银行支持 | 5 | 0.48% | | |
| 其　他 | 1 | 0.10% | 1 | 0.27% |
| 合计 | 1 039 | 100.00% | 376 | 100.00% |

为了进一步分析工匠精神对于老字号企业发展的影响，我们对老字号企业的经营满意度、社会责任、发展前景进行了函数检验（见表 3）。回归模型检验显示，

$R^2$ 为0.071，F检验为13.39，Sig值为0.00，小于0.05，通过F检验。回归系数的T检验值分别为2.934和4.107，Sig值分别为0.004和0.000，均小于0.05，通过T检验。最后，可得回归方程为 $Y=1.578+0.057X=0.28Z$ 。具体解释为：老字号企业的经营满意度受到社会责任和发展前景的影响，非标准化分别为0.057和0.28。在经过标准化之后，老字号企业社会责任影响系数为0.152，企业发展前景为0.212。社会责任作为老字号企业遵守的准则在企业经营中具有重要的影响力。

**表3**

**老字号企业经营满意度模型分析**

| 模型 | 非标准化系数 | | 标准系数 | t | Sig. |
|---|---|---|---|---|---|
| | B | 标准误差 | 试用版 | | |
| 1（常量） | 1.578 | 0.149 | | 10.596 | 0.000 |
| 老字号企业社会责任 | 0.057 | 0.019 | 0.152 | 2.934 | 0.004 |
| 老字号企业发展前景 | 0.280 | 0.068 | 0.212 | 4.107 | 0.000 |

说明：因变量为经营满意度。

结合访谈和问卷分析结果，可做出如下判断：

（1）老字号企业的管理者认为，工匠精神属于老字号企业的群体共识，既是具有社会责任感的价值理念，又是在企业实践和员工行为中真正起作用的实践准则。可以说，工匠精神是老字号企业对自身经济生产和经济活动的一种信念、倾向和主张。

（2）老字号企业的工匠精神具有强烈的企业文化个性。在作用上，真正解决企业问题的理性思维，反映了老字号企业主体的基本价值取向或者价值判断标准，更重要的是工匠精神是企业持续竞争优势的重要来源。

（3）老字号企业的工匠精神作为员工共同的价值理念，就如同老字号传承的灵魂一样，是老字号成员的思维方式和形式准则。但工匠精神并不能带来直接的绩效和成果，它只能成为一种随时发挥的能力，切实促使增加企业绩效和保持企业核心竞争力。

## 四、案例分析

### （一）基本情况

沈阳胡魁章、北京李福寿和上海周虎臣并称为中国毛笔中的“三杰”。胡魁章笔庄创办于清道光三年（1823 年），距今已有 190 多年的历史。本文选择胡魁章笔庄作为研究对象，是因为在数次历史变革中，胡魁章笔庄虽然经营规模小、产品较为单一，却一直保持着生命力。通过多次访谈得知，其中一个很重要的原因就是员工对企业的认同感和归属感，还有从进了胡魁章的门便跟“老人”学到的胡魁章的道理、精神。美国工业人类学[1]家阿普尔鲍姆（H. Apple-baum）曾从产业工人的共同生活中归纳出他们的工作文化，指出这种工作文化是适合工作绩效和社会互动的一套知识、技术、态度和行为体系，并制约和影响着生产的许多环节。可见，手艺和精神这两个价值链因子对于胡魁章笔庄来说作用显著。而且胡魁章笔庄这个样本较小，经营规模不大，人员结构简单，价值链较为单一，有利于更集中地对各因子作用于企业核心竞争力的强度进行功能性分析，也更能直观地反映出价值链上工匠精神这个因子的作用力。

## （二）胡魁章笔庄的工匠精神

### 1. “没有出家心，做不了狼毫笔”

对于胡魁章笔庄来说，“出家心”意味着心善、念纯、耐得住寂寞。现任笔师李如[2]介绍说：“刚学徒那会儿，师傅啥也不教，就只是让瞅着。师傅说，先瞅，能坐得住才能学。”年轻时他们也想干别的工作，可是后来都不想了。“师傅教我们时说，干这一行不可能大富大贵，要有一颗平常心。”有了平常心，还要适应艰苦的制笔环境。“现在的毛越来越难拔了”，“可能是气候变暖的缘故，绒比毛都多，根本看不到毛根儿，拔完身上全是绒，有时还往嗓子眼里钻，真难受。”做羊毫笔时，羊毫从羊皮上拔，羊皮要沤出蛆，让蛆吃了皮，毛才拔得下来。每逢夏天羊皮沤得很快，满盆子的蛆，味道比厕所还臭。许多想学徒的人一看到这场景扭头就走，再也没来过。平时两位师傅做笔时从不闲聊，只是开个收音机提神，免得犯困。他们爱听评书，但从不听音乐，“音乐太吵，静不下心。”一天八小时，累的时候就站起来溜达一会，直直腰，看看花草放松一下眼睛。做笔的工作枯燥乏味收入低，很多人尤其是年轻人没有耐心学，更别说把它当职业几十年如一日

[1] 美国的企业人类学经历了从工业人类学（Industrial anthropology）到组织人类学（Organizational anthropology）或工商人类学（Business anthropology）的进程。

[2] 文中人物名字均为化名。

地干。据悉，曾经有聋哑学校的学生来学都待不下去。对于胡魁章笔庄来说，“后继有人”必须求得有缘人、有识之人。

2．“从入门那天就不能做假”

胡魁章笔庄有个不成文的规定：绝对不能造假。笔庄现在的难处主要是“做不出那么多笔”，究其原因，一是笔师少，学徒少，招不来合适的人；二是笔庄做的狼毫笔一大特点就是以苘麻[1]作为重要原料，现在只有胡魁章笔庄还在延续和传承着这种古老的工艺，这种工艺使得制作胡魁章的狼毫笔比普通毛笔要耗时百倍。今天市场上充斥着各种化纤尼龙加健的毛笔，非专业人士难以区分。访谈中当问及是否能不放苘麻、用普笔代替狼毫笔时，笔庄的王主任很惊讶地说，“再慢也得坚持做，这是老祖宗的手艺，不能丢”，否则就是“上对不起祖宗，下对不起子孙”。对于加苘麻影响效率的问题，笔庄的人说“用过的人都知道是好笔”“买的少也没关系，反正也做不了那么多笔”。而且，他们认为用化纤尼龙加健的笔难以临写古代碑帖，容易使初学毛笔者养成不良习惯，甚至产生厌学心理。传承这项古法制笔技艺非常重要，影响深远。笔庄的现任学徒启东说他来了三年，从没见师傅们晚来早走过，没人管他们，也没有质量监督，胡魁章出的笔靠的全是他们的自觉，而他们所呈现出的自觉性总让人觉得他们完全不像现代人。“至今顾客没有因为笔的质量问题找来的。”这是胡魁章笔庄人一直为之津津乐道的事。

3．“喜欢才能做得长，做得好”

胡魁章笔庄的王主任已经在笔庄工作了30多年，经历了笔庄从复建到兴盛，从兴盛到衰败，现在又再次振兴的历程。20世纪80年代末90年代初，笔庄是盈利的国营单位，门槛很高。现任笔师刘师傅说，“当时做梦都想来”，“进来了就很高兴，很珍惜”。1998年转企改制之后，笔庄经营惨淡，以前的经理甚至觉得烧煤的钱比卖笔挣的钱还多，到了冬天就让员工们放假回家，希望他们自谋出路。

[1] 锦葵科植物，北派制笔的重要原料，笔中掺苘的制笔方法已有八百年以上的历史。通过对苘麻的梳理，切割成马蹄型，在笔头的锋、腰、根中分别加以一苘、二苘、三苘，这样的毛笔像磁石一样吸着笔柱中的尾毛，使其抱拢不散、易于吸墨、吐墨均匀。

笔庄的产权、房屋等也几乎被变卖一空。但员工并没有放弃笔庄，笔庄开门时一招就来。现在笔庄慢慢恢复了元气，员工的工资也才 2 000 元左右，比沈阳的最低工资高不了多少。问王主任怎么不换个工作，她开玩笑地说："我也不会干别的啊！"顿了顿又严肃地说："要说不喜欢也是不可能的。喜欢才能做得长，做得好。"她说 1997 年笔庄遭遇黑社会强迁时，她四处奔走，找到政府有关领导，结果该领导让他们别找了，说笔庄还不如一个小饭店呢，言外之意是笔庄的收益甚微，纳税额连一家小饭店都不如，这事不值得管。王主任说她当时就气得说不出话来，她说："我们是老字号，是祖宗留下的传统文化，多宝贵啊，怎么能和小饭店相提并论呢?!"

"对创业者而言，具备总体上对文化价值观的良好理解及个体上个性化的文化特色，能够在国际市场和经济全球化中获得成功。"对胡魁章笔庄文化的认同感决定了笔庄的传承。现在笔庄的所有者萧总就是一位热爱书画艺术的文人，曾经在传统媒体工作过，有人想出资千万元收购笔庄他都没同意，这个价格已经远超过他当初收购笔庄的价格。现在他不仅不着急出售笔庄，还广邀好友和有识之士开办了胡魁章书道馆，定期开办以胡魁章笔庄为基础的文化沙龙，传播书画艺术等传统文化。与此同时，萧总还拓展经营思路，扩大经营范围，重视衍生品的开发，恢复生产了宫廷笔、胎发笔、定制笔等传统制式毛笔和多种文房产品，开发了沈阳特色文化礼品。为了普及书法这项传统文化，胡魁章博物馆和胡魁章书画学校也正在筹建中。

2012 年新入门的学徒启东毕业于鲁美书法专业本科，读书时主动来胡魁章笔庄学习，毕业后就加入了笔庄的大家庭，潜心学习制笔工艺，有望成为第七代传承人。笔庄的师傅说："这是个好孩子，懂书法，做起笔来更有感觉。""这么多年了，启东学得很好，这孩子能吃苦，笔庄有希望了。"启东说他自幼学习书法，用的就是胡魁章的笔，也很喜欢胡魁章的笔。问他做笔枯不枯燥，他说："还行，也挺有意思的。"他说他来学做笔，师傅们心里很高兴。刚开始，他以为水盆里的水是没了再换，不知道里面有毛，如果不及时换，味道会很大。过了好长时间，他才感到奇怪，为啥他水盆里的水总是清的？后来，张师傅告诉他说，是李师傅每天帮他换的。还有那些工具，最开始他都是乱放的，不知道牛骨梳长期在阳光下暴晒会坏，但他每次坐下来都发现牛骨梳总在窗户根儿下。发现这些后，启东就跟李师傅说："师傅您这可不对啊，都是徒弟该干的活儿，您怎么替我干了啊？"师傅说："现在不一样了，只要你能坚持学，我帮你干啥都行。"

### （三）工匠精神与核心竞争力

企业人类学认为："工业也包括人事安排和文化系统，二者将个人整合在工业生产的过程之中。工业生产不仅仅是人与物之间的关系，更包含人与人之间的关系。"我们不能用纯经济的眼光来评价老字号的优劣，人的因素和文化的因素往往是老字号的隐形竞争力，是不容忽视的命题。"表面上，企业承担社会责任不符合企业价值链管理原则，会拖累企业发展，会影响企业形成竞争优势。实际上，企业承担社会责任是企业形成竞争优势的一种竞争策略。"企业承担社会责任也可以说是保障企业拥有核心竞争力的重要因素。但我们不能以企业承担社会责任的大小来衡量其是否优秀。有学者认为：企业是一种以文化为根隐喻的组织，其中最重要的是不断组织的过程，在这一过程中，即使是企业最物质的一面，只有赋予其意义才是真实的。就胡魁章笔庄而言，其所承担的社会责任就是对员工负责、对产品质量负责、对品牌负责、对消费者负责。而负责的体现就是笔庄的工匠精神，仿佛有一种无形的力量在驱动着笔庄的发展，影响着笔庄的发展方向和经营情况。狼毫笔是笔庄的传统手艺，这是笔庄人为之骄傲的特色，不愿丢也不会丢。面对普笔满天下、占据大部分毛笔市场的形势，笔庄的人还坚持不做假、出家心。日本的经营人类学家中牧弘允认为：经济腾飞是建立在"企业人"勤奋工作的基础上的。这里的"企业人"指的是那种对企业有很强的归属意识，埋头于企业的工作，不顾家庭，把自己的一生都奉献给一个企业的人。而从胡魁章笔庄的工匠精神和其践行工匠精神的实践来看，笔庄的发展离不开笔庄人的认同与奉献。不仅笔庄承担着相应的社会责任，笔庄的员工也对笔庄对社会尽着相应的责任。这是胡魁章笔庄经历近200年仍屹立不倒的重要原因，是笔庄的核心竞争力要素。

## 五、结 语

没有特定的工匠精神，老字号无法保持竞争优势。老字号企业核心竞争力的重要因子就是其内在的工匠精神，这是其最重要的无形资产，是品牌培育和塑造的主要表现和必要保障。出家心、坐得住、不做假、尊重传统文化、热爱笔庄等，胡魁章笔庄的这种企业文化是人与企业互动的成果。因为对企业的认同感，员工才会自觉履行相应的责任感，包括保证产品质量、明确企业和自身的定位等。正因为有了这些员工的坚守，才有了企业百年如一日的手艺不变、质量不变、风格不变。员工的责任感与企业的社会责任感互相作用，融合得好就会使企业内部团结、和谐。这是价值链上各环节作用良好的保障，是企业无形的核心竞争力。作为企业核心竞争力，工匠精神与技术之间也是互相作用、密切影响的。因为胡魁章制笔工艺是珍贵的传统文化遗产，虽然工作环境恶劣（比如水盆师傅很容易患上风湿）、孤独、工资低、强度还不小，但是笔庄人不忍放弃、不敢造假，而且还要努力让其传承下去（遭遇强迁时各方奔走争取权益、带徒弟如带儿女），否则"上对不起祖宗，下对不起子孙"。也正因为这些精神、信念，笔庄的手艺终于保留和继承了下来，并成为北派狼毫的杰出代表，笔庄被评为省级老字号、省市级非物质文化遗产，受到政府的保护和扶持，也受到社会各界人士的关注和支持。在充分挖掘、保护和传承老字号工匠精神的基础上，如何加强和发挥好技术和工匠精神这两个核心竞争力，从而带动价值链其他因素的有效作用，比如扩大规模、壮大人才队伍、提高知名度和影响力、提升品牌价值等，则是需要进一步深入研究和综合分析的现实问题。

李培林认为："真正决定一个国家是否实现现代化的因素并非是与自身文化传统的完全决裂，而是社会结构的转型。因为如果从深层意义上来理解，传统本身就是一个蕴含着过去、现在和未来的动态积淀过程。"同理，对于老字号而言，与传统的工匠精神脱离并不见得就是现代企业，但可以通过现代企业营销手段等方式赋予传统老字号企业以时代特色。

## 参考文献

［1］孔令仁，李德征．中国老字号［M］．9卷．北京：高等教育出版社，1998：246．

［2］张继焦，丁惠敏，等．老字号蓝皮书——中国"老字号"企业发展报告 No. 1（2011）［M］．北京：社会科学文献出版社，2011．

［3］吴咏梅．日本的经营人类学［J］．广西民族大学学报（哲学社会科学版），2010（5）．

［4］Ann T Jorda. *The Importance of Business Anthropology*：*Its Unique Contributions*［J］．International Journal of Business Anthropology，2010，1（1）．

［5］张继焦．企业人类学的创新视角：老字号的研究现状、现实意义和学术价值［J］．创新，2015（1）．

［6］［美］迈克尔·波特．竞争优势［M］．陈丽芳，译．北京：中信出版社，2014：36．

［7］张继焦．价值链管理：优化业务流程、提升企业综合竞争能力［M］．北京：中国物价出版社，2003：35．

［8］张继焦．中国企业都"富不过三代"吗？——对"老字号"企业长寿秘诀和发展前景的社会

学分析 [J]. 思想战线，2012 (4).

[9] 王延峰，杨姗姗，余明阳. 基于品牌营销视角的品牌定义和品牌特征再认识 [J]. 上海管理科学，2008 (4).

[10] H. A. Applebaum. *Work in Market and Industrial Societies* [M]. NY：SUNY Press，1984.

[11] 田广. 工商人类学与文化差异管理 [J]. 青海民族研究，2013 (3).

[12] 张继焦. 企业人类学：作为一门世界性的前沿学科 [J]. 杭州师范大学学报（社会科学版），2014 (4).

[13] 李宇军，张继焦. 从价值链角度看企业发展与承担社会责任的关系 [J]. 思想战线，2011 (3).

[14] 殷鹏. "霍桑试验"与"曼城工厂研究"——企业人类学研究的方法回顾、比较与反思 [J]. 杭州师范大学学报（社会科学版），2014 (4).

[15] [日] 中牧弘允. 经营人类学序说——企业的"民族志"和工薪族的"常民研究" [J]. 学术界，2001 (5).

[16] 李培林. 另一只看不见的手：社会结构转型 [J]. 中国社会科学，1992 (5).

# 关注老字号发展新时代的“四大关系”

张继焦

2017年2月，商务部、国家发展改革委、文化部、国家工商总局、国家质检总局等16部委联合印发了《关于促进老字号改革创新发展的指导意见》。2017年2月18日，中国社会科学院民族学与人类学研究所民族社会研究室、中国社会工作联合会企业公民委员会联合主办的“《老字号绿皮书（2016—2017）》新书发布会暨‘民族企业与城市转型’座谈会”在北京隆重召开。会上，来自全国各地高等院校和科研机构的30多位老字号研究专家、5家老字号协会领导、4家老字号企业领导、媒体人士等近50位代表，热烈探讨了老字号如何积极地推动老字号传承与创新、加强经营网点保护、推进产权改革等三个方面的八项任务。

从2010年年底中国社会科学院民族学与人类学研究所的老字号研究课题组成立以来，我们以老字号研究为抓手，建立起了一支全国性的队伍，包括多个高等院校、研究机构的高端学术人才，以及各省市老字号协会、老字号企业中高级管理人员。这支队伍的成员主要来自北京、上海、天津、广东、广西、浙江、江苏、辽宁、吉林、重庆、云南、湖北、湖南、河北、山东、福建、甘肃、河南等18个省（直辖市），还有个别成员来自中国香港、马来西亚、美国、日本、加拿大等。到目前为止，我们分别在2011年、2014年、2015年、2016年推出了四本老字号皮书，分年度汇集和展示老字号系列研究成果。

经过市场历练，不少老字号企业抗住了市场的冲击，一些老字号企业在“互联网+”的条件下获得了新的发展机遇，如今老字号企业发展已经进入新的阶段，今后老字号研究应该关注的“四大关系”分别是：历史与现实的关系，传统与现代的关系，企业与政府、社会的关系，中国与世界的关系。

一是历史与现实的关系。这个关系指的是对老字号历史内涵的理解和现实应用的问题。2016 年 5 月，习近平总书记在黑龙江考察调研时曾指出：改造升级“老字号”，深度开发“原字号”，培育壮大“新字号”。可以看出，字号是一个具有历史范畴的概念，有“原”“老”“新”之分别。中华民族传统文化是老字号的核心，老字号凭借传统文化之命脉长久不衰、持续发展。2017 年春节前夕，中办、国办印发《关于实施中华优秀传统文化传承发展工程的意见》，对中华优秀传统文化传承发展做出全面擘画，指明了建设社会主义文化强国、增强国家文化软实力的方向。我国各地的老字号特别是中华老字号，沿袭和传承中华民族优秀的文化传统，每个老字号都有特色的产品、技艺或服务。老字号不但要在发展中得到保护和利用，还要在保护和利用中得到不断发展。在大力提倡中华民族伟大复兴的今天，弘扬老字号文化、重振原字号雄风，现实意义非常重大。

二是传统与现代的关系。这个关系指的主要是从传统到现代的转变关系问题。这涉及三个方面，一是老字号自身从传统到现代的转型问题；二是研究老字号的学科自身知识从传统到现代的转型问题；三是把前两者结合起来，用新的知识结构来看待老字号从传统到现代的转型。很多人谈的做的都是第一方面的事，即探讨老字号从传统到现代的转型问题。为什么那么多各行各业的人对老字号发展的困境探讨了那么多年，还是没有说清楚老字号的现代转型这个问题？主要原因是知识比较陈旧，没有建立起新型的研究范式。我们需要采用一套新的研究范式和知识体系，去探讨老字号从传统到现代的转型问题。

三是企业与政府、社会的关系。这个关系指的主要是老字号企业的自身与外部的政府和社会的关系。我们可以看到，在中国，老字号企业不是一个纯粹的市场主体，它跟政府、市场、社会等的方方面面都有着密切的关系；它的资源配置方式也不是完全市场化。由于中国还没有完成城市化、工业化、市场化等一系列的现代化过程，政府、市场、社会三者之间还没有完全分离开来，它们之间还存在复杂的相互关系，因此，在现实的经济新常态中，政府、市场、社会这三只手的资源配置作用，并非每一只手都可以独立发挥作用，有时是两只手甚至三只手同时在发挥作用。在这种政治经济社会环境下，企业也具备政治性、经济性和社会性三重属性，每个属性都不是单独表现出来的，有时是两个或三个属性同时表现出来。

四是中国与世界的关系。一般认为，老字号具有地方性、区域性的特征，是某个城市、某个地区的名片。从某种意义上来说，这是正确的。但是，从全国范围来看，此观点并不全面。有些老字号并不局限于某一地区、某个城市，比如，在中国多个城市，都有冠生园、五芳斋、同仁堂、亨得利等。从世界的角度来看，中国老字号并非都是土生土长的，也有一些是外来的。比如，烟台的张裕葡萄酒、青岛的青岛啤酒、厦门的陶大同化食品、哈尔滨的马迭尔冰棍等；在广东、福建、广西、海南等省份，我们可以看到一些源自东南亚的老字号。因此可以说，有一些老字号（如同仁堂、全聚德等）不仅属于某一地区、某个城市，而且代表着中国，联系着世界各地。换言之，当我们去看待老字号的时候，特别是在“一带一路”倡议的背景下，不能只是站在某一地区、某个城市的立场来看待，而应该从全中国乃至全世界的角度来看待。

# 中国人类学民族学的最新趋势：走出村落，以老字号为抓手，走向现代化

张继焦

**摘要：**目前中国人类学民族学已经陷入深度的范式危机，亟待尽快走出村落，直面中国的经济社会结构转型现实。最近几年，为了推进人类学民族学成为一门现代学科，我们以老字号这个连接传统与现代的经济社会主体为抓手，以企业人类学为学科基础，推动中国人类学民族学逐步地摆脱传统理论和方法的桎梏，出现了四种最新发展趋势：一是将老字号个案置于相关行业之中进行分析；二是将老字号置于某条老商街甚至整个城市之中进行考量；三是将老字号置于经济社会结构转型之中来考察；四是依托第四次革命，推进学科建设的现代化。这些学科发展的最新趋势意味着，中国人类学民族学必将发生一场史无前例的巨大变革：正在迈向复杂的城市社会和现代组织，已经迈上了学科现代化建设的征程。

**关键词：**人类学　民族学　老字号　学科现代化建设

## 一、问题的提出

人类学民族学自诞生之日起，就没有研究现代社会的学术基因。从西方传入中国至今百余年来，人类学民族学始终以村落之类的前现代社会作为最正宗的研究对象，这种传统已经传到了年轻的一代学人身上。在国内，很多中青年学者在确定自己的研究对象和研究领域时、许多在读的博士硕士研究生在选择自己的学位论文主题时，都不太敢离开传统村落这个主体。其结果是，中国人类学民族学绝大多数研究成果和博士硕士论文探讨的都是关于村落的那些事。中国人类学民族学已经陷入深度的范式危机，亟待尽快走出村落，走出传统，面向现代，以适

应中国的经济社会结构转型的现实。

笔者下决心要为中国人类学民族学的学科现代化建设做一点事。调整研究对象和研究领域，是中国人类学民族学现代化建设的基本要求。如今，经济学、社会学、政治学等众多学科与时俱进，纷纷以中国现代化过程中的经济社会结构转型为研究主线，并获得了快速发展。然而，人类学民族学却依然以村落及其变迁为研究主体，至今很难与主流社会研究对话和交流，处于学科边缘化的地位。如此，在村落自身还没有完成城市化、工业化、市场化等现代经济社会转型的时候，人类学民族学很难形成对现代社会的系统认识和知识；如此，人类学民族学固执地不以现代社会作为自己的研究对象，要想成为一门现代显学，谈何容易！

为了摆脱中国人类学民族学受限于村落研究的前现代视野，最近几年，我们以老字号为抓手，积极探索和推进人类学民族学成为一门现代学科。可喜的是，目前中国人类学民族学界已有越来越多的同行对已发表的老字号研究成果持肯定和支持的态度，给了我们极大的鼓励和信心。

## 二、基本思路和叙述逻辑

### 1. 基本思路

近年来，我们的老字号研究的基本工作思路是“一本皮书，一支队伍，一个学科”（简称“三个一”工程）。“一本皮书”指的是，我们以完成一本老字号皮书为学术努力目标。从2010年年底老字号课题组成立以来，已连续推出了四本老字号皮书[1]，分年度汇集和展示了老字号系列研究成果。“一支队伍”指的是，我们以老字号研究为抓手，已建立起一支全国性的队伍[2]，包括各高等院校、研究机构的高端学术人才，以及各省市老字号协会、老字号企业中高级管理人员。“一个学

[1] 四本老字号皮书依次是：张继焦，丁惠敏，黄忠彩．老字号蓝皮书——中国“老字号”企业发展报告 No.1（2011）[M]．北京：社会科学文献出版社，2011；张继焦，刘卫华．老字号绿皮书——老字号企业案例及发展报告 No.2（2013—2014）[M]．北京：中央文献出版社，2014；张继焦，刘卫华．老字号绿皮书：老字号企业案例及发展研究报告 No.3（2015—2016）[M]．北京：中国市场出版社，2015；张继焦，刘卫华．老字号绿皮书：老字号企业案例及发展研究报告 No.4（2016—2017）[M]．北京：中国市场出版社，2016.

[2] 这支队伍的成员主要来自中国大陆的北京、上海、天津、广东、广西、浙江、江苏、辽宁、吉林、重庆、云南、湖北、湖南、河北、山东、福建、甘肃、河南等18个省（直辖市），还有个别成员来自中国香港、马来西亚、美国、日本、加拿大等。

科”指的是，以老字号为抓手，不但推进企业人类学的学科建设，而且增强中国人类学民族学的学科现代化建设。在本文中，主要阐述的是“三个一”工程中的“两个一”，即“一本皮书”和“一个学科”之间的相互关系。

2. 叙述逻辑

国内老字号研究有八个学术视角，我们的老字号研究是其中之一。[1] 我们的老字号研究不但具有人类学民族学传统案例研究的一些特点，而且试图超越人类学民族学的古典研究范式；不仅具有企业管理学个案分析的一些特征，而且试图与企业管理学的相关研究对话。我们的老字号研究，作为企业人类学开拓出的一个崭新研究领域，在一定程度上标志着人类学民族学出现了探究现代复杂企业组织和城市复杂社会的最新发展动向。

## 三、中国人类学民族学的四个发展趋势

对我们的老字号研究，国内一些人类学民族学的同行认为，这是一种与传统人类学民族学类似的案例研究。这种看法有一定的道理，但不够全面。与人类学民族学经典的研究对象村落相比，老字号是一个连接传统与现代的经济社会主体，很多老字号已经成为都市社会的复杂企业组织。研究老字号，意味着摆脱了人类学民族学的简单农村社会和简单农耕组织的研究，迈向城市复杂社会和现代复杂组织的研究。随着研究对象和研究内容的复杂化，人类学民族学传统的理论和方法已经失效，必须构建出一套全新的理论和方法体系。

从企业人类学角度对老字号的研究，在一定程度上使中国人类学民族学出现了一些新的发展动态。具体表现为以下四个方面。

### （一）将老字号个案置于相关行业之中进行分析

对企业管理学界来说，在一定的行业背景下开展老字号企业案例研究是一种非常一般化的研究。但是，对人类学民族学研究者来说，老字号企业案例研究是

---

［1］ 张继焦. 企业人类学的创新视角：老字号的研究现状、现实意义和学术价值［J］. 创新，2015 (1).

一个全新的课题。其因有二：第一，很多老字号出生和生长在城镇里，不像人类学民族学惯常的研究对象那样带有乡土味道，这让许多人类学民族学研究者顿生陌生感；第二，很多老字号经过几十年、上百年甚至几百年的商战历练已经是市场上的老手，如今面对的是竞争激烈的市场，并不像人类学民族学熟悉的研究主题“库拉圈”那样讲究的是带有一层温情脉脉面纱的“礼物交换”，老字号及其所处的行业市场比农民的交易、农村市场等要复杂很多，令人头疼或难以驾驭。其实，消除上述的陌生感，走进一个新领域，并不是一件天大的难事。具体地，我们需要分三个步骤或方面，来做好老字号案例研究这件事：（1）采用人类学民族学擅长的整体论和民族志方法调查和收集老字号的相关资料；（2）学习有关的企业管理学知识，了解相关行业的市场动态；（3）将前述的两个步骤或方面结合起来，写出一篇老字号企业案例研究论文。

我们的老字号研究团队主要由人类学、民族学、社会学、历史学等非经济学和非管理学人员组成。在老字号分布比较集中的餐饮、食品、中医药和酿造四个行业中，对典型的老字号企业进行了大量的个案调查和研究。

截至2016年年底，老字号课题组各位成员调研并撰写“老字号品牌企业案例”，已经发表的有61个：2011年发表了14个，2013—2014年发表了16个，2015年发表了18个[1]，2016年发表了13个[2]。2016年，综合性论文涉及的老字号有：广西老字号27家（包括广西的“中华老字号”9家），如梧州日晶食品有限责任公司（创始于1900年）、合浦红林大酒店（创始于1903年）、桂林市秀峰又益轩老店（创始于1905年）、桂林南药股份有限公司（创始于1908年）；[3]韩国首尔市餐饮老字号10多家：里门雪浓汤（100多年）、又来屋（近70年）、晋州家（60多年）、全州中央会馆（50多年）、明洞咸兴冷面（50多年）、民俗村参鸡汤店（近30年）等[4]。

老字号企业课题组的问卷调查显示，在餐饮、食品和医药行业中，受访管理人员认为最主要的优势是品牌；而在酿造行业中，受访管理人员认为最主要的优

---

[1] 2011—2015年我们所做的老字号个案研究总共为48个。参阅：张继焦．企业人类学的创新视角：老字号的研究现状、现实意义和学术价值［J］．创新，2015（1）.

[2] 2016年，用专文描写和分析的13家老字号包括：厦门蔡氏漆线雕、松筠堂药酒、陶化大同、晋阳饭庄、致美斋饭庄、张一元茶庄、王老吉凉茶、永安茶庄、广州酒家、莲香楼、陶陶居、成珠楼、香港甄诚记糖果。

[3] 张艳梅．品牌资产视角下广西老字号可持续发展研究［J］．广西经济管理干部学院学报，2016（3）.

[4] 张继焦．城市复兴与文化遗产——韩国首尔挖掘餐饮老字号价值的经验与启示［J］．城市，2016（6）.

势是产品质量。

下面是中医药、食品、餐饮和酿造等四个行业的老字号案例研究情况。

### 1. 中医药行业

中医药老字号是中国医疗服务行业中“健康中国战略”实施的重要主体之一；振兴中医药老字号是民族品牌建设中的重要内容。2011年笔者主持的问卷调查显示，在中医药行业中，受访企业管理人员认为，中医药老字号的优势主要是品牌（26.3%）、产品质量（23.7%）和传统工艺技术（12.5%）。面对激烈的市场竞争，近年来，中医药老字号采取的主要应对举措为增加销售网点（17.8%）、改善经营环境（12.3%）以及提高服务水平和增加新的工艺技术（比例均为11.6%）。刘朝晖和朱雯琤撰写的《浙江医药行业“老字号”分析报告》指出，浙江医药类老字号企业大多经营中国传统医疗产品，如方回春堂、张同泰的地道中药材，胡庆余堂的中成药保健品，李宝赢堂的滋补品和朱养心的伤科跌打药等；在传统医药行业中，老字号企业占据了较大的比重；在现代医药行业中，老字号企业占的比重并不是很大，但老字号赢在口碑与认知度，在各自专营的医药领域之内发挥着不可或缺的作用。

2011年至今，已出版的四本老字号皮书涉及了10多个中医药老字号。在第一本老字号皮书中，有三篇老字号企业分析论文：刘朝晖和梁晔楠的《国药文化为基的现代经营理念——记胡庆余堂的新时代品牌路线》、张小敏的《打造“中华养生文化的航空母舰”——600年老字号鹤年堂的机遇和挑战》、陈李济药厂提供的《以品牌文化带动产业发展——410岁老字号陈李济的新故事》等。在第二本老字号皮书中，收入了四篇论文：张继焦的《北京“同仁堂”、“鹤年堂”的比较：从企业与政府的关系，看“老字号”医药企业的发展》、王琛发的《马来西亚的“仁爱堂”：阅尽两百余年世局沧桑的老招牌》、李培志和黄孝东的《天津“达仁堂”：从“非物质文化遗产”看企业文化的传承与创新》、张小敏的《重庆“少林堂”——对“老字号”医馆的SWOT分析》。在第三本老字号皮书中，“医药行业篇”收入了两篇论文：张颖洁和高原的《湖南长沙九芝堂：中华老字号中药企业文化建设探析》、方捷的《云南昆明“福林堂”：现代经营理念中的品牌文化、机遇与挑战》；加上“老字号的现代转型篇”中张少春的《广东潘高寿：医药老字号非物质文化遗产的资源转化研究》，该书共有三篇关于老字号中医药的论文。在第四本老字号皮书中，收录了屈云茜和吴玉鑫的《厦门松筠堂药酒：非遗保护中传承人与实际生产者分离的困境分析》、黄葆荣和陈鸣的《王老吉凉茶：对老字号的 SWOT 分析》等两篇论文。

上述四本老字号皮书总共收录了 12 篇中医药老字号研究的论文，涉及北京同仁堂、北京鹤年堂、杭州胡庆余堂、天津达仁堂、杭州民生药业、杭州方回春堂、广东潘高寿、广州陈李济、广州王老吉凉茶、长沙九芝堂、重庆少林堂、昆明福林堂、厦门松筠堂药酒、马来西亚的仁爱堂等 10 多家中医药老字号企业。

### 2. 食品行业

在食品行业中，受访管理人员认为，老字号的优势主要是品牌（28.0%）、产品质量（22.2%）和传统工艺技术（17.2%）。近几年，食品行业主要的三项举措为增加新产品（20.7%）、提高服务水平（13.4%）和改善经营环境（11.0%）。

四本老字号皮书涉及了多家食品类老字号。在第一本老字号皮书中，有三篇写食品老字号的论文：冯希莹以天津十八街麻花的厂家为例撰写了《“老字号”的现代商业模式——天津“桂发祥”规模化生产与特色化经营的成功经验》，臧得顺、金丽涓以上海冠生园为例写出了《百年老树开新花：冠生园的“五大转型”》，以及北京王致和提供的《老字号青春永驻——“王致和”的创新案例》。在第二本老字号皮书中，有六篇论及食品类老字号：殷鹏的论文以稻香村为例，不但分析了企业与消费者关系[1]，而且解析了企业的销售渠道[2]；李吉星有两篇论文：一篇为《云南昆明“冠生园”：老字号品牌的微妙境地》，另一篇为《云南“滇红”：冲出重围的国际化、高端化战略》；陈振铎和曾亚舒的《浙江嘉兴“五芳斋”：食品老字号传统手艺继承与现代企业经营》以及马艳的《浙江“邵永丰”麻饼店：承古创新、科学发展》。在第三本老字号皮书中，有三篇写食品老字号的论文：殷鹏和李静玮的《湖南衡阳“张新发”：老字号企业发展与延续的经济社会学分析》、商军和陆卫群的《浙江金华火腿“雪舫蒋”：老字号品牌的历史建构与当代激活》，以及王泗通的《南京冠生园：百年老店“陈馅事件”后的企业重建和“老字号”重塑》。在第四本老字号皮书中，有五篇写食品老字号的论文：高崇的《香

[1] 该文题为“企业的营销网络：社会学视角中的企业与消费者关系”，见：张继焦，刘卫华. 老字号绿皮书——老字号企业案例及发展报告 No. 2（2013—2014）[M]. 中央文献出版社，2014：174-185.

[2] 该文题为“北京稻香村：关系网络视野中的营销渠道”，见张继焦，刘卫华. 老字号绿皮书——老字号企业案例及发展报告 No. 2（2013—2014）[M]. 中央文献出版社，2014：214-233.

港甄诚记糖果：老字号的空间嵌入性》、林江珠的《厦门陶化大同：东南亚闽侨生产技能迁移与文化空间拓展方式》、张继焦和刘佳丽的《张一元茶庄：老字号的"蜂窝式"发展模式》、张继焦和李欢的《永安茶庄：老字号的市场竞争力与持续发展》、曹雨的《食品老字号：两个莲香楼的启示》等。

上述四本老字号皮书总共收录了17篇研究食品老字号的论文，涉及北京稻香村、北京王致和、北京永安茶庄、北京张一元茶庄、浙江嘉兴五芳斋、浙江金华火腿雪舫蒋、浙江邵永丰麻饼店、云南昆明冠生园、云南滇红、天津桂发祥、上海冠生园、湖南衡阳张新发、江苏南京冠生园、厦门陶化大同、香港甄诚记糖果、广州和香港的莲香楼等10多家老字号企业。

3. 餐饮行业

在餐饮行业中，受访管理人员认为，老字号的优势主要是品牌（27.9%）、产品质量（22.6%）和传统工艺技术（14.7%）。近几年，餐饮行业主要的三项经营发展举措为增加新产品（23.0%）、提高服务水平（20.9%）和增加宣传广告（11.8%）。

四本老字号皮书涉及多个餐饮类老字号。在第一本老字号皮书中，只有一篇论文写的是餐饮老字号，即蓝达居和黄曼的《饮食行业"老字号"企业的发展分析——以福建省为例》。第二本老字号皮书中，有三篇涉及餐饮老字号的论文，分别是：张继焦的《上海"杏花楼"：在上海世博会上的盛典性"事件营销"》、张耀他的《上海市"南翔"：餐饮"老字号"品牌资产的创新运用》、耿毅和李全敏的《云南昆明的"建新园"：基于餐饮行业的调查与分析报告》。第三本老字号皮书中，有两篇涉及餐饮老字号的论文，分别是：田广、刘拉雅和张林林的《广东汕头老字号：餐饮老牌企业的发展轨迹与问题》，陈阁的《湖南长沙火宫殿：老字号餐饮的保护和传承》。在第四本老字号皮书中，有四篇涉及餐饮老字号的论文：杨林以广州酒家、莲香楼、陶陶居和成珠楼这四家广州餐饮业老字号为研究个案，考察了影响老字号企业发展的因素；[1] 其他三篇是：张继焦的《晋阳饭庄："老字号"的长寿秘诀与"伞式"发展模式》和《城市复兴与文化遗产：韩国首尔

[1] 该文题目为"广州老字号：从企业人类学的视角看影响老字号发展的内外因素"，见：张继焦，刘卫华. 老字号绿皮书："老字号"企业案例及发展研究报告 No.4（2016—2017）[M]. 北京：中国市场出版社，2016：183-194.

挖掘餐饮老字号价值的经验与启示》，张继焦、殷鹏、万斌的《致美斋饭庄：政企关系与老字号企业的“伞式”关系研究》。

上述四本老字号皮书总共收录了10篇研究餐饮老字号的论文，涉及广州四家餐饮老字号（广州酒家、莲香楼、陶陶居和成珠楼）、广东汕头五家小型餐饮老字号、上海南翔、上海杏花楼、福建福州同利肉燕老铺、云南昆明建新园、湖南长沙火宫殿、北京晋阳饭庄、北京致美斋饭庄，以及韩国首尔多家老字号餐馆，如全州中央会馆、明洞饺子店、明洞百济参鸡汤店、柳氏家铁板鸡店、TWOTWO炸鸡店、神仙雪浓汤店、明洞call火锅店等20多家老字号餐馆。

### 4. 酿造行业

在酿造行业中，受访管理人员认为，老字号的优势主要是产品质量（26.1%）、品牌和传统工艺技术（比例均为22.6%）。近几年，酿造行业主要的三项举措为增加新产品（26.3%）、增加销售网点（13.2%）和提高服务水平（11.4%）。

四本老字号皮书涉及了多个酿造类老字号。在第一本老字号皮书中，有四篇论文，分别是：郭宏珍的《酿造类（食醋、酱油）“老字号”企业发展分析报告》，田阡、刘应科和蒋丁冬的《家庭制小企业的发展思考——以垫江“梅”咂酒为例》，田阡和刘应科的《“诗仙太白”的品牌塑造与市场拓展》，冯静晓的《续接历史，弘扬传统——“沈阳老龙口”的现状与发展案例研究》。在第二本老字号皮书中，有三篇涉及酿造老字号的论文，分别为：高崇的《香港八珍国际有限公司：“老字号”企业的生意延续和传承》、方婕的《云南“杨林肥酒”：借重旅游促优补拙的思考》、陈振铎的《浙江“古越龙山”：国企模式下的黄酒老字号与现代企业》等。在第三本老字号皮书中，只有一篇论文涉及酿造类老字号，即吴方的《广西桂林三花酒：基于BLC理论的老字号品牌价值提升研究》。在第四本老字号皮书中，也只有一篇论文涉及酿造类老字号，即屈云茜和吴玉鑫的《厦门松筠堂药酒：非遗保护中传承人与实际生产者分离的困境分析》。

上述四本老字号皮书总共收录了9篇研究酿造类老字号的论文，涉及山西老陈醋、广东佛山海天酱油、重庆垫江“梅”咂酒、重庆诗仙太白酒、辽宁沈阳老龙口、云南杨林肥酒、香港八珍甜醋、浙江古越龙山黄酒、广西桂林三花酒、厦门松筠堂药酒等10个老字号企业品牌。

5. 小 结

从2010年年底到2016年年底，我们在老字号案例研究方面取得了很大的进展，其中，在中医药、食品、餐饮和酿造等四个主要行业上总共发表论文近50篇，涉及企业50多家，成绩非常明显。这些与相关行业相结合的老字号案例研究成果，较大地丰富和发展了中国人类学民族学的当代民族志和学科体系。对老字号这一连接传统与现代的经济社会主体的探究，体现出中国部分人类学民族学研究者已经或正在摆脱传统的村落研究范式，试图走出简单的农村社会和农耕组织的研究，大步跨向复杂的城市社会和现代组织的研究。这是中国人类学民族学的第一个发展趋势。

### （二）将老字号置于某条老商街甚至整个城市之中进行考量

通过几年的老字号研究，我们深刻地意识到，光做老字号案例研究是不够的，因为老字号企业不是一个孤立的经济社会主体，而是根植于特定的商街或城市之中的，需要把老字号研究置于某条老商街乃至整个城市之中进行分析。目前，对老字号、老商街和城市发展的研究，各个学科各有专长。企业管理学喜欢做老字号企业案例研究，城市规划者偏好于商业街规划和城市发展规划，历史学者擅长收集和讲述老字号的前世今生。这对中国人类学民族学的现代化发展意味着什么呢？人类学民族学研究者如果觉得做一个老字号企业案例研究都有点困难，将会觉得把老字号研究置于某条老商街乃至整个城市之中进行分析更是难上加难。这类探索需要研究者具有多学科的知识和科研能力，可以分三个步骤或方面来完成。第一步为收集充足的第二手资料，即做好两个方面的相关资料准备工作：一是应通晓当地文史学者对当地老字号的文字记述；二是应了解近期当地政府委托城市规划设计单位对当地商业街和城市发展所做的规划方案。第二步为收集丰富的第一手资料，即采用人类学民族学擅长的民族志方法调查和收集某条老商街乃至整个城市的有关资料。第三步将前述的第一手和第二手两种资料整合起来，将人类学民族学的整体论和文化相对论与企业管理学和城市规划学的相关知识有机地结合起来，深入探讨老字号的现代转型与某条老商街的改造复兴乃至整个城市复兴之间的密切关系。

在第三本老字号皮书中，笔者写了两篇论文，分别从自下而上和自上而下两个不同的视角，深入地探讨了老字号、老商街与城市竞争力之间的关系。陈振铎和黄依宁的《浙江温州鹿城区五马街：二三线城市老字号街区的困境与出路》一文，选取温州五马街区作为二线、三线城市老字号街区保护的缩影，调查发现：在没有大量游客支撑的背景下，老字号街区的存在承载着这个地区的商业历史文化内涵，对其的保护是城市化过程中必经的难题。陈阁的《湖南长沙火宫殿：老字号餐饮企业的保护和传承》一文，以湖南火宫殿为例，认为这家始建于清乾隆十二年（1747 年）的餐饮业老字号，具有重要的历史、宗教文化、饮食文化、消防文化和旅游等价值，已成为长沙最闪亮的地标建筑和城市名片之一，对长沙的老商街——坡子街的发展起着重要的支撑和传承作用。

在第四本老字号皮书中，笔者通过《城市转型中的老字号、老商街：首尔与北京的比较》、《老字号、老商街给城市发展带来的持久活力：首尔与北京的比较》、《城市复兴与文化遗产：韩国首尔挖掘餐饮老字号价值的经验与启示》等三篇专题论文，比较分析了韩国首尔和中国北京的餐饮老字号、老商街和城市发展之间的关系。韩国首尔拥有众多餐饮老字号，如韩国首尔景福宫附近有三家餐饮老字号：土俗村参鸡汤店、皇后名家参鸡汤美食店和景福宫烤肉店；位于地铁东大入口站的奖忠洞猪蹄街，汇集了 10 多家猪蹄专营店。北京也拥有众多老字号餐饮店，如全聚德烤鸭、鸿宾楼、峨嵋酒家、延吉餐厅、仿膳饭庄、四川饭店、都一处、东来顺、护国寺小吃等。无论是首尔市还是北京市，都已经将餐饮老字号与城市复兴发展结合起来，把餐饮老字号与城市商业、旅游业结合起来。在城市转型中，保护和利用好老字号、老商街之类的文化遗产，可以让城市的血脉通畅、供血充足，使城市的发展走上可持续的道路。

综上所述，将老字号研究置于复杂的老商街乃至整个城市之中进行考察，是目前中国人类学民族学的第二个发展趋势。

### （三）将老字号置于经济社会结构转型之中来考察

更进一步来说，老字号不但根植于某条老商街和整个城市之中，而且镶嵌于整个经济社会结构之中。在第一本和第二本老字号皮书中，我们还没有研究到这个深度，只是涉及老字号企业与政府的关系。比如，第一本老字号皮书中，刘萍萍的《“老字号”企业：政府关系及其对企业发展的影响》；第二本老字号皮书中，笔者的《北京“同仁堂”、“鹤年堂”的比较：从企业与政府的关系，看“老字号”

医药企业的发展》。到了第三本和第四本老字号皮书，我们逐渐探索将老字号置于经济社会结构转型之中来考察。

在第三本老字号皮书中，有些论文探讨了老字号与经济、社会、文化之间的关系。如殷鹏和李静玮的《湖南衡阳“张新发”：老字号企业发展与延续的经济社会学分析》、闫春和赵巧艳的《广西钦州坭兴陶：文化资本视角下“老字号”的现代性转换》。

在第四本老字号皮书中，笔者带着几位研究生，运用近两年提出来的“伞式社会”[1]和“蜂窝式社会”[2]这对新概念，深入分析了老字号与现行的经济社会结构之间的关系。如笔者与殷鹏、万斌等三人以致美斋饭庄为例，从政企关系角度分析老字号企业与政府之间的“伞式”关系；笔者以晋阳饭庄为例，分析老字号的长寿秘诀与“伞式”发展模式之间的关系；笔者与刘佳丽合写的论文以张一元茶庄为例，探讨老字号的“蜂窝式”发展模式。

通常，经济学关注宏观的经济结构，社会学关心社会结构，企业管理学在研究现代企业时一般缺乏经济社会结构这样的宏观视角，而传统的人类学民族学很少研究企业之类的现代组织。在人类学民族学的整体论基础上，我们在老字号研究过程中逐渐形成了一种研究视角：透过现行的经济社会结构框架，去分析老字号的现代转型。比如，我们尝试使用“伞式社会”和“蜂窝式社会”这对新的概念，来分析老字号企业的现状和发展前景，试图将宏观的经济社会结构与微观的个体老字号企业这两者有机地结合起来。因此，可以说，基于现行的经济社会结构，分析老字号的现代转型，是以往人类学民族学的学术传统中所没有的。伴随着中国经济社会结构的巨大变迁，很多东西如老字号作为传统—现代的联合体也发生了巨大的转变，关注两者之间的关系和转型过程，正是目前中国人类学民族学的第三个发展趋势。

### (四) 依托第四次革命，推进学科建设的现代化

我们的老字号研究自2010年年底起到今天已进入第七个年头，经历了四个发展阶段，其间老字号研究的实践始终与企业人类学的学科建设紧密联系在一

[1] 张继焦.“伞式社会”——观察中国经济社会结构转型的一个新概念［J］. 思想战线，2014（4）.

[2] 张继焦.“蜂窝式社会”——观察中国经济社会转型的另一个新概念［J］. 思想战线，2015（3）.

起。[1]我们将社会结构转型理论从社会学引进到人类学民族学之中，从企业人类学[2]角度研究老字号，将老字号的经验研究与学科方法论结合起来，形成了独特的创新研究视角——四层次分析法，企图剖析老字号企业发展与社会结构、经济结构、政治体制、传统文化等非经济因素之间的复杂关系。

有些人类学民族学同行认为，老字号研究很有意义，但不是自己的研究对象或领域，故不太关注。其实，他们没有意识到老字号这个研究对象，与人类学民族学传统的研究对象是完全不一样的，前者（老字号）与后者（如村落组织、宗教信仰、祭祀仪式等）之间的差别是现代与传统之间的差异。还有一些同行认为，企业人类学很新颖，但不属于自己从事的分支学科（如民族政治学、民族经济学、民族心理学、民族地理学、艺术人类学、教育人类学、体育人类学、医学人类学、法律人类学等），故置之不理。这些分支学科都以人类学民族学的理论和方法来探讨其他领域（如体育、艺术、医学、法律、教育、地理、政治、心理等）的问题或议题，成为探究这些领域的辅助学科，却没有改变人类学民族学的研究范式。企业人类学是当今人类学民族学中一门世界性的前沿学科，已经形成了自己独特的新研究范式，甚至对人类学民族学发动了第四次革命。这种学科革命的意义在于推动人类学民族学迈出前工业的村落，走入现代化的企业组织，摆脱传统理论和方法的桎梏，朝着现代学科的方向发展。随着中国的现代化进程，具有明显前现代特征的中国人类学民族学必须而且正在发生一种脱胎换骨的变化。迈向现代化的征程，就是目前中国人类学民族学的第四个发展趋势。

## 四、结　语

为了探索和推进人类学民族学成为一门现代学科，我们以老字号这个连接传统与现代的经济社会主体为抓手，在全国形成了一支有一定水平的学术队伍，研究队伍不断壮大，科研能力持续提升，完成了四本老字号皮书和一系列研究论文，极大地丰富和发展了人类学民族学的一门新兴学科——企业人类学，形成了自己独特的新研究范式。

---

［1］ 李宇军，张继焦. 企业人类学："老字号"研究的四个阶段和范式转变［J］. 杭州师范大学学报（社会科学版），2016（6）.

［2］ 张继焦. 企业人类学的实证与应用研究［J］. 云南民族大学学报，2009（1）.

这些学科发展的新趋势意味着：中国人类学民族学将逐步摆脱传统理论和方法的桎梏，迈出前现代的村落，跨向复杂的城市社会和现代组织，迈上学科现代化建设的征程。中国人类学民族学正在发生一场史无前例的巨大变化。

# 第 2 章　各省老字号协会 2017 年度工作成果

## 老字号的“山东现象”

魏子杰　饶舜玉[1]

老字号拥有世代传承的产品、技艺和服务，承载着厚重、优秀的传统文化，凝聚着精益求精的工匠精神。它们有历史、有故事、有诚信、有品质、有传承、有创新，是真正的民族品牌。山东老字号作为齐鲁传统商业文化遗产的重要载体，广泛分布在餐饮、零售、食品、医药、居民服务等众多行业，其拥有的专有品牌、传统技艺、经营理念和文化内涵，不仅是鲁商儒家义利商业文化的集中体现，也是齐鲁大地非物质文化遗产的组成部分。截至 2017 年年底，山东共有 294 个省级以上老字号。为推动老字号传承发展，东阿阿胶、德州扒鸡等 12 家省内老字号领军企业联合发起了建立山东省老字号企业协会的倡议。经省民政厅批准，在省商务厅的大力扶持下，山东省老字号协会于 2017 年 1 月 18 日正式成立。协会以保护老字号传承技艺、构建政府和企业之间的桥梁、推动老字号企业发展为己任，成为省内老字号企业的“娘家”。

### 一、协会及其职能

#### （一）协会及其条件

协会，是指由个人、单个组织为达到某种目标，通过签署协议，自愿组成的团体或组织。协会的产生和发展是社会分工和市场竞争日益加剧的结果，反映了

［1］ 供职单位：山东老字号协会。

企业自我服务、自我协调、自我监督、自我保护的意识和要求。在通常意义上，协会的形成需要同时具备四个条件：（1）具备一定关联特征的企业群体；（2）建立在企业自愿的基础上；（3）以谋取和增进参与协会的会员企业共同利益为宗旨；（4）是具备法人资格的经济社团，但不以营利为目的。

### （二）协会的职能

协会是社会自治的一种非营利组织，具备弥补政府失灵和市场失调的重要作用。通过协会的存在，把市场中分散的利益主体（企业）的力量凝聚在一起，打破长期以来中国单一社会机制下高度集中的政治经济集权，发挥社会整合功能，活跃市场经济，推动国家、经济、社会三元社会结构的加速构建。基于协会的发展目标和方向，协会的功能主要表现为：

#### 1. 行政化职能

协会作为联系政府和企业的桥梁，在社会经济生活中需要充当政府的助手，在一定范围内行使政府管理经济事务、服务人民的职能。当前，我国政府正在落实以人为本、执政为民的行政体制改革，转变政府职能，建设服务型政府[1]。协会的发展与政府转变职能关系密切，在一定程度上政府转变职能是一种政府与市场、政府与社会、政府与企业关系的再调整，政府转变职能的过程，是协会产生和发展的过程。企业在政府转变职能的过程中拥有越来越大的自主权，伴随竞争的加剧，产生通过组织的力量维护行业利益、拓展发展空间的要求；政府在转变职能的过程中简政放权，需要把放权、还权职能转移给相关组织。协会在政府需求中应运而生，成为政府职能转变的载体。当政府从对社会、经济事务的微观管理、直接管理中退出，转入宏观管理、间接管理，协会在这一阶段介入，在帮助政府行使一部分行政化职能、成为政府和协会之间的桥梁的过程中，做到上情下达，帮助政府更好地为企业提供服务。[1]

---

［1］ 服务型政府是针对中国传统计划经济体制下政府以计划指令、行政管制为主要手段的管制型政府模式而提出的一种新型政府治理模式。服务型政府理念认为，政府的权力来源于人民的让渡，政府应该为人民服务，把人民利益放在第一位，以服务为宗旨，把政府和公众关系转化为服务供给者和消费者的关系，实现公共利益的最大化。

［2］ 李红艳．行业协会发展在政府职能转变中的作用［J］．商场现代化，2007（29）：53-54.

2. 企业化职能

协会本质上是社会中介机构，是一种独立于政府和企业的存在。但是，协会作为具备一定关联属性的企业联合起来成立的组织，同时具备企业化职能，这种职能与行政化职能对应，是一种非政府化职能。对政府，协会是独立的社团组织，代表会员企业利益争取政府公共服务资源；协会对会员企业并非管理者而是服务者，一方面帮助政府服务企业拓展市场、提升竞争力，另一方面维护政府和会员企业关系，争取一致化利益。站在会员企业立场上，协会要发挥协调、监督、信息服务等职能，当企业和社会相关方面（包括政府）发生矛盾时，协会需要代表企业与相关方面开展求同存异的友好协商，尽可能维护企业利益，维系社会经济稳定发展。因此，在企业化职能方面，协会需要做到下情上达、外情内达，为会员企业经营提供管理方面的服务，具备为企业服务的企业化职能[1]。

3. 协同化职能

协同，也被称为协调、协作、合作，在《说文》中的解释是："协，众之同和也"，"同，合会也"。《汉书・律历志上》有"咸得其实，靡不协同"的说法，指协调一致、互相配合、团结统一。因此，协同的进一步解释就是协调不同的两个或两个以上的资源、个体，同步一致地完成某一目标的过程和能力。1976 年，著名物理学家、斯图加特大学教授 Hermann Haken 创立了协同理论（synergetics），认为在整个环境中，各个系统间存在既相互影响又相互合作的关系，其中包括通常的社会现象，如不同企业间的相互配合与协作、同一企业部门间关系的协调、企业间相互竞争的作用，还有相互干扰和制约等。协同理论具备普适性特征，对于现代管理来说，各系统间如果协同得好，就能更好地发挥系统功能作用，围绕目标齐心协力运作，产生"1＋1＞2"的协同效应。[2]具备一定联系特征的企业自愿联合组成协会，目的就是通过企业协同发展产生具备加成作用的协同效应。因此，协会的重要职能之一就是协调会员企业之间的关系，把会员企业凝聚在一起，聚合会员企业资源，争取协同效应的最大化。

---

[1] 王勇．行业协会职能定位新模式："三位一体"[J]．中国市场，2013 (21)：110-112.
[2] 马云辉，王猛．战略协同理论综述 [J]．现代企业教育，2006 (18)：28-29.

概括上述协会的职能可以看到：行政化职能是协会作为政府与企业联系的桥梁，站在政府立场延伸出来的责任；企业化职能是协会为会员企业提供服务、维护会员利益衍生出来的义务；协同化职能则是协会针对协调会员企业关系、推动会员企业集聚资源合力发展的职能。一个成功的协会，必须为会员单位行使好这三方面职能，这样，才能更好地服务企业、服务社会，为会员单位的可持续发展提供助力。

## 二、协会成立前的山东老字号发展情况

2016 年，商务部针对全国开展各省老字号发展情况的调研。当时山东老字号（不包括 2017 年认定的第四批“山东老字号”）发展呈现如下特点：

### （一）企业数量较少

截至 2016 年，山东省拥有 219 家老字号企业，分布在酒店餐饮、轻工工艺、粮油食品、医药保健、商贸服务、酒水酿造等行业，其中酒店餐饮 18 家，占 8.2%；轻工工艺 31 家，14.2%；粮油食品 78 家，35.6%；医药保健 19 家，8.7%；商贸服务 11 家，5.0%；酒水酿造 62 家，28.3%。对比之下，浙江拥有 552 家老字号，上海有 402 家，北京有 283 家，江苏有 274 家（见表 1）。山东省老字号数量与其人口大省、经济大省的地位和厚重历史文化底蕴不相匹配。

**表 1**

**截至 2016 年各省老字号认定情况（单位：家）**

| 省份 | 中华老字号 | 省级老字号 | 合计 |
|---|---|---|---|
| 山东 | 66 | 153 | 219 |
| 上海 | 180 | 222 | 402 |
| 北京 | 117 | 166 | 283 |
| 江苏 | 96 | 176 | 272 |
| 浙江 | 91 | 461 | 552 |
| 广东 | 58 | 152 | 210 |

### （二）企业两极分化明显

截至 2016 年，山东省内持续三年盈利的老字号企业占 58.45%，其中青岛啤

酒、东阿阿胶、烟台张裕、德州扒鸡等老字号企业秉承传统，锐意进取，发展成为行业骨干，青岛啤酒、东阿阿胶分别以357.873亿元和340.53亿元的品牌价值位居2016年老字号企业品牌价值冠亚军。部分创新意识滞后、机制僵化的老字号企业市场竞争力不强、经营困难，约占13.70％。

### （三）传承保护力度不足

老字号品牌的核心竞争力在于独特的技术工艺和自主品牌。从技艺传承来看，部分企业传统工艺主要靠师傅带徒弟的方式传授；部分老字号企业还受企业机制和经济效益影响，导致拥有技艺的人才被挖走或跳槽，留下来的有技艺的员工年龄大、文化程度低，不能适应工艺革新的现代生产要求。从品牌保护来看，部分老字号（尤其食品业）对地域资源依赖度大，有些企业在城市变迁中传统地域资源特性被破坏，老字号赖以维生的品质也被破坏，生存空间被压缩。伴随城市老字号大量集聚的旧商业街区改建，部分老字号被迫迁往较偏地段散居，在新址因缺乏集聚效应而难以维系。

### （四）部分企业思想观念陈旧

主要表现在企业固守传统经营模式，缺乏现代营销理念，产品单一，创新不足，不善于接轨互联网，销售渠道仅限于本土，削弱了自身品牌发展空间。有的企业一味停留在传统手工艺和作坊式经营模式，成本高效率低，容易受到同类低价工业制造品挤压，难以应对市场竞争。

## 三、协会视角的山东老字号发展定位

近几年，老字号喜讯频传，政策利好消息不断。在各级政府关心重视老字号发展氛围越来越浓的情况下，山东省老字号企业协会认为，老字号重新焕发生机活力的春天已经到来。为了山东老字号的持续发展壮大、鲁商传统文化的弘扬复兴，基于协会视角，协会提出了山东老字号可持续发展的明确战略定位。

### （一）秉承老字号优秀传统，传承匠心工艺

质量第一、诚信至上、精益求精、匠心工艺是老字号的标志性符号。山东老

字号都有几十年甚至上百年的奋斗史，在大浪淘沙过程中能够生存到今天，其赖以立足的就是过硬的品质、独特的技艺传承、至诚的理念和匠心的追求，由此带来的其他企业没有的长寿基因，在企业、品牌发展中则体现为精益求精的工匠精神、与时俱进的创新精神、敢于超越的自我改革精神等，这是老字号的优势所在，是老字号安身立命之本，也是老字号金字招牌的价值体现和魅力所在。老字号企业一定要继续发扬优秀传统、传承匠心工艺，在新时代引领山东品牌建设，努力创造下一个百年辉煌。

### （二）创新企业经营模式，以创新求基业长青

当今社会科技发展日新月异，新技术、新模式、新业态层出不穷，老字号企业要跟上时代步伐，必须勇立潮头，始终站在创新制高点。改革开放以来的实践证明，一大批老字号企业之所以焕发出青春活力，靠的就是企业的创新精神。如青岛啤酒的模式创新、渠道创新、产品创新，东阿阿胶的产业创新、布局创新、经营创新，德州扒鸡的工业化创新，崔字牌香油的工艺创新，等等。老字号企业创新案例不胜枚举。

可见，老字号老的是历史、是匠心、是传统文化，其产品、营销、管理、工艺，却不能固定老面孔，必须创新，适应当今消费者多样化、个性化的需求，争取在日趋激烈的竞争中立足并发展壮大。例如营销创新，在互联网、移动互联网大行其道的今天，企业通过天猫、京东等电商平台开设网店，开通移动客户端的 App，等等。通过触网发展，引入先进的大数据技术等，分析消费者的购买能力、消费偏好等，有针对性地进行产品投放推介，实现精准营销，增加消费者黏度，这是传统营销方式难以做到的。因此，老字号企业有必要跟上时代变化，善于创新，勇于创新，运用新技术、新模式、新业态，以创新求发展，保持基业长青。

### （三）树立现代市场理念，提升品牌含金量

老字号产品的质量、品质和特色是传统优势，但是在当前互联网时代，市场覆盖范围、消费群体、包装创意等方面是老字号企业的不足之处。从市场看，山东的青岛啤酒、张裕葡萄酒、东阿阿胶、德州扒鸡等老字号在国内外具有很高的知名度和市场占有率，是山东知名品牌的重要代言者，已成为山东的符号和骄

傲。但是，还有一部分老字号，仍旧是藏在深闺人未识，局限于本地区域，没有走出去开疆拓土。从消费群体看，老字号消费人群集中于中老年人，消费能力最强的年轻客户群体对于老字号认知显然不足，而老字号缺乏吸引这部分消费人群的有效手段。在国家大力弘扬优秀传统文化的今天，老字号在全社会的认知度空前提升，但老字号能否抓住时代机遇，关键在于老字号能不能抓住年轻消费群体追求时尚消费、品质消费的心理，充分挖掘市场、客户、产品的潜力，解放思想，调整经营思路，提升品牌含金量，把老字号金字招牌擦得锃亮、叫得更响。

### （四）建立现代企业制度，做强做大老字号

老字号独特的产品秘方、制作技艺、传统特色，需要一代代传承，但作为企业而言，还是必须适应现代企业发展趋势，不能一味延续“一铺传三代”、经营家族企业的老路子。现在山东省 294 家老字号企业中，年营业收入过 5 000 万元的企业已有 117 家，其中超过亿元的 85 家，超过 10 亿元的 21 家，这部分企业基本建立了现代治理架构。除此之外，山东还有 136 家年营业收入在 2 000 万元以下（占比 46%）的中小企业，这部分老字号要实现企业持续发展、延续百年老店辉煌，不仅要靠匠心传承，还要适应现代市场经济的发展，探索建立现代企业制度，引入现代管理理念和手段，使企业步入科学管理、科学发展的轨道。同时，还要探索资本运营、品牌输出等渠道，尽快把企业做强做大。

### （五）重视传统文化，讲好老字号故事

老字号的显著特征是历史悠久，文化底蕴深厚，这种历史和文化在资讯高度发达、“酒香也怕巷子深”的信息社会，需要开展广泛和持续的传播和推广，让更多消费者认知与接受。老字号的历史、技艺、旧址、牌匾、商标、包装等，其背后无一不浓缩着感人的故事、城市的记忆。老字号是品牌，品牌的背后是文化，这是老字号的优势，需要老字号掌门人、企业家担当起文化传承的使命，通过企业博物馆、非遗技艺展等，讲好老字号故事，把文化精髓通过有效讲述传播开，强化消费者内心的文化认同、情感认同，才能有效黏住消费者，更好地助推企业发展。

## 四、协会推动开展的老字号工作

2016 年 6 月，东阿阿胶、德州扒鸡等 12 家企业首倡发起成立山东省老字号企业协会，这一倡议得到了山东省商务厅的大力支持。经历了半年多的筹建，2017 年 1 月 18 日，山东省老字号企业协会正式成立。在协会筹建启动之后，根据老字号可持续发展的战略定位，就老字号传承、创新、发展推动了以下工作，得到省商务厅的大力支持和老字号企业的一致认可。

### （一）立足顶层设计完善老字号创新发展政策体系

2017 年 1 月，中办、国办出台《关于实施中华优秀传统文化传承发展工程的意见》，提出实施中华老字号保护发展工程，支持老字号做精做强；商务部等 16 部委制定《关于促进老字号改革创新发展的指导意见》，加快推动老字号改革创新发展；2017 年年初山东省人民代表大会的政府工作报告，也明确提出要把老字号牌匾擦得锃亮。各级政府对老字号工作的关心支持力度之大、措施之实，前所未有。但是，文件精神落实到具体举措方面，还存在一定的差距。

在商务部关于老字号的指导意见下发之后，协会着手对接山东省商务厅等职能部门，提出了从顶层设计健全山东老字号创新发展政策体系的建议。在省商务厅的支持下，各级商务主管部门基于问题导向原则，通过走访、培训、宣讲和深入老字号企业调查研究等方式，掌握了山东老字号发展的第一手资料。省商务厅等八部门联合下发的《“山东老字号”认定及保护促进办法》和省人民政府办公厅下发的《关于促进老字号改革创新发展的意见》，前者详细规定了山东老字号认定、权利与义务、保护与促进、动态管理；后者明确了“十三五”期间山东省老字号工作的整体目标要求，从加强老字号传承保护、促进改革创新发展、强化宣传推介、优化发展环境等方面制定了 20 条具体措施，为山东老字号加快新旧动能转换、迈向品牌高端化提供了强有力的政策支持。

除此之外，青岛、淄博、临沂等市结合本地实际，也及时出台意见、制定具体措施，深入贯彻中央和省的文件精神。省经信、财政、文化、旅游、工商、质监等部门，结合落实全省品牌强省战略和服务型政府建设，把弘扬传统文化、促进老字号振兴作为重要内容，合力推进，为山东老字号加速发展步伐营造了良好的政治、经济和社会环境。

## (二)搭平台拓渠道激发老字号发展活力

### 1. 制作老字号美食地图

协会承接省商务厅美食地图工程，围绕“品味齐鲁美食、享受精致生活”的主题，首期策划并制作了《美食山东之泉城济南》和《美食山东之魅力青岛》，以手绘方式推介老字号美食，打造“老字号+城市旅游”发展新平台。

### 2. 承办山东首届老字号领域自主品牌博览会

协会承办了山东省首届“中华老字号（山东）博览会暨老字号品牌发展高峰论坛”，吸引了全国13个省（直辖市）的366家老字号及品牌企业参加，展示了5 000余种老字号匠心产品。博览会采取“展览+论坛”、“线下+线上”、“专业对接+现场售卖”、网红直播、VR虚拟情景等新模式、新手段，收到了超出预期的良好效果；老字号掌门人大会汇聚了800名社会精英参加，成为汇聚老字号掌门人最高端、行业整合最完整、参加人数最多的行业盛会，在线点击量高达11万次，为老字号领域同类论坛树立了模式和典范。

### 3. 组织老字号参加“山东品牌中华行”活动

“山东品牌中华行”是山东省商务厅贯彻山东省政府品牌强省战略而部署的2017年全省商务重点工作，选择辐射力强的大城市，依托当地成熟展会，以“至诚山东品质生活”为主题，通过“政府搭台、企业唱戏”的模式搭建平台，创新方式，注重实效，助力山东名优品牌走出去。在协会的推动下，在香港、上海、武汉等地举办的6站活动中，山东省商务厅重点选择老字号企业参与，同时有针对性地组织参加天津、南京、杭州老字号专业展会，推动老字号产品在省外落地，拓市场创品牌。

### 4. 实施老字号溯源计划

在省商务厅的支持下，协会组织老字号企业实施老字号溯源计划，实现全省老字号企业的身世、产品、消费评价在线查询和手机商城下单购买；优选 35 家老字号企业参加山东省重点品牌追溯项目进入省流通追溯平台，加快老字号品牌产品的追溯体系建设，实现产品全程可追溯。

5. 与电商平台合作建设老字号专区

依托山东省商务厅与建行山东省分行建立的战略合作关系，在建行善融商务平台设立“善融商务齐鲁馆”，推出为山东老字号企业打造的“老字号联名卡”；与京东超市联手发起“中华老字号无界零售发展联盟”，荣膺联盟的秘书长单位；设立全国首个中华老字号省级馆——“中华老字号山东馆”，等等。这些举措拓展了山东省老字号的电商渠道，帮助企业以最优惠的条件入驻平台，获得更多宣传、营销资源。

### （三）强化宣传推介老字号提升品牌影响力

1. 海选山东老字号专用标识设计开展宣传推介

为了扩大对山东老字号的宣传，提高社会认知度，协会承接了山东省商务厅的“山东老字号”专用标识海选工作，面向全国征集“山东老字号”专用标识设计，共收到 22 个省市 121 家机构和个人的 256 件设计作品。通过专用标识设计的海选，对山东老字号开展了整体宣传推介，达到了广泛传播的效果。

2. 推动老字号集体入驻商业街

协会指导推动济南市宽厚里三期项目建成老字号特色商业街，联合济南市老字号协会，组织 20 多家老字号集群式入驻，极大地丰富了商业街的历史文化特色，打造了老字号对外宣传展示的新窗口。

3. 全方位传播山东老字号声音

为了强化对山东老字号的宣传推介，协会打造了一系列以“老字号内参”

“山东老字号”为名的新媒体宣传平台，推出了“山东老字号”专题宣传视频，在济南火车站等公共场所搭建老字号二维码墙，在重要展会活动中借助专业演出团队推介老字号传统文化，等等。全方位传播老字号声音，吸引不同层次消费者关注老字号企业和产品，营造了良好的宣传氛围。

### （四）优化配置老字号资源争取协同发展效应

协会成立的目的之一就是推动会员企业彼此之间的协作交流，促进会员企业聚集各自资源开展优化配置，通过会员企业互通有无、取长补短，规避社会资源市场调节的盲目性和滞后性，通过企业资源之间的合理使用，帮助会员企业提升劳动生产率、降低生产成本、提高经济效益，实现资源配置的最优化。例如，一方面，山东省内老字号企业当中存在东阿阿胶这样的以驴皮为主要生产原材料的中医药保健制品企业，在使用驴皮之余，大量的驴肉长期堆积在仓库里，很难消化。另一方面，山东同时也存在大量以驴肉为生产原材料的熟肉加工企业，对于驴肉有强烈的需求。因此，协会居中协调，促进二者之间的对接，在帮助东阿阿胶消化驴肉的同时也使老字号驴肉熟食加工企业获得了物美价廉的原材料，通过各方合作争取协同发展效应。

## 五、协会助力下老字号企业的发展现状

协会在从筹建到成立的近两年的时间里，做了大量卓有成效的工作，很好地发挥了企业与政府间的桥梁纽带作用，推动政府更好地为老字号服务，有力凝聚了老字号的合力，使得山东老字号获得了组团发展的协同效应。

### （一）壮大山东老字号队伍，拓展行业分布规模

2017年山东省商务厅启动“山东老字号”认定工作，75家山东17地市的企业被认定为第四批“山东老字号”企业，壮大了山东老字号队伍。截至2017年年底，山东拥有66家“中华老字号”企业、228家“山东老字号”企业，共294家老字号，其中包括83家百年老字号。除了省级以上老字号之外，各市还认定了一批市级老字号，老字号在全社会的影响力和认知度获得了显著提升。

2017年跻身山东老字号队伍的企业还进一步拓展了老字号行业分布规模，在

原来酒店餐饮、轻工工艺、粮油食品、医药保健、商贸服务、酒水酿造等行业的基础上，拓展了农林畜牧等行业，基本上囊括了民生各领域的服务范畴。根据山东省老字号企业协会的统计，截至 2017 年第三季度末，294 家老字号企业进一步细分后的行业情况及相关营收如表 4 所示。

**表 4**

**山东省内老字号企业行业分布情况**

| 序号 | 行业类别 | 企业规模 | | 营收情况 | |
|---|---|---|---|---|---|
| | | 数量（家） | 占比 | 金额（亿元） | 占比 |
| 1 | 酒店餐饮类 | 29 | 9.86% | 10.14 | 0.78% |
| 2 | 纺织服饰类 | 15 | 5.11% | 167.61 | 12.91% |
| 3 | 轻工工艺类 | 17 | 5.78% | 27.84 | 2.14% |
| 4 | 酒水饮料类 | 53 | 18.03% | 447.85 | 34.49% |
| 5 | 粮油食品类 | 102 | 34.69% | 106.18 | 8.18% |
| 6 | 调味品酿造类 | 20 | 6.81% | 16.53 | 1.27% |
| 7 | 农林畜牧类 | 7 | 2.38% | 19.45 | 1.49% |
| 8 | 商贸服务类 | 23 | 7.82% | 390.26 | 30.05% |
| 9 | 医药保健类 | 24 | 8.16% | 74.38 | 5.73% |
| 10 | 其他制造业类 | 4 | 1.36% | 38.38 | 2.96% |

## （二）老字号营业收入提升，发展速度提速

2017 年前三季度，山东省内的老字号企业（包括“中华老字号”和“山东老字号”）实现营业收入 1 298.62 亿元，同比增长 10.30%。其中，实现利税收入 150.86 亿元，同比增长 7.12%；实现进出口 89.23 亿元，同比增长 5.03%，其中出口 79.74 亿元，同比增长 4.20%；老字号从业人数 20.19 万人，同比增长 6.29%。(见表 5)，从中可见，2017 年山东老字号的发展速度得到了提升。

**表 5**

**山东老字号历年营收增长情况**

| 序号 | 项目 | 2016 全年同比增长（%） | 2017 年前三季度同比增长（%） |
|---|---|---|---|
| 1 | 营业收入 | 7.91 | 10.30 |
| 2 | 利税 | 5.06 | 7.12 |
| 3 | 进出口 | 5.30 | 5.03 |
| 4 | 出口 | 5.33 | 4.20 |
| 5 | 从业人数 | 5.35 | 6.29 |
| 6 | 电子商务 | 14.77 | 26.04 |

### （三）老字号企业规模扩大，挽救部分濒危品牌

由统计数据可知，2015年山东的老字号企业规模平均为5.01亿元，2016年为5.41亿元，2017年这一数据预计为5.89亿元，年均增长率达到8.43%，可见，老字号企业的平均规模逐年增长，一部分作坊式企业在政府、社会的关注下，逐渐摆脱传统生产管理模式，向互联网社会的现代化管理、电商渠道营销等方向发展。此外，在这几年间，原来面临经营困境的一些品牌通过协会的宣传推介等获得公众关注，例如燕喜堂、泰云照相馆等，通过并购、重组等方式，这些老字号品牌获得了新生。

### （四）树立“山东老字号”公共品牌形象，推动老字号合力发展

通过组织山东的老字号企业参与各种大型博览会，以山东老字号的公共形象走出山东开展宣传推介，在全社会征集山东老字号公共标识设计，开展山东老字号溯源计划、建设山东老字号重点产品追溯项目，等等，不断树立“山东老字号”公共品牌对外良好形象，集聚山东老字号企业优势资源，带动老字号企业以“山东老字号”公共品牌形象展现在公众面前，推动企业在公共品牌的统领下组团发展，获得协同发展的加成效应。

### （五）老字号创新转型步伐提速，领军老字号起到引领作用

老字号企业的创新和传承，曾经在很长的时间里困扰着许多老字号企业。通过审视山东老字号发展现状可以发现，企业发展中遇到的瓶颈通常不是周期性的，而是结构性的，究其原因在于市场的需求变了，企业供给的产品和服务却没有相应改变，跟不上市场需求。2016年之前，山东老字号已经逐步意识到这一问题，开始求新求变。以电商渠道拓展为例，2015年92家老字号企业入驻电商，在各类电商平台共开店铺184家，电商收入33.47亿元；2016年以后，企业电商渠道拓展步伐不断加快，电商收入40.0亿元；2017年，触网发展的老字号企业已达178家，全年电商收入预计将超过49亿元，同比增长26%以上。

除了推动老字号实施电商营销转型之外，老字号领军企业在创新转型方面也起到了很好的带动、示范作用。例如百年青啤，通过“青啤品牌＋”不断创新：

“＋青啤快购＝手到酒来”的青啤 App，改变传统消费者啤酒购买习惯，实现足不出户饮用啤酒的享受；“＋智能工厂＝鲜行天下”实现每一箱啤酒的全过程追溯，为消费者带来新鲜品质保障；“＋消费主权＝酿出我心”，通过各种创新品类啤酒不断升级人们对啤酒的认知；“＋网红社交＝青春味道”，通过跟进年轻消费者喜好创造出的网红产品成为年轻人交际和自我认同的符号。在不断的创新中，百年青啤奏出老字号发展更强音。东阿阿胶，努力推进“3＋X＋2”的全产业链融合布局发展模式，“3”为上游的毛驴养殖、交易、加工三大产业；“X”为中游的阿胶主业，通过聚焦主业培育多产品、多品牌；“2”为产业下游的健康服务业和养生旅游业（工业旅游），通过供应链整体发展达成完美结合的“一产控资源、二产抓发展、三产重体验”，实现了老字号企业的“三链重构”——产业链延伸、价值链提升、供应链贯通，打造世界知名一流企业。

## 六、结　语

山东省老字号企业协会作为企业和政府之间的桥梁纽带，在山东老字号不断迎接政策春风的发展机遇下，始终站在弘扬“厚道鲁商”精神、复兴山东老字号的高度上，利用协会平台，基本做到了：（1）团结全省老字号企业，建立完善企业、协会和政府之间沟通机制，积极应对当前面临的市场挑战和机遇，通过传承、创新，不断提升省内老字号品牌和产品的优势，为老字号发展注入新的活力；（2）吸引省内外乃至全世界的社会组织、专家学者等共同关心山东老字号，聚合在一起为老字号品牌复兴建言献策，通过群贤荟萃深刻挖掘老字号品牌文化价值，帮助处于发展困境的老字号企业谋划可持续发展；（3）挖掘老字号传统文化，整合老字号优势，推介老字号品牌，打造“山东老字号”公共品牌，促进山东地方经济发展和市场繁荣稳定。

下一步，协会将继续与政府职能部门合作，落实山东省《关于促进老字号改革创新发展的意见》，助力政府职能转变打造服务型政府的同时，保障老字号代表的经典记忆和商业文化历久弥新。同时，协会还将协助政府开展老字号的动态管理，在山东新旧动能转换的大环境下激活老字号内生动力，促进老字号企业之间优化资源配置，推动老字号在新时代解放思想，改革创新，获得可持续发展。

### 参考文献

[1] 李诚. 影响老字号发展的关键因素分析 [J]. 商业时代，2008（19）：14-15.

[2] 李宇军，张继焦. 中国“老字号”企业的经营现状和发展前景 [J]. 广西经济管理干部学院学报，2014 (4)：50-56.

[3] 蔡祥军，薛冰. 老字号传统经营理念探析 [J]. 齐鲁学刊，2009 (2)：105-108.

[4] 刘秀兰，付勇. 市场驱动：“老字号”凤凰涅槃的必然选择 [J]. 商业经济与管理，2005 (1)：27-31.

[5] 姚圣娟. 关于振兴中华老字号的思考 [J]. 华东经济管理，2008，22 (1)：112-116.

# 广东省 2017 年老字号工作进展

范依萍[1]

在过去的一年里，广东省老字号协会根据自身工作职能，结合广东老字号的实际情况，在省商务厅和省社会组织管理局的直接指导和关怀下，在有关政府部门以及协会会员企业的大力支持下，本着服务会员、服务政府的理念，积极配合政府开展保护与促进老字号发展工作，带领全体会员，积极配合各级政府推进振兴老字号工程的实施，认真有序地开展各项活动，取得了一定成效。

## 一、认真务实，做好标准实施工作

(1) 圆满完成第五批“广东老字号”评定工作。2017 年 2—4 月，广东老字号工作委员会对申报第五批“广东老字号”的企业按地区组织专家进行现场评审。5—6 月完成了对企业商标等各项工作的确认。6 月 22—23 日在副会长单位开平嘉士利集团召开第五批“广东老字号”评审专家终审会。8 月 27 日下午，在广州黄埔华苑大酒店召开第五批“广东老字号”授牌大会暨企业故事分享会。省委宣传部、省市商务厅（委）、地方商务局、广东老字号专家委员会、省市部分协会、老字号企业负责人以及省市相关主流媒体等 200 余人参加了大会。

广东老字号评定工作从 2012 年开始，到 2017 年止，共有经过认定的老字号企业 197 家，其中“中华老字号”57 家，“广东老字号”140 家。在 140 家“广东老字号”企业当中，按地区分类：广州 37 家、潮州 26 家、佛山 18 家、汕头 15 家、东莞 10 家、中山 9 家、肇庆 8 家、江门 5 家、梅州 4 家、茂名 2 家、阳江 2

[1] 供职单位：广东省老字号协会。

家、深圳1家、湛江1家、清远1家、河源1家。按行业分类：食品制造业67家，医药保健19家，酒业10家，工艺美术10家，制造业9家，餐饮业7家，茶叶7家，销售业4家，服装业3，服务业2家，工业2家。

在57家"中华老字号"企业当中，按地区分类：广州35家、佛山10家、汕头4家、中山3家、江门2家、清远1家、梅州1家、湛江1家。按行业分类：食品制造业16家，医药保健14家，餐饮业7家，酒业6家，制造业5家，销售业2家，服务业2家，工艺美术1家，钟表1家，服装业1家，茶叶1家（"中华老字号"广州市鹤鸣鞋帽商店有限公司已歇业）。

（2）开展第六批"广东老字号"申报工作。从9月份启动第六批"广东老字号"申报工作，通过各地方商务局、行业协会等机构的推荐，目前共收到38家企业的申报材料。

## 二、开拓创新，为会员搭建交流合作平台

（1）"樵玩欢乐穿越百年庙会"活动。为了还原广东的年味，让更多留在广东过年的游客体验广东春节的民风民俗，品尝广东老字号美食，欣赏广东老字号工艺，领略广东老字号工匠精神，由广东广播电视台经济科教频道（TVS1）、广东省老字号协会、广东省广播电视网络股份有限公司联合主办的"樵玩欢乐穿越百年庙会"活动于大年初一至正月十五在佛山西樵山国际影视城举行。该活动用中华优秀传统文化的精髓涵养企业精神，培育现代企业文化。协会和广东经视紧密配合，整合景区资源，为老字号搭台，通过媒体对庙会宣传营销，吸引观众眼球，庙会日均客流量超过1万人，使老字号的品牌影响力大幅提高。

（2）"2017粤澳名优商品展"。由澳门贸易投资促进局、广东省商务厅联合主办的"2017粤澳名优商品展"7月28—30日在澳门威尼斯人金光会展中心举行。本次商品展以嘉年华形式进行，集贸易、文化交流、购物、消闲娱乐于一体，给客商及消费者带来琳琅满目的粤澳优质产品，同时为参展企业营造更多的贸易及品牌发展商机。协会20家老字号企业参加了本届粤澳名优展，其中王老吉、阳江十八子、佛山石湾酒厂、肇庆香满源、云浮新云饼屋已经连续多年参展。

（3）"2017首届中华老字号（山东）博览会"。2017年9月1—3日，由山东省商务厅、山东省文化厅、山东省旅游发展委员会、山东省质监局主办的首届"中华老字号（山东）博览会"在济南市舜耕国际会展中心举行。广东省老字号协会组织了真美、燕塘、香满源、扬航、十八子、橘星化橘红、琪昌、明兴、宏

兴、凤宝山、南苑、德庆无比、赖庄园等 13 家老字号企业参加了本届中华老字号（山东）博览会，以潮州真美集团搭建的具有百年老店风貌的展位形象领头，广东 22 个展位组成了广东老字号展区。企业带来的广东老字号产品第一次集体在济南展示，得到了消费者的认可。

（4）“2017 第十一届中华老字号博览会”。9 月 22—25 日，由上海市商务委员会、上海市经济和信息化委员会、黄浦区人民政府和中国商业联合会中华老字号工作委员会共同主办的“2017 第十一届中华老字号博览会”在上海展览中心举行。我会组织了阳江十八子集团有限公司、广州鹰金钱企业集团公司、国药集团冯了性（佛山）药业有限公司、广州市泮塘食品有限公司、广东太安堂药业股份有限公司、广东荣业食品有限公司、广东美味鲜调味食品有限公司、东莞市真宜食品有限公司等八家企业以及广东老字号食品商城参加了本届博览会。这是广东企业连续第十年组团参展。

（5）“2017 中华老字号（江苏）博览会”。12 月 8—10 日，由江苏省商务厅、江苏省文化厅支持，中国商业联合会中华老字号工作委员会、江苏省老字号企业协会、南京老字号协会共同主办的“2017 中国（江苏）老字号博览会暨老字号创新发展高峰论坛”在南京举行，阳江十八子集团有限公司参展。

（6）“第 26 届中国食品博览会”。12 月 16—19 日，由湖北省人民政府、中国商业联合会、中国食品工业协会、武汉市人民政府主办的“第 26 届中国食品博览会暨中国（武汉）国际食品交易会”在武汉国际会展中心隆重举行。由广东省商务厅组团并带队，广东省老字号协会组织了广州王老吉、广州皇上皇、广州鹰金钱、肇庆香满源、肇庆皇中皇裹蒸粽、广东佳宝、真美、新宝堂、橘星化橘红、晶华鱼丸等十家企业参加了本届食博会。

（7）“3·15 消费者权益保护”宣传教育活动。“老字号”是品质优良、诚信消费的代名词，但市场上不乏劣质的仿冒品，严重地损害了真正的老字号商家和消费者的利益。3 月 3 日，由省、市消费者权益保护委员会联合主办，广东省老字号协会、广东省产品认证服务协会、广州市猎德经济发展有限公司等单位承办的“关爱老人，消费无忧　2017 年‘3·15’消费者权益保护”大型宣传教育活动在猎德社区举行。橘星化橘红药材发展有限公司、广东肇庆市香满源食品有限公司、广州市泮塘食品有限公司三家老字号企业带着自己的产品参与宣传活动，向消费者普及识别真假产品知识，吸引了众多消费前来参与。他们纷纷给老字号产品点赞，对老字号进社区表示热烈欢迎。

## 三、锐意进取，加强与会员及社会各界的互动

（1）联合澳门相关商会促成老字号交流平台。4 月 28 日，澳门连锁加盟商会黄仁民主席等一行五人来到广东省老字号协会，学习广东省开展老字号工作经验，共同探讨加强粤澳两地老字号的扶持与发展。11 月 6 日下午，“澳门特色老店扶持小组”在澳门经济局主导下成立，为加强粤澳两地老字号间的交流合作搭起了平台。

（2）百年“合成号”第五届深圳传统文化活动。5 月 5 日，由深圳市合成号食品有限公司主办的百年“合成号”第五届深圳传统文化活动开幕式在深圳前海万豪酒店举行，协会代表受邀参加。广东老字号“合成号”在会上发布了代表深圳本土历史文化厚度的“深圳你好”伴手礼，为购买深圳特产提供重要选择。

（3）老字号的传承和发展论坛。5 月 28 日，由广州图书馆主办、广东省老字号协会和广州中新知识产权服务有限公司协办的第 36 期“悦读沙龙——老字号的传承和发展论坛”在广州图书馆举办，协会会长李积回，广府文化研究者、媒体人饶原生，企业知识产权管理专家、法学硕士兼本场论坛主持人刘洋等专家出席了论坛活动。

（4）百年品牌陶陶居再开分店。6 月 25 日上午，“中华老字号”百年品牌陶陶居西塔国金店在广州市珠江新城广州国际金融中心举行盛大开业庆典，这是传承了 137 年的陶陶居步出西关后在广州开设的第四家分店。来自各行业协会、商会、各地媒体的代表参加了开业庆典活动。8 月 25 日，陶陶居万国店在海珠区万国广场开业。

（5）“百年传承，铸就辉煌”莲香楼中秋月饼推介会。7 月 17 日，2017 年“中华老字号”莲香楼中秋月饼推介会在广州市东方宾馆隆重召开。全国各地的经销商、大型商超代表、零售商代表、新闻媒体以及相关商协会负责人等三百多人参加了推介会。

（6）首届中华老字号发展大会。11 月 9 日，由中华全国商业信息中心、中华老字号工作委员会主办，河北省玉田县人民政府承办的首届“中华老字号发展大会”在河北玉田召开。大会旨在引导具有自主知识产权、传承民族传统文化和技艺的老字号企业加快创新发展，建立和完善品牌建设、培育标准体系、全面提高产品和服务质量，发挥老字号企业在经济和社会发展中的重要作用。广东代表团由会长带队，组织了十八子、嘉士利、黄但记、港三元、香满源、真美、合成号、

艄记鸡、得心斋、碧丽嘉、卢家青年、南苑等12家老字号企业共17人参加。会议期间考察了中华老字号生产加工集聚区和文化旅游观光基地，参观了红螺食品项目、东来顺辅料加工及仓储物流项目备选地块、北京同仁堂保健品项目和中药制剂项目建设现场、王致和食品等项目。嘉士利集团考察后表示非常看好中华老字号生产加工集聚区和文化旅游观光基地，表示有意向进驻北方市场。

## 四、加强学习，组织会员交流活动

（1）组织开展“走进老字号”系列交流活动。“走进老字号”系列交流活动是广东省老字号协会开展的一项跨地域、跨行业的考察交流活动，目的是为老字号搭建沟通交流平台，老字号之间互相学习，交流经验，探讨老字号之间的合作。6月29—30日，组织企业走进东莞卢家青年面店、金燕粮油、真宜食品、横沥牛行，体验了不一样的传承技艺，感受了传统文化的博大精深，让大家与老字号拉近了距离。

（2）组织会员参观广州塔。8月28日上午，副会长单位广州黄埔华苑大酒店董事长秦鉴雄组织安排会员参加了“广东老字号新视角新跨越文化之旅——参观广州塔”活动。

（3）召开“广东老字号学习十九大精神座谈会”。11月1日上午，协会会员单位潮州市湘桥区碧丽嘉潮绣工艺坊在广州北京北路店召开了“广东老字号学习十九大精神座谈会”，及时传达学习习近平总书记的重要讲话精神，明确广东省老字号会员落实十九大精神的安排、部署和工作要求。利工民、信孚、风行、广绣、李占记、太平馆、新兴家喻、锦泉、碧丽嘉、兄弟、清心堂等会员企业代表共20人参加座谈会。会上，广州市天河区首个以个人名字命名的“周红党代表工作室”正佳集团党支部书记、天河区青年联合会副主席周红与大家分享了学习十九大精神的心得与体会，并为企业反映的问题提供新的解决思路与方法。与会企业代表争相发言，从企业故事到传承中华文化精神，围绕十九大精神开展交流。

## 五、振奋精神，参与政府会议，承接政府活动

（1）召开广东省“老字号·新品牌”企业核心价值观故事分享会。4月19日下午，由省委宣传部主办，省老字号协会、省企业诚信建设促进会协办，广东广播电视台、羊城晚报报业集团承办的广东省“老字号·新品牌”企业核心价值观

故事分享会在广东广播电视演播厅举行。本次活动中共有八家老字号企业获得了“培育和践行社会主义核心价值观示范点”的荣誉，分别是广州酒家集团股份有限公司、广州皇上皇集团有限公司、广州白云山中一药业有限公司、广东石湾酒厂集团有限公司、广州珠江钢琴集团股份有限公司、国药集团冯了性（佛山）药业有限公司、李锦记（中国）销售有限公司、广东燕塘乳业股份有限公司。

（2）参加“4·26”世界知识产权商标品牌咨询活动。为了迎接第17个世界知识产权日的到来，让各企业更好地了解、咨询商标等知识产权的相关问题，工商总局商标审查协作广州中心、工商总局商标局驻广州办事处、广东省工商局、广州市工商局、越秀区政府及广东省商标协会于2017年4月26日联合举办了主题为“创新创造改变生活，知识产权竞争未来”的“4·26”世界知识产权日商标品牌咨询活动。广东省老字号协会组织了鹰金钱、上水丰、得心斋等企业参加活动，咨询老字号商标品牌的相关问题。

（3）举行广东省老字号商标品牌培训。为落实《工商总局关于深入实施商标品牌战略推进中国品牌建设的意见》，提升广东省老字号企业商标品牌意识、促进省内老字号企业健康稳定发展，助力打造百年品牌，由广东省工商行政管理局和广东省老字号协会共同主办的广东省老字号商标品牌培训班于2017年9月18—19日在广州从化开班。省工商局相关领导、会员企业的负责人和管理人员等100余人参加了本次培训。

（4）参加全省企业党委负责人核心价值观专题研修班。8月2日，由广东省委宣传部、省政研会主办的全省企业党委负责人核心价值观专题研修班在佛山开班。省委宣传部巡视员、省文明办主任顾作义出席开班仪式，发表动员讲话，并作题为“深化企业核心价值观建设”的辅导报告。省委宣传部宣教处处长石雄东带队到广东石湾酒厂集团进行参观考察并开展现场教学，通过对位于石湾酒厂集团总部的岭南酒文化博物馆、陈太吉酒庄、新石湾美术馆等文化平台进行参观，深入了解企业文化。副会长单位中山咀香园食品有限公司副总经理苏咏仪带领莲香楼、广州酒家、王老吉、中一药业、石湾酒厂、风行乳业、黄但记、黄埔华苑、十八子、东莞电机、徐其修、信孚、冯了性、珠江钢琴、香满源、东莞真宜等17家企业管理人员参加了研修班。

（5）参加省商务厅实体零售创新转型交流会。12月13日上午，广东省商务厅在佛山举办了实体零售创新转型暨国内贸易流通体制改革发展综合试点经验复制推广现场交流会。商务部流通业发展司副处长王亚南，省商务厅党组成员、巡视员罗练锦以及各地市商务部门、零售企业代表、相关商协会等参加交流会，广东省老字号协会代表出席会议并参加考察企业活动。

(6) 接到省商务厅转来的《关于征求〈关于贯彻实施中华优秀传统文化传承发展工程的意见〉的落实意见（征求意见稿）修改意见》的函，并提出了修改方案。

(7) 陪同商务部领导考察广东省“中华老字号”企业。11 月 18 日，省商务厅陈旭暖副处长、范依萍秘书长陪同商务部郑文司长、赵涛处长等一行考察省“中华老字号”企业（广州酒家、莲香楼、陶陶居、皇上皇、陈李济博物馆）。

(8) 参加《中华老字号认定和保护办法》专家座谈会。11 月 13 日，商务部召开《中华老字号认定和保护办法》专家座谈会，省商务厅陈旭暖副处长和范依萍秘书长参加会议。

## 六、再接再厉，做好协会服务工作

(1) 发展会员。发展新会员是协会一项持续性工作，会员是协会开展工作的基础，广东省老字号协会基于“发扬传统文化，弘扬老字号精神”的理念，积极开展保护与促进老字号发展工作，在工作中不断挖掘老字号，发展新会员，2017 年共发展了广州黄埔华苑大酒店等 28 家新会员，其中副会长单位 2 家，常务理事单位 1 家，理事单位 1 家。

(2) 召开第二届第一次副会长会议。8 月 28 日上午，广东省老字号协会第二届第一次副会长会议在广州黄埔华苑大酒店召开。

(3) 潮州市老字号协会成立。11 月 13 日，潮州市老字号协会在潮州宾馆举行成立大会暨潮州市老字号协会第一届会员大会，中华老字号工作委员会代表及李积回会长到场祝贺。

(4) 召开广东省老字号电商平台发布会。为贯彻落实《商务部等 16 部门关于促进老字号改革创新发展的指导意见》，支持老字号线上线下融合发展，落实国务院办公厅关于“互联网＋流通”行动计划部署，实施“老字号＋互联网”工程，引导老字号适应电子商务发展需要，开发网络适销商品和款式，发展网络销售，6 月 28 日下午，由协会主办，广州璟晟网络科技有限公司承办，手信工作委员会、淘库网络协办的广东省老字号电商平台发布会暨企业签约仪式在广州大厦召开。广州酒家、莲香楼、鹰金钱、皇上皇、杨航、黄但记成为首批签约进驻老字号电商平台的企业。商城 9 月 16 日试运营后，陶陶居、果子厂、咀香园、矮仔祥、黄埔华苑陆续上线。9 月销售额 13 899 元，10 月销售额31 167元，11 月销售额 50 161 元，12 月销售额 85 048 元，每个月销售额都在增长。照这种趋势发展，广东老字号商城销售额会再创新高。

（5）按照省社会组织总会的要求整理材料，积极参加全省性社会组织评估工作。自 2016 年 8 月收到广东省民政厅关于开展全省性社会组织评估工作的通知，协会参加了评估工作培训班，按照通知要求认真整理评估材料，做了大量的工作，并积极参加社会组织等级评估。2017 年 1 月 12 日，广东省全省性社会组织评估委员会专家组来到协会进行现场评估，实地考察和查阅了大量资料。在 7 月 20 日上午广东省民政厅举行的 2016 年度全省社会组织等级评估工作总结大会上，协会获得了全省性社会团体评估 3A 等级。

## 七、总体成效

回顾过去，展望未来，广东省老字号协会在这一年工作当中组织企业参加展会活动，取得了一些成效。

### （一）经济效益

通过组团参加各省老字号博览会，达到了进一步推广老字号品牌，展示广东省老字号企业产品、促进老字号企业拓展市场、为老字号企业发展提供更广阔的市场机遇的预期目的。广货深受各地人民的喜爱，广东展位前每天都是人头攒动、熙熙攘攘，众多顾客排队询问、购买，个别产品从第二天开始就陆续售罄。据组委会不完全统计，各省博览会观众都能达到 8 万余人次，现场达成销售 50 万～100 余万元，与博览会同步的线上营销活动实现 100 万～200 余万元销售额；老字号精品供需接洽会上，来自全国各地的采购商、连锁超市等商贸流通企业和专业采购团队与参展商进行了专场供需对接，洽谈订单或达成合作意向。

### （二）社会效益

#### 1. 有利于推动老字号企业发展

参与老字号博览会活动，就是提升广东老字号的影响力，展示承载着岭南文化的老字号技艺及产品，将树立一批有影响力的岭南文化品牌，成为岭南文化的重要载体和名片。一批文化特色鲜明、具有广泛群众基础的老字号传统产品、技艺、品牌和产品配方将得到弘扬，带动岭南文化的传承、发展和创新。

2. 有利于形成全社会支持老字号发展的良好氛围

提高一批社会影响广、发展潜力大的老字号的知名度，推动其成为具有较强竞争力的著名自主品牌，充分发挥老字号对行业发展的榜样示范和引领带动作用。

3. 有利于我省老字号企业走出去

更好地促进多地多领域的交流和合作，提供各地经贸及文化发展的新动力，形成一个交流合作共赢的平台与枢纽。

4. 有利于加强老字号商标等知识产权保护

通过集中展示老字号，宣传推广“中华老字号”和“广东老字号”企业的商标，有利于加强对老字号商标的保护。

5. 广东老字号商城淘宝电商平台运营成效良好

6 月 28 日广东省电商平台正式成立，首批有六家企业签约进驻，老字号商城 9 月 16 日试运营后，陶陶居、果子厂、咀香园、矮仔祥、黄埔华苑陆续上线。每个月销售额都在不断地增长。

# 辽宁省推进老字号发展的工作状况

崔守军[1]

## 一、2017年辽宁省老字号企业发展情况

目前辽宁省共有“中华老字号”企业33家，省级老字号企业38家，另外，沈阳市有市级老字号企业22家。辽宁省的老字号主要分布在餐饮、零售、医药、酿造、食品等行业。

这些老字号是自主品牌，是民族的瑰宝，是诚信经营、承担社会责任的典范。为了推动老字号企业加快创新发展，发挥老字号企业在经济和社会发展中的重要作用，政府在城市建设改造、网点规划过程中，对老字号的建筑予以适度保护，保证有市场前景、有发展潜力和核心竞争力的老字号在主要商业街、旅游消费集聚区占有一席之地。

## 二、开展的主要工作和大型活动

2013年5月23日，辽宁省服务业委员会主任韩东太在全省老字号工作会议上的讲话中明确指出：要成立辽宁省老字号协会，“为老字号企业搭建交流合作的平台，推动老字号事业全面发展”。

从那时起，我们开始物色人员，多次组织到浙江、北京等地及国家老字号协

[1] 供职单位：辽宁省老字号协会。

会考察，走访省内部分老字号企业，启动了辽宁省老字号协会的筹备工作。据了解，全国已有浙江、广东、北京、上海、天津、重庆、福建、吉林等省（直辖市）成立了老字号协会，辽宁省成立协会的条件也已完全成熟。

2014 年年初，经省服务业委员会、民政厅同意成立了老字号协会筹备小组，之后多次开会研究协会章程及有关文件，确定会员及领导机构的组成，启动向民政厅的申报程序，落实成立大会的各项准备工作。

2015 年 6 月 18 日，辽宁省老字号协会成立大会暨第一届会员代表大会在沈阳召开，由省内近百家“中华老字号”“辽宁老字号”及相关企业共同发起的辽宁省老字号协会正式成立。

来自全省餐饮、食品、酿造、商贸、文化、医药等行业，饱经沧桑而长盛不衰的老字号企业参加了会议。选举产生了协会第一届理事、常务理事及以沈阳天江老龙口酿造有限公司董事长邹长顺为会长，沈阳庠序文化有限公司董事长崔守军为常务副会长兼秘书长，沈阳萃华金银珠宝制品实业有限公司李玉昆、沈阳八王寺饮料有限公司李秀实、沈阳鹿鸣春饭店有限公司张春海、北镇市沟帮子尹家熏鸡集团有限公司王进为副会长的领导机构成员。

辽宁省服务业委员会与辽宁省民间组织管理局的主管领导参加了会议并作了重要讲话。协会将团结和带领辽宁省的老字号企业，通过广泛开展调查研究、经验交流、业务培训和市场推介等活动，深入挖掘老字号的商业文化内涵，充分展示老字号的品牌形象，使辽宁省老字号企业成为“我们国家实施品牌战略、实现自主创新的战略目标，增强民族经济国际竞争力的重要组成部分”。进一步整合老字号的优势，为弘扬传统商业文化、发展地方特色经济、促进市场繁荣稳定发挥积极作用。

2017 年年底，协会与商务部和浙江老字号达成合作，共同组织了与阿里巴巴在“双 11”期间的全国老字号电商推广活动，并且联系报刊和电视媒体，对辽宁省老字号企业进行了宣传和报道。

2017 年由协会配合省文化资源建设服务中心拍摄的 40 集大型文化专题片《辽宁老字号》在辽宁文化共享频道播出，该片以闻名全国或东北地区的辽宁老字号品牌为主题，通过其品牌故事、传承经历、文化底蕴、特色技艺、大众口碑、实力及可持续发展能力等诸多内容，全面展现老字号的传承发展以及给人们带来的深远影响。

每一个老字号都有一份匠人的坚守，对于这一点我们有深刻的感悟。

### （一）一部民族工业发展史

辽宁是一个具有深厚文化底蕴的省份，目前全省有各级机构认定的老字号企业近百家，其中，经商务部认定的“中华老字号”企业34家；老龙口白酒传统酿制技艺、老边饺子传统制作技艺、马家烧卖制作技艺、锦州小菜制作技艺等均列入省级非物质文化遗产名录。

专题片《辽宁老字号》以老照片、文献或影视素材作为历史佐证，再现历史场景，并通过实拍老品牌今日之辉煌、技艺之传承，展现老字号的新生及发展，向人们展开一部民族工业的发展史。

比如，第五集《难忘的味道：一瓶水的故事》讲述的是百年品牌八王寺汽水的历史——始创于1920年，是由民族资本家集资创办的汽水生产专业厂。“九一八”事变后，日寇侵占沈阳，这个民族品牌历经浩劫。创立八王寺民族品牌的民族资本家面对侵略者的威逼利诱，毅然采取了不合作的态度，纷纷入关隐退。

同样，《传奇老龙口》《百年中药香，济世老天祥》《金字招牌百年萃华》《天下第一饺——老边饺子》《高桥一坛醋调味六百载》等都在讲述品牌百年兴衰荣辱的故事。

### （二）老字号是历史见证者

拍摄此专题片时曾充满争议，在立项专家评审会上，好多专家不同意拍此片，原因是在为企业免费做广告。辽宁省文化资源建设服务中心主任梁海燕陈述了拍摄的理由。她说，据资料显示，现代国际名牌的成长历程平均只有100年，有的甚至才几十年，而老字号的历史平均在160年以上，有些甚至长达三四百年。有独特标志的老字号企业是历史的见证者，凝聚了民族文化、地域特色，蕴涵着历史渊源、文化内涵。一个企业能存活上百年，必然有其存在的意义，有其企业文化、工匠精神，更有中国优秀传统文化的支撑。拍此专题片旨在挖掘这些东西，一代又一代老字号人的坚守、诚信、精益求精，就是老字号独特的文化基因。

正是梁海燕的据理力争，说服了专家，此片才得以拍摄。

《辽宁老字号》从2015年初开拍到2016年底结束，历时两年。拍摄之初，拍摄团队对于省内这些知名的老字号虽然熟悉，但了解不是很深，前期工作量大。三名编导利用一个月时间，通过网络搜索、侧面了解、电话沟通，将省内绝大部分老字号企业的情况和资料熟记于心，最后挑选出其中 23 家老字号企业。

回忆拍摄过程，每一组拍摄团队都有不同的感受。在 23 家老字号中，有 18 家属于食品行业，如果拍摄时正值夏天，摄像人员身上的衣服基本全天都是被汗水浸湿的状态。编导卞静印象最深的一次是 2016 年 7 月去盘锦田庄台拍摄酒厂，被太阳炙烤得冒着热气的钢板房内，粮食在蒸锅内发酵，摄像人员脖子上搭着湿毛巾、踩着一地的粮食皮进去拍摄，出来时连眼睫毛上都有汗滴。类似的事情还有很多。

卞静说，真正令拍摄团队难忘的，其实是透过这些辛苦经历感受到的老字号企业背后匠人的坚守。在每一个光鲜亮丽的称号背后，都有执着、坚守的匠人匠心。

### （三）老字号都有故事

据权威部门的粗略统计，在全国近 2 000 家老字号企业中，几十年来勉强维持现状的占 70%；长期亏损，面临倒闭、破产的占 20%；生产经营有一定规模，效益好的只有 10%左右。在辽宁省的 23 家老字号中，有发展稳健的已经上市的大型企业，也有如今还隐藏在村镇的小作坊；有生意红火、外地游客必品尝的名吃，也有生意冷清却仍在坚持的老手艺人。无论哪一家老字号企业走到今天，都有着自己的故事，这些故事正是《辽宁老字号》为大家展现的内容。

也是在 2017 年，我们发挥出版和媒体的优势，协助出版了《中华老字号博物馆》一书。

2017 年 7 月 6 日，全省老字号企业代表座谈会在辽宁省商务厅成功召开。辽宁省商务厅领导、辽宁省老字号协会部分企业代表及社会各界嘉宾出席了本次会议。全省老字号企业代表围绕《商务部等 16 部门关于促进老字号改革创新发展的指导意见》进行讨论，进一步挖掘老字号的品牌价值、经济价值和文化价值，充分发挥其在经济和社会发展中的作用。

辽宁省商务厅零售处处长王守科发表讲话，要求坚持传承与创新相结合，深入推进供给侧结构性改革，以保护传承老字号为根本，促进老字号创新发展为核心，进一步优化老字号发展环境，充分发挥辽宁省老字号的榜样示范和引领带动作用，并就《关于促进老字号改革创新发展的实施意见》向大家征求意见。

辽宁省老字号协会秘书长崔守军对本次会议进行整体介绍，协会将始终秉持商务部的指导思想，按照“巩固一批、认定一批、恢复一批、提升一批”的工作思路，通过促进老字号改革创新发展，建立保护和促进老字号发展的支持体系，力争用3～5年时间，打造10条老字号集聚街区，力争使“中华老字号”和“辽宁老字号”企业数量分别达到50家和100家，一批老字号相关项目列入各级非物质文化遗产名录，重点培育30家特色突出、具有自主知识产权、市场竞争力较强的老字号企业。

会上，沈阳天江老龙口酿造有限公司、沈阳八王寺饮料有限公司、沈阳萃华金银珠宝制品实业有限公司、沈阳爱新觉罗祖家坊酒业有限公司、沈阳道光廿五集团满族酿酒有限责任公司、沈阳老边饺子馆、沈阳市马家烧麦馆、沈阳市明湖春酒店、沈阳鹿鸣春饭店有限公司、沈阳中街冰点城食品有限公司、沈阳大光明钟表眼镜有限公司、沈阳李连贵熏肉大冰餐饮中心有限公司、北镇市沟帮子尹家熏鸡集团有限公司、辽宁三沟酒业有限责任公司等老字号企业代表分别对征求意见稿提出了相关意见和建议。

2017年10月，辽宁省委书记陈求发提出“品牌辽宁”的发展战略：要求把品牌提升作为辽宁省经济工作的核心，全力打造辽宁品牌，努力迈向质量时代。要以品牌提升促进结构调整，大力开展辽宁名牌的认定和区域品牌的价值评价，全力推进知名品牌示范区创建。

辽宁广播电视台“辽宁之声”联手辽宁省老字号协会推出主题策划：专题片《辽宁品牌故事》，通过对辽宁老字号企业的实地采访，一起探寻辽宁老字号的品牌故事，挖掘老字号工匠精神，提炼老字号的品牌精神，共同擦亮“品牌辽宁”!

## 三、辽宁省老字号发展和工作中存在的主要问题

老字号陷入发展困局的根本原因是不能在坚持传统的同时进行创新发展。优胜劣汰是市场法则，作为市场主体，老字号要重现往日风采必须创新。

不少老字号之所以发展形势不太乐观，主要原因包括两方面：一是缺乏现代品牌推广营销的设计理念，即品牌价值提升有限、品牌传播跟不上、品牌维护力度不足；二是缺乏现代产品创新研发和管理，即体制束缚和机制僵化使现代创新思想难融入、用户市场研究不够导致产品脱离现代市场需求、无有效劳动分工导致现代设计介入困难、传统工艺难以满足现代产品需求。因此，老字号在继承文化底蕴、地域特色，维护品牌形象、产品质量的同时，还需注重产品创新、品牌创新。

## 四、进一步推动老字号企业发展的工作思路

辽宁省老字号协会以全心全意为老字号企业服务为宗旨，坚持自下而上的民办性质和自立、自强、自主、自律的发展方向。协会将团结和带领辽宁省的老字号企业，通过广泛开展调查研究、经验交流、业务培训、学术研讨、咨询服务和市场推介等活动，深入挖掘老字号的商业文化内涵，充分展示老字号的品牌形象，引导会员企业持续开拓创新、不断增强市场竞争和开拓能力，使饱经沧桑的辽宁省老字号焕发新的光彩。

产品创新研发推进传统老字号再发展的途径包括五方面：（1）正确的品牌理念，即以品牌经营为核心，科学设定企业目标，科学进行营销设计，合理构造价值结构；（2）主动的环境互动，即关注消费需求，引导消费群体，调整产品战略；（3）主动的创新机制，即保持精髓，主动创新，文化内核，多样表现；（4）主动的技术革新，即技术革新，兼容并蓄，重视结果；（5）主动的多方合作，即多学科合作，优化流程。老字号企业应当在经过设计调研、需求分析、确立产品定位、工业设计、工程结构设计、样机制作、测试和评估等步骤后，再进行产品推广，通过创新研发促进企业再发展。

# 浙江省 2017 年老字号工作总结

丁惠敏[1]

2017 年，随着一件件与老字号相关重大事件的发生，利好不断，老字号站到了时代的风口上。我想说，老字号本身就是一场猛烈的风暴，它将随着中华文化的复兴，随着“一带一路”等国家战略的实施，发扬光大，引领潮流！

2017 年是浙江省老字号企业协会第三届理事会履职的开局之年，也是协会永葆先进、承上启下的关键一年。2017 年 3 月在绍兴完成了新一届理事会的选举工作，并且在换届大会上发布了五年工作展望和当年工作重点。在过去的一年里，协会在商务厅等部门的指导下，在新一届理事会的团结协作下，在全体会员的共同努力下，工作成果喜人。

## 一、协会秘书处积极沟通政府，服务会员，联络外部资源，不断改善老字号生存发展环境

### （一）沟通联系相关政府部门，反映会员诉求是协会秘书处的重要工作

协会秘书处在业务主管部门的指导下，利用商务部相关领导在浙江调研的机会，介绍浙江老字号发展情况，反映广大会员企业发展中遇到的困难，引起商务部对浙江老字号的重视。同时，协会以书面的形式向商务部提出扶持老字号发展的建议、《中华老字号品牌管理办法》修改意见、《中华老字号认定办法》修改意见。协会还根据国家政策和会员企业需求，建议商务部支持以老字号为载体，传

[1] 供职单位：浙江省老字号企业协会。

承优秀传统文化，受到商务部领导好评。

协会在 2017 年初协助浙江省商务厅开展了一次面向大部分会员企业的书面调研；从每个地市选取部分老字号企业召开现场座谈会，由企业代表与商务厅商发处领导面对面交流，反映企业发展情况及面临的困难；年初，协会工作人员陪同商务厅周日星厅长深入西泠印社、毛源昌、孔凤春等企业调研，发现问题，解决困难。这些工作为后来商务厅等 23 部门印发《关于促进老字号传承创新发展的实施意见》打下了良好的基础。另外，协会秘书长还通过与中国贸促会、省质监局、文化厅、工商局、浙江省贸促会等部门沟通，通过各种渠道为老字号争取品牌发展、走向国际市场等有利资源。

### （二）服务会员是协会秘书处的基本工作

根据目前协会的架构，会员的服务工作由秘书处协调，各项专业服务由各个专业部门承担，秘书处负责基础服务工作。会员发展方面，2017 年协会秘书处通过深入走访调研，发展新会员 26 家，壮大了协会会员队伍，增强了协会实力。在品牌推荐方面，经协会推举，浙江省富阳百货大楼股份有限公司、兰溪市游埠古镇酒厂两家老字号企业入选“2017 年浙江省商贸流通业诚信示范企业”，浙江省新华书店、杭州楼外楼、杭州胡庆余堂、杭州九洲大药房（寿安堂）、浙江英特药业、杭钢商贸集团、绍兴咸亨集团等七家老字号企业 2017 年经复审持续获得诚信示范企业资质。同时，经过协会的努力协调，致中和的俞建午、女儿红的胡建华、丁连芳的虞炳泉、杭州油漆厂的程磊楠等四位优秀老字号掌门人荣膺 2017 第十六届省“优秀企业家”称号，这是老字号企业掌门人在省优秀企业家评选中的重大突破，改变了以往老字号行业协会只有一个优秀企业家推荐名额的历史。在“风云浙商”“优秀杭商”，各地市“工匠”及“浙江工匠”的评选中，协会也不遗余力地向相关部门推荐老字号企业传承人。在商务交流方面，协会在 2017 年组织了万峰茶业、益龙芳等企业赴斯里兰卡考察，探索茶叶、丝绸等老字号融入“一带一路”战略之路。最重要的是在 2018 年 3 月，秘书处组织筹备，顺利完成了协会理事会的改选工作，协会在新一届理事会的带领下，开启了新的征程。

### （三）在对外交流上，理事会充分发挥国内老字号领域龙头协会的优势，将网络铺向全国

协会会长、秘书长先后赴山东省老字号协会、江西省老字号联盟、山西省老

字号协会交流；通过论坛、培训等方式与新华社、国家工商总局、福建省老字号协会、吉林省商务厅等部门加强合作；积极参与中华老字号国际交流中心、“紫禁城杯”中华老字号文创大赛、中华商标协会老字号商标分会的建设，不断扩大协会和浙江老字号企业的影响力。

## 二、浙江百年老字号研究院和杭州老字号研究院从宏观研究着眼、精准服务入手，开展老字号研究和培训工作

浙江百年老字号研究院和杭州老字号研究院（以下简称两院）是国内仅有的针对老字号提供服务的智库组织，从某种程度上讲，研究的方向、成果可以为全国的老字号和相关管理部门提供智力支持。自 2014 年受商务部委托承办中华老字号掌门人研修班以来，2017 年两院又承接了商务部领导老字号工作内参——《全国老字号动态》的编辑工作。

### （一）2017 年，两院在浙江开班 4 期

包括：7 月，两院主办的“2017 中华老字号新思维研修班”在中共浙江省委党校开班。商务部、省商务厅、省贸促会领导出席了开班典礼。来自全国近 20 个省市的老字号商务主管部门的领导及省市老字号协会的会长、秘书长，老字号企业代表齐聚一堂，研讨中华老字号品牌管理办法，学习新形势下老字号最新发展政策。8 月，2017 年中华老字号新思维特训营二期开班。特邀前高盛研究院胡维波先生给寿仙谷、喜得宝等 10 余家老字号企业掌门人及二代掌门人带来“零售行业消费升级轨迹及创新分享”课程。9 月，两院组织学员参与 2017 年中华老字号新思维特训营第三期课程，来自日本早稻田大学的樋口清秀教授通过大量的日本企业实例与调查研究结果给老字号企业分析讲解了日本长寿企业的秘密。10 月，研究院特邀实战型教练刘迪克老师走进胡庆余堂开展企业内训，给胡庆余堂集团所有子公司企业的中高层上了一堂主题为“你不认识的新媒体与即将失去的十年”的新媒体课程。

### （二）两院代表多次受邀赴外地交流

3 月，两院院长、执行院长出席江西省老字号企业联盟培训班，围绕中华老

字号创新发展与江西省老字号企业分享交流意见。7 月，两院院长参加苏州国际精英创业周，在老字号知识产权训练营做主题演讲。9 月，在老字号商标品牌创新与发展论坛上，笔者做了“中华老字号知识产权存在的问题”主题演讲，具体介绍了中华老字号基本情况和目前存在的问题，呼吁相关部门出台有关老字号知识产权以及商标的战略性指导意见。10 月，应国家工商行政管理总局商标局邀请，笔者出席 2017 全国工商行政管理、市场监督管理部门商标行政执法培训，就老字号商标权保护问题为大家授课解疑；10 月底，研究院与福建老字号协会合作举办福建中华老字号新思维研修班。12 月，研究员代表赴吉林参加吉林省商务厅组织的老字号品牌培训班，分享老字号品牌建设经验。

## 三、文化传播中心提升专业水平，丰富传播手段，拓展全国平台，打造全国老字号宣传重要阵地

（1）《中华老字号》杂志继续坚持“立足浙江、面向全国”的办刊思路，深入报道老字号的品牌故事，讲述创承人的创业传奇。2017 年，《中华老字号》杂志共出刊 7 期，在传统媒体经营普遍困难的今天，杂志把服务会员作为首要任务，为会员单位，也为全国的老字号企业留下了珍贵的资料。

（2）文化传播中心 2017 年在老字号企业宣传片、纪录片的制作上花了很多心血，也取得了可喜的成绩。在人员不多的情况下，全年共拍摄了《湖州天成堂》《景阳冈》等 15 部纪录片。影视部还积极利用外部资源为老字号企业服务，2017 年在浙江卫视钱江频道独立栏目《走进老字号》全年共播出 28 期，与浙江卫视民生休闲频道合办的《匠心中国》栏目播出 6 期，与浙江人民广播电台经济频道合办的《浙江工匠新精神》栏目播出 7 期，2018 年还将继续。以上多项服务都是通过努力争取的免费为会员服务的项目。

（3）为了在新时代快速高效地服务会员，协会专门开设 3 个微信公众号，各有侧重地为会员提供资讯和宣传服务。其中，“老字号视野”全年发文 97 篇，成为全国老字号领域最重要的微信公众号之一；“走进老字号”发文 61 篇，含微视频的推送为 25 篇；“老字号之家”以传播协会和会员资讯、及时发布老字号相关政策为主，成为广大会员单位获取信息的重要途径。

（4）在融媒体时代，文化传播中心不仅注重各个传播平台的组合服务、优势互补，还积极开展围绕老字号的公众活动。2017 年文化传播中心成立了“老字号小记者团”，全年参与活动人数突破 500 人次，让老字号品牌、老字号文化深深植

根到消费者的内心。

## 四、会展电商中心扬长补短，积极创新，助推会员企业开拓市场

### （一）成功举办 2017 第十四届中国中华老字号精品博览会

本项目是协会的品牌项目，也是全国最具影响力的老字号博览会。2017 年第十四届中国中华老字号精品博览会于 10 月 13—15 日在杭州白马湖国际会展中心成功举办，全国各地有近 20 个省的 300 余家老字号企业参加了博览会。本届博览会以“充分展示省内外老字号风采，推动老字号经贸文化交流，继续扩大展会和参展品牌的影响力”为目标，以“保持优秀传统，不断发展创新”为指导思想，引入“互联网＋”，开创网上博览会版块，实现创新性的突破，为推动全国老字号的改革创新发展贡献了力量。在主办单位及相关部门的指导下，在全体工作人员的共同努力下，博览会实现预期目标，取得圆满成功。

### （二）积极组织企业赴外地参展、交流，成效显著

2017 年，会展电商中心先后组织企业参加了天津老字号博览会、长春老字号展销会、山东老字号博览会等老字号专业展会，受到展会举办地各界人士的欢迎，在宣传展示浙江老字号品牌和产品的同时，也加强了浙江老字号与各地的交流合作。2017 年 12 月底，会展电商中心还组织 22 家会员企业参加了浙江省旅游局在上海举办的浙江旅游交易会，老字号企业的产品受到上海市民的欢迎，也得到浙江省旅游局领导的重视，省旅游局会在今后的工作中，考虑将旅游资源向老字号企业开放，让旅游和商贸加强合作。

### （三）帮助中小老字号企业对接互联网，老字号电商化探索成绩喜人

2017 年 5 月 25 日协会组织会员企业入驻宗客网。此后，协会就老字号进驻京东、天猫等事宜与电商平台展开了长期的深入交流。2018 年元旦，万色城主办的卡乐猫国际嘉年华——老字号年货节在滨江开幕。加上此前已经与协会合作的淘宝、老字号 App 等平台，协会已经通过“借船出海”的方式，让越来越多的老字号找到了合适的电商化道路。

## 五、品牌服务中心（中华老字号品牌委员会）聚焦专业服务，提升浙江老字号品牌影响力

### （一）2017 年品牌部在深入调研全省老字号的基础上，为企业提供了专业的品牌年度服务

品牌服务中心 2017 年全年走访了全省老字号企业 40 余家，免费为许多老字号企业提供创意设计、咨询服务；为上华酒业、桐君堂药业等老字号企业提供专业品牌全案服务，内容包括企业宣传画册、产品包装、VI 系统等；为金贸火腿、上华酒业、东海酒业参加“紫禁城杯”中华老字号文化创意大赛提供了创意设计策划，得到了服务企业的一致好评，并获得金、银、铜等奖项。

### （二）品牌服务中心成功策划、组织 2017 年第十四届中国中华老字号百年品牌高峰论坛暨中华老字号掌门人大会

本次大会在杭州白马湖建国酒店隆重举办，受到全国数百家老字号企业的热烈响应，全国老字号代表、品牌机构及新闻媒体 250 多人参会。在主办方杭州市商务委员会的大力支持下，在浙江省老字号企业协会各部门的协同帮助下，无论现场布置、主题演讲的精彩程度，还是与巅峰对话的高潮迭起都受到与会领导、嘉宾的赞扬与鼓励。浙江省老字号协会给国内知名的老字号企业掌门人（如全聚德、狗不理、茅台、稻香村、寿仙谷等）颁发的“中华老字号杰出贡献奖”，极大地提高了峰会的知名度与美誉度，更是扩大了峰会在老字号企业中的影响力。

### （三）品牌服务中心协助浙江省商务厅各项目工作

积极协助和参与浙江省商务厅组织的浙江老字号申报、老字号街区、博物馆的统计工作，为广大老字号企业提供相应的政策咨询服务，得到企业与省商务厅的欢迎与赞扬。

## 六、会员服务中心以知识产权服务为突破口，全面推进面向会员的深化服务

为了加强对会员单位的服务，协会在几年前就成立了会员服务中心，并且针对会员需求推出了一系列服务。但是因为老字号企业涉及各行各业，需求多种多样，会员服务中心一直没能形成深度的、模式化的服务方式。2017 年，协会从知识产权入手，与律师事务所、商标事务所等专业机构探讨，帮助企业在品牌保护方面做了一些服务工作，这项工作还处于起步阶段，相信随着工作的深入，成效会日益显现。

另外，结合“一带一路”国家战略，考虑到会员企业“走出去”的需要，协会在浙江省贸促会的指导下牵头成立了浙江省国际商会老字号专委会，这个平台将成为协会服务会员的新抓手，助推会员企业融入“一带一路”战略，走向国际市场。

在总结成绩的同时，我们也应该看到，协会的工作还存在很多不足。比如，随着会员企业的增多，协会对会员的熟悉程度、对会员的个性化需求的了解有所下降；在商业环境急剧变化的时代，协会的服务创新还不够；协会的几个业务平台之间的协作还有待加强；协会提供的各项服务还有待做精、做细……但是我相信，只要我们能够齐心协力，这些问题都会得到解决。

# 第3章 “老字号价值体系：品牌延伸与品牌重塑”专题研究

## 经济人类学视角下的老字号价值体系建构

舒 萍[1]

**摘要**：从老字号的发展历史来看，目前老字号仍处于复兴转型阶段，它们都在谋求社会价值和经济价值的重建或实现。品牌能够创造价值，表现在消费者建立起对它的强烈感情和喜爱，进而忠于这个品牌，实现其经济价值。一群素未谋面的消费者可以因为共同喜爱某一品牌而形成“想象的共同体”，所以消费者在老字号的价值建构中起着不可忽视的作用。

**关键词**：经济人类学　老字号　品牌　价值体系

商业字号出现于唐代，明清时期进入空前繁盛阶段。抗日战争和解放战争时期，许多老字号因战争或缩小规模或停止营业，发展缓慢。新中国成立以后，老字号有所恢复，发展至今受到了三次外部冲击：一是1956年的公私合营导致有些老字号出现断层，甚至消亡；二是“文化大革命”时期的除“四旧”，不但除掉了老字号的实体，而且除掉了老字号优秀的管理经验和独特的工艺；三是改革开放后，西方新的营销理念、经营业态及合资方式经营冲击老字号，这是最致命的一次打击。[2] 从老字号的发展历史来看，目前我国老字号仍处于复兴转型阶段，它们

---

[1] 供职单位：山东大学。

[2] 贺爱忠，彭星闾. 中华老字号企业复兴的关键：创新力与控制力的动态统一 [J]. 商业经济与管理，2005 (7).

都在谋求社会价值和经济价值的重建或实现。

价值是经济人类学中的一个重要命题。Graeber 指出，虽然人类学家经常讨论“价值”这一课题，但是经济人类学并没有关于价值理论的清楚表述，学者常从三个维度来理解价值：社会学或哲学的、经济学的和语言学的。从社会学或哲学的角度指的是如个人价值、家庭价值这类理念价值等；从古典经济学的角度指的是市场价值如房子的价值等；从语言学的角度指的是索绪尔的结构语言学中的对比价值，即一个词的意义因与其他词相比较而产生。[1] Graeber 进一步指出，价值体系以行为为基础（action-based value），可以转化为实践。对于学者而言，关键是要找到转化的方式，马克思的劳动价值理论就是其中一例。劳动或多或少地等同于人的创造力，人将其创造力付诸实践从而创造了物质环境、社会关系及整个世界。资本主义将劳动变成可以买卖的抽象物，即劳动者的工作能力，而实现这种转变的关键是货币的使用，所以货币是一种价值表征。在 Graeber 看来，充当表征的可以是有形的物质（如传家宝、货币），也可以是无形的（如某种感情）。[2]

人类学家在使用社会学或哲学、经济学和语言学这三个维度进行分析时，常发现第一、第三种用法与第二种用法不相兼容。比如，经济学家认为商品的价值在于其能满足消费者的欲望，为他们带来或者增加快乐，但是物品的稀缺性是普遍存在的，所以人们会理性地进行资源分配和消费，以实现利益的最大化。但是这种理性逻辑遭到了马克思学者和人类学家的驳斥。前者提出剩余价值理论，认为人类的劳动是理解商品价值的关键所在，后者则引发了经济人类学史上有名的实在主义与形式主义之争。实在主义学派反对坚持经济学家观点的形式主义学派，他们认为在非西方社会，物品的价值还可以体现在强化其持有者的社会威望等方面。

老字号，一“老”当先，显示其承载着厚重的历史文化，通常有着独特的技艺，许多仍奉行其最初的立业之本（如诚信等精神），它们在很长的一段时间里曾经或者仍然享誉当地甚至全国，具有较大的社会影响力。作为一个店铺或者企

[1] David Graeber. Toward an Anthropological Theory of Value [M]. New York: Palgrave. 2001: 1-2.

[2] 例如女性照顾家庭，虽然没有报酬，但是她获得了家庭成员的尊敬和爱戴，那么尊敬和爱戴就是家庭价值的一种表征。参见：David Graeber. Value: Anthropological Theories of Value. In James G. Carrier ed. A Handbook Of Economic Anthropology [M]. Cheltenham, UK • Northampton, MA, USA: Edward Elgar. 2005: 439-454.

业，老字号也注重其商品价格和所获利润，如何扩大市场和吸引消费者群体自然是他们所关注的。此外，企业是否为老字号和老字号的不同级别（国家级、省级、市级）体现了一种区隔。所以，老字号无疑同时具有社会学的、经济学的和语言学的价值，对老字号价值的探讨可以借鉴 Graeber 对价值分析的三种方法。那么，从方法论的角度来看，这三种方法是否可以同时用于检视老字号的价值问题，三者之间会不会出现不相容之处呢？从理论的角度来看，老字号企业的价值体系由什么构成？这一体系可以转化成怎样的实践？什么样的物质或行为能够充当这种转变的媒介？本文将首先归纳改革开放后老字号企业塑造其价值的五种主要途径，接着探讨老字号企业的价值体系构成，最后对老字号价值研究提出一些思考。

## 一、老字号塑造提升价值的五种途径

一是从荣誉称号的角度塑造其价值。荣誉称号给予老字号企业的是在同行中的行业和社会威望。对于老字号企业来说，获得国家授予的“中华老字号”既是一种荣誉，也是其对外宣传的亮点。2006 年，商务部印发的《商务部关于实施“振兴老字号工程”的通知》中指出，中华老字号是指“历史悠久，拥有世代传承的产品、技艺或服务，具有鲜明的中华民族传统文化背景和深厚的文化底蕴，取得社会广泛认同，形成良好信誉的品牌”。商务部认定的“中华老字号”的条件有：拥有商标所有权或使用权；品牌创立于 1956 年（含）以前；传承独特的产品、技艺或服务；有传承中华民族优秀传统的企业文化；具有中华民族特色和鲜明的地域文化特征，具有历史价值和文化价值；具有良好信誉，得到广泛的社会认同和赞誉等。所以“老字号”这一称号本身就体现了国家对这类企业的肯定。中国社会科学院民族学与人类学研究所的老字号课题组 2011 年在全国 12 个省市的问卷调查显示：老字号企业管理人员认为“老字号”认证对企业帮助非常大的有 44.7%，认为帮助比较大的占 44.4%[1]，可见官方认证的荣誉称号得到了老字号企业的普遍认同，并成为企业发展中的有利资源。从这个层面来看，政府与老字号之间是张继焦所提出的“庇护”与“被庇护”的伞式关系。他认为作为一种重要的资源配置方式，这种关系可能比企业的市场开拓能力更常用，也

[1] 老字号课题组．“老字号”企业：2011 年度问卷调查总体报告［M］//中国“老字号”企业发展报告（2011）．北京：社会科学文献出版社，2011：15.

更有效率。[1] 而“老字号”荣誉称号的授予/获得是政府/企业之间的伞式关系的开端。

二是从传统的角度塑造其价值。传统包括老字号的历史故事、独特的技艺和代代相传的经营理念。每一个老字号都有自己的故事，显示了其历史底蕴，而历史是传统的重要构成部分。老字号企业皆有其独特的技艺，有些技艺还被认定为非物质文化遗产，如宣纸传统生产技艺、全聚德的挂炉烤鸭制作技艺、五粮液酒传统酿造技艺、王麻子剪刀锻制技艺、同仁堂中医药文化。这些被认定为世界级或者国家级非物质文化遗产的技艺都非常讲究，如老美华的千层绣花鞋，全部工序有 50 道。为了更好地保护和传承这些传统技艺，老字号企业还建立了展示传统生产工艺的生产线，有的甚至让消费者在传统生产线上进行实际操作。传统工艺不再是父子、师徒之间的秘密，而是公开展现在世人面前。比如沈阳老龙口企业在原厂原址投资修复“万龙泉”井，内附古井由来，并修建了传统手工酿酒技艺作坊，建造了两层仿古参观长廊和安全通道，让人们直观地感受老龙口传统酿酒技艺和百年窖池群映衬下的酒文化。[2] 除此之外，大多数老字号企业都秉承“诚信经营，童叟无欺”的传统经营理念。比如汕头榕香蚝烙店的经营信条是“忠厚能招天下客，公平可取世间财”；具有近百年历史的京城制笔名店戴月轩，恪守“尖、齐、圆、健”的笔之“四德”，作为制笔和做人的标准。

三是从科技的角度塑造其价值。这里的科技指的是采用标准化的现代机器设备代替之前的纯手工制作，为老字号在增加现代化气息的同时提高生产率和经济效益。比如全聚德烤鸭，“运用现代电脑技术，模拟人工烤鸭，并用一千多只鸭对即将投入使用的设备做了测试，准确地设定了烤鸭烤制的时间、温度、湿度等指标，这样从智能机器中烤出的鸭子，反而比人工烤制的更娇嫩、更可口，被称为智能烤鸭。智能烤鸭……有标准的生产线，一天能产鸭坯两万多只，能充分地满足市场的需求。在烤制的过程中，全聚德公司专门研制出天然果汁和颜色，刷在鸭坯上，烤出的鸭子与人工烤制的一样，有浓郁的果木香味，甚至比人工烤制的还香”[3] 。2004 年中药老字号潘高寿引进德国产高速全自动液体灌装生产线，

[1] 张继焦. 企业人类学视角：“老字号”的长寿秘诀与“伞式”发展模式［J］. 北方民族大学学报（哲学社会科学版），2015（6）.

[2] 冯静晓. 续接历史，弘扬传统——“沈阳老龙口”的现状与发展案例研究［M］//中国“老字号”企业发展报告（2011）. 社会科学文献出版社，2011：300.

[3] 王忆萍，文彦，张元. 中华老字号的故事［M］. 济南：山东画报出版社，2012：9.

“希望借此与人们对传统中医药生产现场的认知区别开来，赋予品牌科技感”[1]。笔者认为，对于老字号企业来说，引入新设备固然可以进行技术革新，破除其因循守旧的刻板印象，但是对于许多老字号来说，是否使用独特的手工技艺是它们与其他同行企业相区别的地方，是区隔“老字号”和“非老字号”的重要指标。同时，手工技艺还是老字号的历史和核心竞争力的载体和基础，所以从科技的角度塑造老字号的价值不能完全丢掉传统的手工技术。

四是从地理空间的角度塑造其价值。这里的地理空间包括两个方面：一是地理保护，即老字号国家地理标志；二是企业以城市怀旧为主题的特殊地理空间。地理标志，又称原产地标志，《与贸易有关的知识产权协议》第 22 条第 1 款将其定义为：“其标志出某商品来源于某成员地域内，或来源于该地域中的地区或某地方，该商品的特定质量、信誉或其他特征主要与该地理来源有关”。2001 年修订的《中华人民共和国商标法》第 16 条第 2 款也增设了地理标志方面的规定：“……地理标志是指标示某商品来源于某地区，该商品的特定质量、信誉或者其他特征，主要由该地区的自然因素或人为因素所决定的标志”。从二者可以看出，地理标志是表明某一种商品来源于一成员方地域内，或此地理内的一地区并且该产品的特定品质、信誉或其他特征，主要与该地理来源相关联的标志。只有商品来源地的生产者才能使用该地理标志。地理标志可由商品来源地所有的企业、个人共同使用，只要其生产的商品达到了地理标志所代表的产品的品质。[2] 以钦州坭兴陶为例，于 2008 年获得国家质检总局批准的地理标志产品保护，在这一具有强烈地域性色彩的标签下，钦州坭兴陶企业得到迅速发展。对于享有地理标志的商品生产者来说，这些商品只有他们这群特定的人在特定的地方才能够生产出来。这些具有明显地域特色的商品既强调其所处的独特生态景观，又强调其生产者的技术和创造能力。此外，由于老字号存在年代久，其品牌、产品甚至所处地理位置都给人们（有时是一个家庭里的几代人）留下了深刻的记忆。这些记忆引发的消费者怀旧情感是老字号利用地理空间重塑其价值的基础。广州的太平馆就是一个典型案例。太平馆是以城市怀旧为主题的广州最早的西餐厅。改革开放后几经重修的太平馆意图从视觉、触觉、嗅觉、味觉和听觉给消费者带来全方位的体验，让消费者获得重建与体验记忆的空间。对于许多中老年广

---

[1] 张少春. 非物质文化遗产的资源转化：一个老字号止咳药的工业化故事 [J]. 思想战线，2015 (6)：45.

[2] 参见：http://baike.so.com/doc/6297632－6511153.html.

州人来说，太平馆是充满了青春回忆的地方；对于很多年轻人来说，太平馆不仅很有情，而且是承载儿时记忆的地方。太平馆的经营发展与几代广州人的日常生活建立起紧密的情感连接。[1] 因此地理空间的特性将老字号与地方特殊的文化和当地人的日常生活勾连起来，这种老字号的价值已"嵌入"具体的社会历史文化脉络。

五是从文化的角度塑造其价值。这里的文化主要体现在两个方面：一是老字号的历史文化渊源以名称、牌匾等物化形式呈现出来；二是老字号建立或设计了各种主题博物馆、陈列馆和文化旅游路线。以文化塑造价值的老字号——重庆的诗仙太白就是一具典型。太白即唐代著名诗人李白。李白其人飘逸洒脱，其诗浪漫而豪放，素有诗仙爱酒之名，所以"诗仙太白"的名称与历史文化紧密相连。许多老字号请有地位或著名的文人学者、书法家题写店铺的牌匾，比如"六必居"由明代权相严嵩题写；"鸿宾楼"由清代两榜进士、著名书法家于泽久题写；"天源酱园"由清代翰林院翰林、书法家陆润庠题写等。各种主题博物馆和陈列馆也是老字号企业向公众展示其文化内涵、提高知名度的重要形式。如老美华鞋店建立了国内首座鞋文化专题博物馆；桂发祥建立了食文化博物馆；胡庆余堂建立了中药博物馆；陈李济药厂建立了陈李济中药博物馆；诗仙太白建立了酒史陈列馆；沈阳老龙口建立了酒博物馆；桂林三花建立了酒文化博物馆等。这些主题博物馆/陈列馆展示的内容包括老字号的传统手工技艺的整个流程、与老字号企业产品相关的民俗文化以及老字号企业的发展史等。比如老龙口酒博物馆依托企业的历史文化设计。老龙口创立于清康熙元年，曾是康熙、乾隆、嘉庆和道光四位皇帝的御用贡酒。老龙口前身为义龙泉烧锅作坊，在作坊原址出土了 200 多块古石磨、百年酒海以及诸多酿酒器具等文物。2002 年，老龙口建造了一座面积达 1 200 平方米的仿清代建筑风格的酒博物馆，馆内展出了大量老照片、名人字画、文物、义龙泉烧锅的老账本、各式传统酿酒器具和酿酒所需各种原料以及不同时期的老产品等珍贵藏品。这家博物馆已成为全国工业旅游示范点、国家 3A 级旅游景区，开馆至今，接待国内外游客达 100 余万人次。[2] 除此之外，老字号还着力打造以其产品为主的旅游路线。比如胡庆余堂设计了一条中药文化旅游线；陈李济建立岭南中医药文化体验馆，设计了工业游、文化游等旅游线路。

---

[1] 杨蓉，黄丽萍，李凡．怀旧消费空间的地方建构——以广州西餐老字号太平馆为例［J］．热带地理，2014（4）．

[2] 参见：冯静晓．续接历史，弘扬传统——"沈阳老龙口"的现状与发展案例研究［M］// 中国"老字号"企业发展报告（2011）．北京：社会科学文献出版社，2011：299-300．

## 二、老字号的价值体系

荣誉称号、传统、科技、地理空间和文化是老字号塑造其价值的重要途径。这里的价值包括 Graeber 所指的社会学或哲学、经济学和语言学三种价值取向。虽然人类学者反对运用经济学的利益最大化原则来分析所有社会形态中的经济行为，因为在非西方社会有些不理性的经济行为并不是为了谋求最大利润，它们还包含宗教的、精神的追求；同时，即使在当代西方社会，也不是所有的经济行为都能用经济学的原理来解释，比如欧美国家社区中不同家庭之间换工互帮照顾小孩，遵循的就是互惠而非市场经济原则。[1] 但是笔者认为，在分析老字号的价值体系结构时，有必要将三种价值维度全部考虑进来，主要是因为荣誉称号、传统、科技、地理空间和文化可以同时塑造不同维度的价值，比如，它们首先体现了老字号的社会学价值，同时也可以作为实现老字号市场价值的重要资源，其中荣誉称号还因授予政府级别的不同而分成国家和地方级别（省级和市级）。这种分级对企业来讲是有意义的。比如一个企业可能同时被不同级别的政府认定为老字号，但是当它进行对外宣传时，通常只会提及国家级荣誉。如果将这种现象放到中国的行政体制脉络来看，是非常容易理解的。正是因为这种置于特定社会背景下的层级制才使分析老字号企业时需要结构语言学的比较方法，从而避免只看到平面和局部而不见等级和整体。科技所体现的则首先是经济学价值，其次才是社会学价值。因为企业引进现代机器的目的一方面是提高生产率，创造更好的效益，另一方面还在于改变企业在消费者中的刻板印象，树立其与时俱进的现代化企业新形象。可以说，荣誉称号、传统、科技、地理空间和文化是价值的表征，这些表征既有无形的（如国家或省、市级老字号、传统技艺、经营理念和地理标志），也有有形的（如标准化的现代机器设备、主题博物馆）。荣誉称号、传统、科技、地理空间和文化构成了老字号的价值体系，具体如表 1 所示。

**表 1**

| 价值体系 | 价值表征的具体内容 | 价值维度 |
|---|---|---|
| 荣誉称号 | 国家或省、市级老字号 | 社会学/哲学、经济学、语言学 |
| 传统 | 历史故事、传统技艺和经营理念 | 社会学/哲学、经济学 |

[1] Karl Polanyi. The Economy as Instituted Process. In E. E. LeClair jr. and Schneider, H. K. eds. Economic Anthropology [M]. New York, London: Rinehard and Winston, 1968: 153.

续表

| 价值体系 | 价值表征的具体内容 | 价值维度 |
|---|---|---|
| 科技 | 标准化的现代机器设备 | 经济学、社会学/哲学 |
| 地理空间 | 地理标志、以怀旧为主题的地理空间呈现 | 社会学/哲学、经济学 |
| 文化 | 物化的历史、主题博物馆、陈列馆和文化旅游路线 | 社会学/哲学、经济学 |

荣誉称号、传统、科技、地理空间和文化之间并非割裂的，它们的关系见图 1。

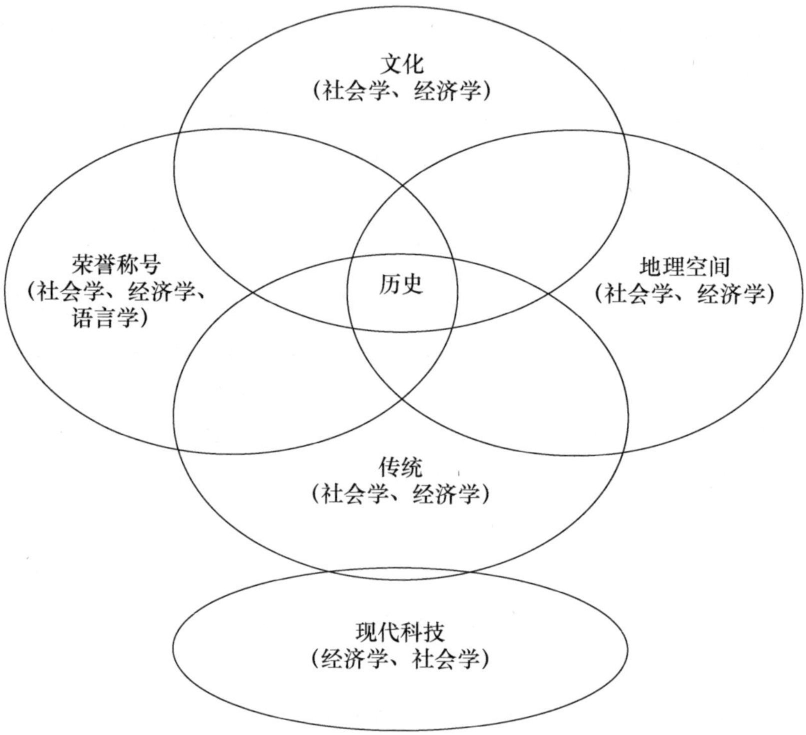


**图 1**

由上图可以看出，荣誉称号、传统、地理空间和文化之间是有交集的，这一共同的元素就是老字号的历史：老字号的“老”说明了这类企业与同行相比有较长的历史；传统经不同代际的传承而得以延续；地理空间需要依托当地的环境和怀旧的情感才有可塑造的价值；文化则源于物化的历史如出土的文物和以物来叙述历史。与它们相比，科技则更倾向于现代，这源于机器与西方工业革命密不可分的关系。但是现代科技与传统之间并非决然分裂。在某些行业（如制造、酿造等），机器模仿的是部分手工程序，替代的是技术含量较低、所需劳动力密集的那部分手工。正如有学者所指出的：机械化生产并没有省掉手工制作中的工序，机器作业仍然需要技术人员的控制，并且这些技术人员本来就深谙手工制作中的各个环节。[1]

## 三、结 语

老字号的历史文化传统是其重要的资源，这些资源可以转化为社会价值和市场价值。前面所归纳的荣誉称号、传统、科技、地理空间和文化是这些资源的价值表征，它们之间既有共性也有特性，交织出老字号的价值体系。从它们各自所塑造的价值类型来看，企业要想获得全方位的发展，就不能忽视或者说要善加利用价值体系中的这些资源。

对于老字号企业而言，处理好历史与现代的关系非常重要。有学者指出，老字号传承的传统技艺与现代科技结合并不会削弱传统技艺的文化价值，因为与现代科技结合是“用现代科技的优势来弥补传统技艺与现代市场不适应的部分，让老字号企业走合理有效的产业化、市场化的经营道路”[2]。有的则认为，机器生产容易抹杀老字号传统工艺中感情的成分，“对于历史、文化、传统来说，机器的介入完全是一种割裂”[3]。George Ritzer 在 The McDonaldization of Society 一书中曾对标准化的机器生产进行了批判。他认为，麦当劳在世界各地用相同的机器，采取可控的标准化程序，其员工只要经过简单的标准化培训便能在不同的地方制造出同样的食品，这是资本主义在全球扩张带来的恶果。[4] James Watson 等人则以麦当劳在东亚的发展为例，指出标准化的资本主义扩张并不一定带来同质性，不同地方的麦当劳有所差别，当地人甚至会赋予它新的文化内涵。[5] Ritzer 的研究提

---

[1] 田阡. 重庆市“老字号”发展建设研究报告［M］//中国“老字号”企业发展报告（2011）. 北京：社会科学文献出版社，2011：83.

[2] 参见：郭晓菲. “老字号”企业的技术创新——传统与现代的结合［M］//中国“老字号”企业发展报告（2011）. 北京：社会科学文献出版社，2011：215.

[3] 李吉星. 云南昆明宝翰轩：老字号历史传统与核心能力之辨［M］//“老字号”企业案例及发展报告 No. 3（2015—2016）. 北京：中国市场出版社，2015：114.

[4] George Ritzer. The McDonaldizaiton of Society［M］. Los Angles, Calif.：Pine Forge Press，2008.

[5] James L. Watson.，eds. Golden Arches East：McDonald’s in East Asia［M］. Stanford，California：Stanford University Press，1997.

醒我们要带着批判的眼光审视标准化生产，Watson 等人的研究则告诉我们地方性的异质化不容忽视。就老字号企业而言，一方面，科技所带来的机器化生产可以带来经济效益；另一方面，机器的标准化生产极易抹去地方的特色（包括地方文化、饮食习惯等），而地方性（如在特定地理空间而产生的怀旧情感、在特殊的自然环境下由特定的群体生产的产品）正是老字号提升其价值的重要资源之一。理论告诉我们，传统工艺和现代机器都是一把双刃剑，要想处理好二者之间的关系，需要企业结合实际情况，在实践中找出具体可行的方法，促进自己的可持续发展。

“中华老字号”是一种具有历史文化传承意义并且被国家所认可的品牌，与之连接的是有着悠久历史文化底蕴的企业和该企业所生产出售的商品。所以老字号归根结底是一种品牌，对老字号价值的探讨可视为对品牌价值的讨论。品牌与商品和企业价值的建构紧密相连。从较广的范围来看，某个实物、商品或者公司都可以有其品牌，品牌有时可以直接等同于商品价值的主要源泉。每个品牌有其独特的风格、形象和认同，有时可以与国家认同联系在一起，如可口可乐和 Levis 就被与美国认同联系在一起。当代社会，品牌已经不局限于物而是延伸到人，比如人们可以用自己的名字注册商标，甚至有的人可以为与之有关的商品增值，像贝克汉姆就是典型的例子。[1] 而对于一般的企业尤其是服务行业来说，其员工就是公司的活品牌，消费者与企业员工直接打交道的好的经历能够建立他们对企业的好印象和对企业品牌的认可。[2] 品牌能够创造价值，表现在消费者建立起对它的强烈感情和喜爱[3]，进而忠于这个品牌，实现其经济价值。一群素未谋面的消费者可以因为共同喜爱某一品牌而形成“想象的共同体”（Anderson 1983）[4]，所以消费者在品牌的价值建构中起着不可忽视的作用。近些年来，人类学和社会学界有一批研究老字号的论文陆续发表，形成了系列性老字号专题论文和著作，老字号研究形成欣欣向荣之势。不过现有的研究似乎对消费者角色关注不够，这有待我们进一步挖掘。

---

[1] Marie-Agnès Parmentie, Eileen Fischer. How Athletes Build Their Brands [J]. International Journal of Sport Management and Marketing, 2012, 11 (1/2): 106-124.

[2] Nicholas Ind. Living the Brand: How to Transform Every Member of Your Organization into a Brand Champion [M]. 2nd ed. London: Kogan Page, 2004.

[3] Adam Arvidsson. Brands: A Critical Perspective [J]. Journal of Consumer Culture, 2005 (5): 235-258.

[4] Benedict Anderson. Imagined Community [M]. London: Verso, 1983.

# 品牌延伸与技术创新：南京老字号绿柳居的现代转型

王泗通[1]

**摘要：**随着市场制改革进程的加快，我国老字号企业面临严峻的生存发展挑战。本文基于南京市百年老字号绿柳居的实地调查，发现南京老字号绿柳居主要通过品牌延伸和技术创新来保持企业的持续发展。具体在品牌延伸方面表现为：(1) 从素食到清真的全新餐饮定位，消费者大众、中档、高档三个层次的针对性服务；(2) 增加产品种类，拓宽行业领域。在技术创新方面表现为：(1) 重新设计企业形象，用新颖途径宣传企业产品；(2) 组织管理结构科学化，生产工艺现代化。两者的共同作用使得绿柳居成为国内发展较好乃至亚洲最大的清真食品有限公司。绿柳居现代转型的成功，也显示了人力、资本、组织、技术等要素在现代企业发展中的重要性，老字号企业在使用现代转型工具的同时，需要紧密结合企业的文化底蕴和传承工艺。

**关键词：**南京绿柳居　老字号企业　现代转型　品牌延伸　技术创新

“老字号”是指拥有世代传承的产品、技艺或服务，并具有鲜明的中华民族传统文化背景和深厚的文化底蕴，取得社会广泛认同，形成良好信誉的品牌，在时间上为1956年（含）以前创立的品牌企业。[2]但是随着改革开放进程的逐步加深，我国老字号企业在竞争日益激烈的市场中面临严峻的生存发展挑战。根据已有研究发现，我国的1 600多家老字号企业中，能够维持现状的企业大约为70%，

[1] 供职单位：河海大学。

[2] 《“中华老字号”认定规范（试行）》（商改发〔2006〕171号），商务部2006年3月发布。

长期亏损、随时可能破产的企业大约有20%，真正能够保持品牌、扩大规模、实现较好效益的企业大约只有10%。[1]然而，从历史发展的角度来审视这些老字号企业，就会发现这些拥有百年甚至千年历史的老字号是中华民族重诚信守信誉的商业精神最好诠释，这些宝贵的商业精神对于现代企业来说，也是不可多得的宝贵财富。所以，如何能够更好地传承老字号传统优秀智慧，使其适应现代企业的发展竞争，重新恢复老字号活力，是当下研究的热点。

关于老字号研究，很多学者都关注老字号品牌的保护与发展。如陶骏、李善文通过从品牌宽度和定位维度两个方面研究品牌的延伸能力，进而提出老字号企业品牌复兴的途径。[2]张继焦通过研究老字号企业与政府的关系，指出部分企业依靠政府的“伞式”保护能够实现长寿，但这不是老字号企业发展的常态，老字号企业更需要发挥主体作用，积极转型以便更长寿。[3]也有学者关注老字号企业本身所蕴含的民族文化。张少春在研究潘高寿的工业化转型时，提出文化遗产与现代需要的有机衔接，深入挖掘老字号企业背后的文化资源，并将市场认可的因素注入产品中，从而实现企业品牌的再生。[4]张继焦、李欢从市场竞争的角度，分析老字号企业传承下来的技艺和品牌效益是老字号企业现代转型的核心竞争力。[5]

总而言之，老字号企业在新经济发展以及新技术、新产品不断更新的背景下，如果不能实现现代转型，很容易被这个新旧交替、日益更新的社会所淘汰，所以本文研究的重点就是如何促使老字号企业实现现代转型。笔者于2015年3—4月通过访谈法、观察法以及文献法对南京老字号绿柳居进行了为期半个月的调查。通过实地调查了解到，绿柳居菜馆始建于1912年，坐落于南京秦淮河畔，由原清朝宫廷御厨陈孝仁创立，经过十几代掌门人的苦心经营，渐渐地形成了融宫廷素食、寺庙素食、民间素食精华于一体的绿柳素食。绿柳居菜馆虽历经多次搬迁和重建，但是名气和规模越来越大。1986年改名定位为清真绿柳居，增加回民

[1] 闫春，赵巧艳. 市场导向的广西“老字号”品牌激活研究：一个企业人类学的视角 [J]. 杭州师范大学学报（社会科学版），2015（4）：119-120.

[2] 陶骏，李善文. 基于品牌延伸的品牌复兴研究——对中华老字号的探讨 [J]. 企业研究，2012（9）：13-17.

[3] 张继焦. 企业人类学视角：“老字号”的长寿秘诀与“伞式”发展模式 [J]. 北方民族大学学报（哲学社会科学版），2015（6）：21-25.

[4] 张少春. 非物质文化遗产的资源转化：一个老字号止咳药的工业化故事 [J]. 思想战线，2015，41（6）：42-49.

[5] 张继焦，李欢. 老字号永安茶庄的市场竞争力与持续发展 [J]. 民族论坛，2015（9）：30-35.

食用荤菜。1990 年以后开始发展连锁加盟，扩大企业规模。2004 年被南京古南都集团收购后，快速推进企业的现代转型。目前已经成为亚洲最大的清真餐饮公司，享誉海内外。因此，笔者试图通过对绿柳居成功转型的探究，找出老字号企业保持生命力的有效途径。

## 一、南京绿柳居历史沿革与发展特色

“绿柳居”这个名字来源于最初的建馆环境，因其位于秦淮河的杨柳河畔。早期以素食为主要经营特色，上承古都食韵，下应季节风俗，历经多代掌厨的悉心创新，不但菜肴外形逼真、口味独到，还进一步突出了“鲜、嫩、烫、脆、香”五大特色。绿柳居素菜的制作原料主要是豆制品、面筋、笋、香菇、木耳以及各色时令蔬菜，均用植物油烹制，经过厨师的精心制作、大胆创新，色、香、味俱佳的荤名素菜不断涌现。这些素菜不但形态逼真，甚至味道也和荤菜差不多。比如，“糖醋排骨”“糖醋刀鱼”“八仙鸽蛋”的色、香、味、兴无不以假乱真。除素菜外，绿柳居还打造了中华名点名吃——素菜包，包子馅是用南方特有的矮脚黄青菜、香菇、豆腐干等多种原料制成。据说绿柳居素菜包的配方是清末状元张骞游江南偶得后所传授的。

1949 年新中国成立后，为了执行党的统战政策，做好对外交流工作，满足佛教界人士的需求，南京市政府将南京太平南路的太平菜馆改建成绿柳居素菜馆，于 1963 年重新开业，主要供应适合佛教界人士食用的素菜，承担好政府对外的招待工作。菜馆由年近八旬的绿柳居传人陈炳钰带领徒弟魏彩龙、陈德银掌勺，他们在继承原有的传统基础上，顺应时代发展推陈出新，创制出很多新品种。如陈炳钰的“炸银锤”、魏彩龙的“多色虾仁”“明月鸽蛋”“翡翠吐司”等素菜，都享有盛誉。1990 年，绿柳居自创的素鸡还获得国家商业部优质产品奖——金鼎奖。绿柳居为了适应社会的变化，还考虑为多层次的顾客服务，特别是考虑到寻常百姓消费者，采取了多种方式。一方面，推出大众化的什锦菜包，按照严格的生产工艺，做出符合消费者口味的佳品，常常供不应求。为了解决这一问题，绿柳居特地安排加班服务，延长供应时间。另一方面，绿柳居在选料、调味、配汤、火候和运用食品科技成果等方面不断进行创新，制作了一批又一批符合大众消费口味的菜品。这一做法使得绿柳居发展规模迅速扩大，到 1981 年，绿柳居对原菜馆进行了翻建，餐厅面积增加了一倍，可同时容纳 500 人就餐，还针对不同的消费群体增设了中、高档餐厅。

随着时代的发展，清真饮食越来越受到大众的喜爱，逐步形成了独特的饮食理念和质量标准体系。在这样的时代背景下，绿柳居应时代而变，于1986年将饭店改名为清真绿柳居，增加了适合回民食用的荤菜。为保证穆斯林朋友吃得放心，菜馆经营的所有牛肉、羊肉等清真食品都是由伊斯兰教协会指定点供应，并且经阿訇屠宰的。[1]在此基础上，清真绿柳居开发出了郑和鱼、木桶牛尾等新品，还因地区特色增加鸭油酥饼、清真桃酥、萨其玛等点心，一时间绿柳居宾客天天长队如龙。1998年，绿柳居负责人蒋忠勤提出“在发展中求生存”的经营理念，逐步实施品牌低成本扩张工程。2002年，企业组建独立的绿柳居餐饮连锁公司，引进先进的企业理念和经营理念，并逐渐采用现代企业管理制度和管理模式。2004年，企业被资金雄厚的古南都集团并购，成立专门技术部开发新菜肴，并在2008年建立年供应量超1.8亿元的现代化食品生产工厂。绿柳居在南京的苏果、金润发、家乐福等各大超市卖场设立了100多个专柜，在全国各大城市设立的特许专柜超过100个，并且积极开拓海外市场。至此，绿柳居从一家单纯的素菜馆成长为亚洲最好的综合性餐饮企业。[2]

## 二、线内延伸到跨类延伸的综合性企业转型

由于经济、社会、文化等环境的改变，新的竞争对手的出现以及消费者需求的不断变化，老字号企业面临越来越大的生存发展压力。这就需要老字号企业寻求品牌的新发展和延续，品牌延伸成为老字号企业焕发活力的重要策略选择。[3]在营销学词典中，品牌延伸是指将已被市场接受的品牌延伸使用到公司的其他产品上，目的是改变原有品牌产品的形象。[4]从定义来看，狭义的品牌延伸概念是指将现有的品牌使用到新产品上的经营行为，美国学者爱德华称之为“特许延伸”；广义的品牌延伸概念在狭义的品牌延伸概念基础上，还包括改进现有产品的行为。[5]品牌延伸是现代企业常用的发展策略之一，品牌延伸的使用也有利于降低企业的扩张成本和扩大企业的发展规模。

---

[1] 南京市商务局. 南京老字号［M］. 南京：南京大学出版社，2014：96.

[2] 此部分的资料来源于实地访谈、南京绿柳居相关负责人以及南京老字号协会相关负责人所提供的资料。

[3] 邓红娟. 老字号品牌延伸的利弊和策略研究［J］. 商场现代化，2014（1）：75.

[4] 张小艳. 基于品牌资产的品牌延伸评估研究［D］. 合肥：安徽大学，2006：10-11.

[5] 王勇. 品牌延伸的可行路径［J］. 企业改革与管理，2009（10）：8-9.

品牌延伸的核心策略就是品牌延伸中的品牌名与原品牌存在密切的联系，具体有单一品牌延伸、主副品牌延伸、母子品牌延伸、联合品牌延伸等多种策略。根据延伸产生与原产品的差异性和所服务市场的相互关系，可以将品牌延伸分为线内延伸和跨类延伸两大类。[1]其中线内延伸是指主产品用于延伸的产品与原产品同属一个类别，可分为换代延伸、水平延伸、垂直延伸三类；跨内延伸是指品牌延伸到不同于已有的品牌产品，可分为连续性延伸和非连续延伸。绿柳居的品牌延伸分为两个阶段：第一阶段主要是线内延伸，涉及菜品类别和菜品定位分层两个方面；第二阶段主要是跨类延伸，企业不断拓展产品种类，由单一餐饮企业向集酒店、餐饮、食品加工、贸易于一体的综合性企业延伸。

### （一）菜品种类不断增加，层次定位越发清晰

1963 年重新开业的绿柳居的发展与政府有着密切的联系，曾多次接待日本及东南亚等国的佛教负责人。改革开放后，一方面，企业面临越来越大的竞争压力，思变是企业发展的重中之重；另一方面，经济的快速发展使得人们对餐饮服务提出了越来越高的要求。在这样的背景下，如果绿柳居还只经营传统的素食，很难形成有效的竞争力。1986 年，绿柳居负责人提出重新定位绿柳居，而清真餐饮在我们有悠久的历史，早在公元前 6 世纪就随着伊斯兰教的传入而进入中国。悠久的历史使得清真餐饮深受广大消费者的喜爱，并且清真餐饮的理念与绿柳居的十分相似。[2]在这样的背景下，绿柳居负责人决定按照清真餐饮的标准发展清真食品，绿柳居素菜馆在经过严格的改造后顺利通过认证并更名为清真绿柳居菜馆。这次产品种类的水平延伸，使得绿柳居在原有的消费者基础上又吸引了大批年轻消费者和喜爱清真食品的消费者。

绿柳居品牌延伸的另一个特征是明晰不同消费群体的消费产品类别。具体做法是在企业既有的产品范围内进行上下延伸。向上是针对高消费群体，设置高档餐厅，打造特色餐饮种类，如绿柳居传人研制的全素宴；提升菜肴技艺品质，素烧鸭、罗汉观斋、卷轴藏经、“极品海王鲍”、“三鲜鱼肚”、三丝素刀鱼、满腹经纶等都是绿柳居明星菜肴。同时还积极凸显老字号企业优秀文化底蕴，放心消费

［1］ 王苏洲. 品牌延伸的理论与战略管理研究［D］. 湘潭：湘潭大学，2005：10-12.

［2］ 孙晨. 老字号的时代气息南京老字号绿柳居视觉形象更新设计［D］. 南京：南京艺术学院，2013：2-5.

的同时也是一种品质消费。向下主要是满足大众消费者的需求，位于南京太平南路的绿柳居总店积极开发实惠的大众菜肴，并且形成了厨师长推荐菜单，菜单中包含冷菜、热菜、点心等多种菜品，使得普通消费者可以有更多的选择。绿柳居负责人介绍："自 1998 年开始，绿柳居为了更好地适应市场，在整个产品经营实现三个层次的错位经营思路，即大众消费层次、假日旅游和市民中档消费层次以及白领阶层为主的高档消费。"这一品牌延伸方式不仅能够增加新的效益，还能从多层次满足不同群体消费者的需求，提高了企业的竞争力。

### （二）产品种类日趋丰富，行业领域不断拓宽

绿柳居在提升自身竞争力的同时，还根据市场发展情况，积极开发新产品。首先，开发外卖卤菜系列产品。外卖卤菜除了将绿柳居原有的冷菜进行改进外，还通过引进的方式来丰富卤菜种类，特别是从老字号马祥兴引进酱鸭、盐水鸭、什锦菜等产品。引入的这些产品严格执行绿柳居的产品生产和质量管理，所以在品质上要好于同类产品。详见表 1。

**表 1**

**南京绿柳居主要外卖卤菜价格表**

| 菜品种类 | 价格（元/500 克） | 菜品种类 | 价格（元/500 克） | 菜品种类 | 价格（元/500 克） |
|---|---|---|---|---|---|
| 素火腿 | 29.5 | 广东菜心 | 22 | 盐水鸭 | 17 |
| 素三鲜 | 13 | 素什锦 | 18 | 牦牛肉 | 75 |
| 家常豆 | 13 | 素鸡 | 16 | 干切牛肉 | 75 |
| 素鸭 | 22 | 蜜汁藕 | 16 | 酱鸭 | 17 |
| 海带丝 | 13 | 鸭翅 | 22 | 卤鸭头 | 32 |

从表 1 可以看出，绿柳居的外卖卤菜不但种类齐全、营养搭配均衡，而且符合地方特色和文化内涵。其次，开发特色小吃。在原有素包子、素面的基础上，增加南京夫子庙特色小吃。这些特色小吃在绿柳居生产工艺的支持下，深得消费者喜爱，尤其是年轻人。很多年轻人表示："我们经常会去吃绿柳居的小吃，感觉特别好吃。这些小吃虽然在其他很多地方都能吃到，但是在口感上还是绿柳居做的好吃，而且老字号也让人吃得放心。"最后，南京绿柳居还发展代销产品。在南京绿柳居总店一楼设有超市，超市里除了绿柳居自身生产的产品外，还可以

看到南京、杭州、广州等其他地方特色产品。这就利用绿柳居的品牌效应增加了衍生产品的收益，有利于提高企业的竞争力。

2004 年，古南都集团并购绿柳居后，围绕经营，推动了老字号企业在运作中的现代转型。古南都集团是一家以饭店为主，集酒店、餐馆、食品加工、置业、医疗服务、贸易于一体的综合性企业。集团刚接手绿柳居，就着手对其进行改造升级。首先成立了绿柳居清真食品有限公司，专门负责清真食品的管理和开发，并利用绿柳居老字号品牌效应进行酒店开发。2008 年发展食品加工，建成汤山产业园，主要生产清真卤制品和特色米面日配及定型包装系列。至此，绿柳居形成了以现代化管理模式为核心的特色食品产业链，逐渐由单一餐饮企业向集酒店、餐饮、食品加工、贸易于一体的综合性企业延伸。

## 三、"形象设计"到"品质提升"的全面升级

创新理论最早由熊彼特提出，主要强调企业使用新的生产方法。创新理论出现以来，企业创新问题成为经济学、管理学、社会学等相关学科关注的焦点。[1]而企业技术创新主要强调企业对其所拥有的各种资源的有效利用。企业技术创新的投入，对于改进企业生产工艺、开发新产品、提升产品质量具有重要的作用。[2]明洁、姜小琴对江苏老字号企业技术创新的研究发现，70%的老字号企业经营惨淡，急需注入新的活力，而技术创新成为老字号企业复兴的关键。[3]

绿柳居在推动品牌延伸的同时也注意到，如果不能将现代技术有效地运用到企业发展中，企业就很难形成较强的竞争力。特别是当绿柳居转型为综合性企业后，原有的企业形象很难满足企业新的发展需求。这时企业就需要进行形象设计的创新，进而吸引更多的消费群体，尤其是年轻消费群体。[4]除此之外，绿柳居还从现代化管理和技术工艺提升两个方面着手，努力实现企业本身品质的提升。

---

[1] 蔚建文，刘波．"老字号"企业技术创新影响因素的实证分析［J］．广西民族大学学报（哲学社会科学版），2015，37（1）：72-74.

[2] 程虹，胡德状，罗连发．企业技术创新投入对产品质量的影响［J］．华南农业大学学报（社会科学版），2016，15（3）：76-77.

[3] 明洁，姜小琴．江苏老字号企业技术创新发展策略［J］．商业研究，2009（11）：199-200.

[4] 孙晨．老字号的时代气息南京老字号绿柳居视觉形象更新设计［D］．南京：南京艺术学院，2013：9-10.

### （一）企业形象设计国际化，宣传途径新颖化

有学者认为，老字号企业悠久的发展史使其能够树立良好的商业信誉和社会形象，进而形成金字招牌。但是随着工业化的快速发展，社会已经进入信息时代，[1] 老字号企业思维模式如果不随时代而转变，就会慢慢衰败下去。绿柳居负责人为了在视觉上吸引消费者的关注，于1997年运用菱形如意作为符号元素，凸显老字号的传统特征，并在设计中充分考虑人文情怀，由书法家武中奇先生书写的书法体“绿柳居”一直沿用至今。利用数码新技术，使得绿柳居的标识从单一图案向多维空间以及多维图形动态延伸。在企业形象设计国际化的同时，并没有完全抛弃传统的传承文化，而是利用现代设计技术将企业核心文化巧妙地呈现出来，使得消费者为之惊叹，既很好地维持了原有忠实绿柳居的消费者，也利用新形象吸引了更多的年轻消费者。他们说：“我觉得现在绿柳居，无论是店面形象标志，还是加工食品包装标志，都让人觉得很淳朴，而又不失品位。”

对企业形象设计更新的同时，绿柳居还积极通过新的宣传途径来提升企业的知名度。据实地调查了解，绿柳居与其他老字号相比，最先在网络上宣传自身品牌，并且利用淘宝网络平台，开设官方直营的网络店铺。网络店铺还实现了线上线下同步，适时更新企业研发的新产品。企业在美团、大众、糯米等知名团购网站进行产品宣传，用户还可以在体验产品之后发布自我感受和评价。笔者选取绿柳居（太平南路店）在美团网上的用户评价对绿柳居的宣传效果进行了分析。通过搜索，截至2016年5月12日，一共有367条用户评价，有343位用户从老字号底蕴深、菜味道好、实惠、服务好等方面给予绿柳居较高的评价。这种公开化的用户评价系统使得绿柳居更加严格地要求自身，将老字号越做越好。

### （二）企业组织管理科学化，生产工艺现代化

技术创新是企业经济发展的巨大动力，既是一种技术行为，也是一种经济行为。目前，我国很多企业都存在创新组织管理不善和技术产业化、商品化进程缓慢等问题。[2] 绿柳居为了提升自己的市场竞争力，采用了新的组织管理方式，即

---

[1] 郝颖. 中华老字号包装形象设计的现代转型［D］. 济南：山东大学，2009：13-14.

[2] 刘鸽. 企业技术创新对策综合分析［J］. 企业战略，2011（4）：29-31.

进行组织结构创新。一方面，进行人才培养创新，企业鼓励使用有经验有魄力的年轻人。企业每周都会组织员工进行业务学习，每个月都要对管理层进行拓展培训，定期邀请国内知名大学商学院教授到企业讲学，使得企业管理人员和普通员工都能熟悉现代企业组织管理结构，促使他们在科学化的组织结构下能够将工作做得越来越好。另一方面，进行管理方式创新。企业提出了"绿色基地＋放心厨房＋放心食品"计划。如绿柳居的素菜包，其蔬菜需要当天使用并当天进行生产销售，还按照预警系统监控产品是否过期。菜肴上桌前要经过原料配比、厨师长贴炉、栏头出菜、服务员目测等四关。[1] 这些管理方式和管理制度的执行，使得绿柳居整个组织管理更加科学、有效。

除了企业组织管理创新外，绿柳居还投入大量资金，提高企业生产工艺的创新能力。生产工艺的创新主要体现在两个方面：一是升级厨房生产设备，提高菜肴生产效率。具体方式是将大多数菜肴生产工艺标准化，利用现代化的生产技术进行快速的菜品生产，这样就能缩短消费者品尝美味菜肴的时间。菜肴生产技术的标准化，使绿柳居的直营分店也能够快速进行新菜肴的制作，这样也增加了绿柳居消费者的数量。二是推行 ISO 9001 国际质量认证工作，提高企业产品信誉和减少重复检验，最终使得消费者满意。企业还安排企业员工以顾客的身份到绿柳居各个连锁店随机购买产品带回产品基地进行检验，如果发现问题及时进行调整，并找出解决问题的办法。

## 四、小结与讨论

南京绿柳居历经百年发展，在继承传统文化和工艺的基础上，成功实现了现代转型。与其他老字号企业相比，南京绿柳居能够保持企业持续发展的秘诀就是利用好品牌延伸和技术创新这两个现代转型的必备工具。

在品牌延伸方面，一是随着改革开放，经济的飞速发展使得消费者对饮食种类和质量提出更高的要求，绿柳居在调查消费者喜好的基础上对饭店进行了全新定位，从素食转变为清真，并在原有菜肴的基础上根据社会不同阶层的需要，提供针对大众消费、假日旅游和市民中档消费以及白领阶层为主的高档消费三个层次的定位服务。二是注意营养搭配和地方特色、文化特色的产品种类的拓展，如卤菜外卖

[1] 杨莹. 蓬勃生机源自现代理论——老字号绿柳居成功之道 [J]. 中国食品，2002 (22)：14-15.

和夫子庙小吃的引入都是企业品牌的重要延伸拓展。在此基础上还适当地引入南京、杭州、广州等地方特色产品，在利用绿柳居老字号品牌效应的同时，也给消费者提供了更多的选择。三是资金雄厚的古南都集团以“外科手术”的方式，将南京绿柳居从单一餐饮企业拓展为集酒店、餐饮、食品加工、贸易于一体的综合性品牌企业。

在技术创新方面，首先，通过先进的设计技术，对现有的企业形象进行国际化的更新设计，将老字号的文化气息与现代文化巧妙结合，以视觉冲击吸引更多的消费群体。其次，网络平台宣传的有效使用，使得企业完全透明地展示在消费者的面前，这无疑会对老字号的品牌知名度起到很好的提升作用。再次，企业进行内部组织管理的技术创新，通过引进先进管理方式、人才创新培训、使用先进管理技术等方式创新组织结构。最后，利用现代生产技术标准化菜肴生产工艺，提高生产效率，并着手推进 ISO 9001 国际认证，生产消费者 100％放心的产品，使消费者能够便捷安心地食用。

品牌延伸和技术创新使得老字号绿柳居成为国内发展较好乃至亚洲最大的清真食品有限公司。进一步分析会发现，绿柳居能够在合适的时机使用恰当的方式将企业的所有生产要素进行有效的整合，进而发挥出最大的效用。王守安指出企业现代化的发展是人力、资本、组织、技术等要素共同作用的结果。[1] 具体到绿柳居而言，在人力方面，每一次企业转型时期，管理者都能以敏锐的视角把握市场的发展方面；资本方面，无论是金都集团还是古南都集团，都为企业的顺利转型提供了充足的发展资本，进而实现企业组织机构和技术的现代化转型升级，并且无论是品牌延伸还是技术创新，都没有脱离老字号绿柳居的文化底蕴和传承工艺。正如臧得顺在研究传统老字号企业现代转型时提出的，传统老字号的现代转型，在与时俱进、紧跟时代步伐的同时，也需要将自身蕴涵的深厚文化资本与金融资本有机结合，才能焕发出百年老字号的永久魅力。[2]

---

[1] 王守安. 企业发展要素论 [J]. 社会科学战线，2001（2）：39-42.

[2] 张继焦. 中国“老字号”企业发展报告：No.1（2011）[M]. 北京：北京社会科学文献出版社，2011：279-280.

# 品牌重塑：百年老字号红螺食品的创新经营与持续发展

李宇军 张继焦

**摘要：**本文首先分析了红螺食品百余年来品牌发展的三个主要阶段：第一阶段为1909—1981年，标志性的事件是1909年聚顺和果脯店铺的诞生；第二阶段为1982—2005年，标志性的事件是1982年确定“红螺山”牌为果脯注册商标，不再使用“聚顺和”商号名称；第三阶段为2006—2016年，经过2006年的成功转制和2011年的历史文化探源，企业的整体品牌更名为“红螺食品”，而不是“红螺山”牌果脯。接着，本文着力分析了红螺食品自1982年以来经过两个阶段的品牌重塑，充分挖掘和利用了老字号品牌的显性元素和隐性元素，采取了三种品牌重塑策略，在当今竞争激烈的市场格局中获得了新的竞争优势，取得了新的发展。

**关键词：**品牌重塑 百年老字号 红螺食品

## 一、问题的提出

许多全球知名品牌都是老字号（如德国的西门子、日本的月桂冠、美国的通用电气等），然而，很多名噪一时的企业存活时间只有四五十年。[1] 曾经的《财富》世界500强企业施乐、宝丽来、安然等，都是全球知名的昔日英雄，如今早已不复存在。中国企业并非都“富不过三代”，也有一些超过百岁的长寿企

[1] Drake Baer. How 16 of the Oldest Companies On Earth Have Been Making Money For Centuries [J]. *Business Insider*, 2014 (8).

业。[1] 本文所要讲述的红螺食品，是一个中国本土的百年食品老字号。

北京红螺食品集团，简称红螺食品，自 1909 年创立以来已有百余年的历史，起初只是一家叫聚顺和的果脯店铺，自 20 世纪 80 年代品牌重塑之后，如今已成为一个集科研、生产、销售、服务于一体的综合经济实体，业务增加值全部来自农产品的深加工和销售，主要生产和销售果脯、茯苓夹饼、羊羹、板栗、老北京小吃等各类休闲食品及现代北京特产。在本文中，我们将侧重于从品牌重塑的角度，来剖析红螺食品的品牌延续、创新与发展。

## 二、相关研究和本文的分析框架

10 多年前，笔者就对品牌进行过一番探究，并指出：品牌作为开展营销活动的手段，是使自己的产品在竞争中与众不同、在经营过程中长期获利并保持其在市场中的地位所采用的一种方式，已成为企业争夺和占领市场的重要工具。[2]

近年来，品牌重塑成为市场营销和品牌管理学界热议的论题之一。有些学者也关注到了老字号的品牌重塑问题。比如，《品牌重塑：老字号品牌突围路径与传播策略》一书专门探讨了老字号的品牌重塑问题。[3] 品牌生命周期理论认为，任何一个品牌都会经历一个从导入到生长、成熟，最后衰退的过程。老字号是蕴含丰厚文化与产品基因的一种历史积淀，尽管普遍面临品牌老化和生存挑战的压力，可是老字号体现的怀旧内涵和长期形成的消费情感依然维持着其独特的竞争优势。很多老字号企业都非常重视企业自身的品牌建设问题，我们也对老字号的品牌管理和营销创新进行了积极的探讨。比如，闫春、赵巧艳两位学者以广西的老字号为例，以市场导向为原则，提炼出激活广西老字号品牌的四条优先路径。[4] 此研究对西部省份和其他经济欠发达地区的老字号品牌激活或品牌重塑具有积极的借鉴意义。从 20 世纪 30 年代起，上海就是中国消费者追捧与向往

[1] 张继焦，李宇军. 中国企业都“富不过三代”吗？——对“老字号”企业的长寿秘籍和发展前景的社会学分析 [J]. 思想战线，2012 (4)；张继焦. 从企业人类学视角破解老字号的长寿之道——以百年老字号“清华池”为例 [J]. 广西经济管理干部学院学报，2015 (2).

[2] 张继焦，帅建淮. 成功的品牌管理 [M]. 北京：中国物价出版社，2002：1.

[3] 孔清溪，陈宗楠，朱斌杰. 品牌重塑：老字号品牌突围路径与传播策略 [M]. 北京：中国市场出版社，2012：6.

[4] 闫春，赵巧艳. 广西“老字号”：市场导向的品牌激活研究 [M] //张继焦，刘卫华. 老字号绿皮书：“老字号”企业案例及发展研究报告 No. 3 (2015—2016). 北京：中国市场出版社，2015：191-208.

的品牌之都。永久、上海、英雄、光明等上海老品牌辉煌了半个世纪，当下我们可以通过研究上海本土老字号品牌重塑的发展策略，唤醒那些中国人耳熟能详的、内心挥之不去的名字。

本文以百年老字号红螺食品为例，侧重于分析 20 世纪 80 年代以来红螺食品的品牌重塑过程，以此剖析老字号的品牌重生或延续、经营创新与持续发展。

## 三、红螺食品的品牌发展历程

### （一）品牌的诞生与初期的发展（1909—1981 年）

#### 1. 百年之前诞生于北京

红螺食品，1909 年诞生于北京，是一家历史超过百年的老字号。根据历史档案记载，创办人任百川先生来自山西文水，为人克俭，老成持重，在北京不同的地点先后总共开设了三家经营果脯的店铺，其中，最负盛名的是大栅栏街上的聚顺和南货店（用现在的说法，此为总店或旗舰店）。[1]

档案内容如下：

> 民国 36 年煤市街户籍档案（档案号：J181-006-01624）
> 铺号：聚顺和栈（分号）
> 经理：任汝江　别号：百川
> 籍贯：山西文水
> 铺号开业年限：38 年前
> 开业时间：1909—1947 年

#### 2. 在世界博览会上摘得奖章

1912 年 2 月，美国政府宣布，为庆贺巴拿马运河即将开通[2]，定于三年之后

[1] 这三家店分别是位于大栅栏街路北西口电话南局 940 号（西口第二家）的聚顺和南货店（此为总店）、位于煤市街 144 号的聚顺和栈和位于地安门外鼓楼大街东门牌 239 号的聚顺和加工厂（兼有铺号）。在 1936 年出版的《北平旅行指南》中，就有聚顺和刊登的广告。见：马芷庠. 老北京旅行指南［M］. 北京：燕山出版社，1997：270.

[2] 巴拿马运河区当时由美国统治。

的1915年2月，在美国西海岸的旧金山市举办巴拿马太平洋万国博览会。1913年开始，北京袁世凯政府组织各省市参加。前门外大栅栏聚顺和干果子铺制作的果脯，被送去参加比赛。1915年，在博览会上，经国际裁判品评，聚顺和的果脯被大会颁予金质优胜奖章。一时间，中国果脯成为世界公认的一种美食。

根据保留下来的一份民国时期的聚顺和货单记载，当时主要货品如下：

营盘口蘑　雪山丁蘑　大扁杏仁　金丝蜜枣
蜜饯果脯　绿葡萄干　燕窝鱼翅　关东鹿筋
吉林哈蚂　真人熊掌　茯苓夹饼　玫瑰花饼
西洋蛋饼　太史宫饼　杏仁酥饼　核桃酥饼
中秋月饼　核桃雪片　五彩云片　萨其马糕
细芙蓉糕　粉蒸蛋糕　鸡蛋名糕　荤菜豆糕
各种糖果　翻毛月饼　素菜豆糕

### 3. 20世纪30—40年代的情况

1937年日本入侵之前，北平果脯业有十六七户，隶属于干果海味杂货业同业公会。日本入侵北平之后，因砂糖缺乏，果脯店铺陆续歇业，仅存聚成永、聚顺和、永顺成、三顺、华达、全德昌、天合等七户店铺，其中，以三顺为大。这一时期，果脯行业隶属于干果海味业同业公会。

### 4. 1949—1981年的情况

1949年，北平解放。1952年，果脯行业实行联营制度，全德昌因累亏而歇业，三顺、永顺成、聚成永、华达、天合等五户果脯商户实现联购联销，联合成立了北京市土产食品业联营第八组。1953年6月，北京市工商联指示北京市糖果土产食品业联营第八组改为糖果糕点制造业果脯联营第一组，并正式加入北京市工商业联合会糖果糕点制造业同业公会。

1955年，继全德昌之后，永顺成歇业、聚顺和停产。同一年，新开业了一户果脯商，叫大成。1955年12月，北京市的果脯行业实现全行业合营，成立公私合营北京果脯厂，遗存的全部果脯老字号，包括聚成永、三顺、华达、天合、大成等五家果脯企业，联合组成北京市公私合营果脯厂，简称北京果脯厂，成为北京当时唯一的一家果脯专业生产厂。这个果脯厂的地址在原三顺果脯厂的旧址上，也就是西城区西直门内葱店胡同甲22号。它是北京果脯老字号的正宗传承企业。

1956年，聚顺和恢复生产，昌平果脯厂划归北京。至此，北京有了三家果脯厂：公私合营北京市果脯厂、合作社昌平果脯厂、公私合营聚顺和果脯厂。其中，以北京市果脯厂为最大。以1956年的产量为例，北京市果脯厂464.52吨，昌平果脯厂104.81吨，聚顺和果脯厂2吨。

1956年之后，由于果脯需求量增大：用于招待外宾，或者作为北京特产被带往外埠，北京果脯的生产逐年增长。1956年比1953年增长156.78%。由于成本高、价格贵、产量有限，北京果脯随之名扬全国，成为当时十分“金贵”的高档食品，曾一度出现过产品供不应求的现象。

1958年，为了缓解供需矛盾，采取了两个措施扩大生产：一是北京果脯厂在原址西直门内葱店胡同进行扩建，扩大生产规模；二是果脯的购销单位北京供销社系统组织果脯厂在怀柔的歧庄设立了一间烤干厂。

1959年，怀柔食品厂建立，将这间烤干厂纳入其中，成为怀柔食品厂的果脯生产车间。

1965年，北京市轻工业局所属北京果脯厂划归供销社系统。此后，怀柔食品厂与北京市果脯厂的交流更加频繁。

“文化大革命”期间，随着社会环境的动荡与变革，北京市果脯厂从北京市区迁址到大钟寺。1975年更名为“第二食品厂”，将生产重心转移到硬糖以及食品工业原料葡萄糖、酵母上来；而果脯生产则主要依靠怀柔食品厂等郊区县果脯厂。由于北京果脯厂与怀柔食品厂两家工厂同属于供销社系统，在供销社主导下，北京果脯厂老一辈师傅历经十几年时间逐渐向怀柔食品厂的年轻一代技术工人传授技艺，逐渐将北京果脯老字号的传统制作技艺与秘方完整移植到了怀柔食品厂。怀柔食品厂从成立伊始就承担着果脯出口的任务，前期主要是通过粮油出口公司（时任经理为张国栋）外销，主要出口到日本等国，果脯品种以枣脯、杏脯、苹果脯为最多。后来，主要由北京市进出口公司负责从怀柔食品厂采购果脯，售往国外。

### （二）第一次品牌重塑：以“红螺山”牌作为注册商标带来的发展（1982—2005年）

1982年8月1日，中共北京市怀柔县委、怀柔县人民政府联合发文给怀柔县供销社，同意将怀柔食品厂果脯车间迁址到庙城（即红螺食品厂的现址），改为怀柔果脯厂，果脯注册商标为“红螺山”牌，不再使用聚顺和商号名称。这在红螺食品发展历史上是一个重要的事件。

1983—1985 年，为了保护文物古迹，恢复大钟寺原貌，北京市政府决定让北京市第二食品厂（原北京市果脯厂）腾退大钟寺庙产，该厂随即迁出。在几易其址后，该厂逐渐衰落，并最终消亡。

与之相反，在供销社的支持下，地处远郊区的怀柔果脯厂，由于在水果产地建厂就近生产，蓬勃地发展起来，逐渐取代了北京果脯厂，延续和传承了北京果脯老字号商脉。从 1983 年开始，怀柔果脯厂生产规模不断扩大，品种不断增多，各种果脯的总销售量快速增加，销售范围不断扩大。

1985 年 1 月 24 日，怀柔县计划经济委员会给县供销社发文，同意县果脯厂建立北京羊羹厂和县果脯技术贸易联营公司。当时，怀柔县果脯厂的产品以怀柔著名景区红螺山作为商标名称，成为畅销商品，年生产量由几年前的几十吨上升到几百吨，依然供不应求。凭借着传统果脯制作工艺的沿袭与升级、产品口味的传承与改良，红螺山牌果脯誉满全国。

随着改革开放的深化，怀柔果脯厂生产出来的产品由主要经过供销社蜜饯批发部推向市场，改为由果脯厂直接推向市场销售。其经营网点在北京市内迅速铺开：第一家果脯直营店在人民大会堂设立，接着先后在百货大楼和东安市场设立柜台销售。由此，其果脯迅速地走向市场。

1988 年，经怀柔县有关部门批准，怀柔县果脯厂晋升为国家中型二级企业。为了明确果脯传承脉络、正本清源，同年，怀柔县果脯厂更名为北京市果脯厂。张爱萍老将军为表庆贺之意，为北京市果脯厂题写厂名。

1989 年 1 月，北京市果脯厂在怀柔庙城兴建的新厂址上落成。

1996 年 5 月 18 日，在北京市果脯厂的基础上，组建成立了北京红螺食品集团；以“红螺山”“长城”两个品牌为代表的北京果脯，开始成为全国名优产品。

1996 年以后，一些果脯经营单位在全国范围组货，一些来自外埠的、质量不高但价格低廉的果脯开始充斥市场，对红螺食品的生产和销售造成一定的冲击。

1997 年 2 月 8 日，北京市果脯厂荣获当时国内贸易部颁发的“中华老字号”称号。

2005 年前后，受传统体制的束缚和市场不正当竞争的冲击，红螺食品集团的经营一度呈现下滑趋势，累计亏损超过资产净值，企业面临生死抉择。

### （三）第二次品牌重塑：成功转制，统称红螺食品，进入快速发展时期（2006—2016 年）

2006 年，北京红螺食品集团、北京市果脯厂同时转制。到 11 月，在全体职工的共同努力下，由企业内部职工持股成立北京红螺食品有限公司。顺利完成转制后，企业进入了一个崭新的发展阶段。一年后实现了扭亏为盈。抛掉旧有体制包袱，一家百年老字号企业以崭新的面貌，在果脯市场上展现出熠熠光辉。

2009 年 5 月 26 日，企业资产重组，重新注册北京市果脯厂有限公司。2010 年 8 月 30 日，红螺食品投资 148 万元的污水处理设施改造项目完成，为投产万吨红果等农产品加工项目提供了保障。

2011 年 11 月 30 日，召开了红螺食品历史文化溯源专家论证会。明确了该企业起源于聚顺和商号，但是，现在企业的整体品牌为“红螺食品”，而不是“红螺山”牌果脯，也不是“聚顺和”。

2012 年 1 月 12 日，红螺食品全资子公司北京聚成永食品有限公司开业。3 月 22 日，红螺茯苓夹饼、紫薯仔产品开发项目正式通过科研成果鉴定。同年 3 月，红螺食品获评“北京质量奖入围奖”。8 月 6 日，在巴西伊瓜苏召开的第十六届世界食品科技大会上，红螺茯苓夹饼荣获大会颁发的世界食品行业顶级奖项“全球食品工业大奖”，红螺食品集团成为果脯行业中唯一一家获此殊荣的企业。

## 三、品牌重塑：显性元素和隐性元素

红螺食品的核心内容，是具有悠久历史传统和深厚文化内涵、独具民族特色和地方风味的果脯。

### （一）品牌重塑中的显性元素

老字号品牌的显性元素，指的是那些用以标记和区分品牌的商标设计，其中字号即品牌名称占据着核心的地位。根据有关历史档案记载，红螺食品的前身叫“聚顺和”，始创于清朝末年，创始人任百川（字汝江）。中国北方有一句俗话：“大门脸儿，小铺眼儿”。“大门脸儿”指的就是店名。其意是说，即使铺面不大，有一个撑得起门面的招牌或名称对店铺经营非常重要。孟昭泉曾将老字号店名中包含的文化内涵总结为：命名谨慎，言之有故；店名辅联，相互辉映；货以店著，名以货扬。[1]

据史料记载，清康熙三十二年（1693 年），康熙到红螺寺游玩。其间，寺中方丈拿出寺中以蜂蜜腌制的杏脯款待康熙。香甜可口的杏脯迷住了康熙，立即被定为贡品。北京果脯商标定名“红螺山”及后来改称红螺食品集团和红螺食品有限公司等，均与这段典故有关。

字号的显性要素是品牌外在的、具象的东西，包括品牌名称、标识与图标、标识字、标识色、标识包装等。红螺食品的品牌发展经历了三个阶段。

第一阶段是品牌的产生。1909 年起采用“聚顺和”商号名称，这是红螺食品的前身。聚顺和商号在北京先后开设了三家店铺，其中以大栅栏街上的聚顺和南货店为总店。

第二阶段是品牌更新（第一次品牌重塑）。1982 年起采用“红螺山”牌作为注册商标，扬弃了“聚顺和”商号名称。1996 年 5 月 18 日，以红螺山牌为代表的北京果脯，成为全国名优产品。1997 年被北京市经委评为“北京名牌产品”。同年，北京红螺食品有限公司（原北京市果脯厂）被国内贸易部授予“中华老字号”称号。2000 年，红螺食品通过 ISO 9002 认证，获得 1994 国际标准认证证书。2002 年，被北京市质量技术监督局、北京市经济委员会评为“2002 年北京名牌产品”。2003 年，北京市质量监督局授予红螺技术监督 12365 准入登记证。2004 年，中国质量认证中心授予红螺 HACCP 认证证书。2005 年，中国绿色食品发展中心向红螺颁发绿色食品证书。

第三阶段是品牌整合（第二次品牌重塑）。2006 年完成企业改制，2011 年完成红螺食品历史文化探源，红螺食品进入了一个新的发展阶段。目前，企业的整体品牌叫“红螺食品”。2011 年，为了让世人全面了解这个百年老字号的发展历程、重现百年辉煌的历史，发布了《红螺食品历史文化探源成果》。同年 3 月 2 日，红螺食品顺利通过北京市级技术中心认定。3 月 17 日，被商务部认定为第二批“中华老字号”。11 月 30 日，召开红螺食品历史溯源专家论证及新闻发布会。通过此次溯源，确定了 1909 年是红螺食品的有档案明确记载的创始时间。换言之，红螺食品源自聚顺和，但现在已经发展为红螺系列食品，而不只是聚顺和果脯。

---

[1] 孟昭泉. 店名文化探源及老字号 [J]. 河南社会科学，1998 (1).

### （二）品牌重塑中的隐性元素

百年老字号红螺食品在品牌重塑中的隐性元素，至少包括以下三个方面。

（1）历史文化特色。2011 年 3 月 17 日，红螺食品被商务部认定为第二批“中华老字号”。“是否具有中华民族特色”是“中华老字号”认定的条件之一。“中华老字号”品牌不仅体现了中华民族的特色文化，而且体现了本土文化的地方特色，因为从其诞生之日起，就是原汁原味的本土自主品牌。比如，1915 年 2 月，在美国旧金山市举办的“巴拿马太平洋万国博览会”上，北京知名干果子铺—— 聚顺和送去的果脯，果香清蕴，食后齿颊留香，令人难忘，饱含东方食品的独特风味；装果脯的坛子，是加绿釉的粗陶，虽然看上去土里土气，却具有中国的乡土气息。经国际裁判品评，聚顺和的果脯被大会颁予金质优胜奖章。

（2）传统果脯制作工艺。作为非物质文化遗产的果脯制作技艺，是红螺食品技术人员口传心授、世代相传的无形的、活态的文化遗产，也是老字号重要的文化特色。红螺食品虽然经历多次变动，但是，自 1909 年创立以来的一个多世纪里，一直沿袭着古法制果技艺，一脉相承百年果脯老字号——聚顺和的衣钵。这就是红螺的成功之道，也是红螺的优势所在。20 世纪 80 年代，红螺山牌果脯成为畅销商品，誉满全国。1985 年，经北京市供销社同意，基于老字号技艺、秘方、传承人传承有序的事实，由怀柔县食品厂承继北京果脯百年衣钵，传承果脯行业传统制作技艺，延续北京果脯商脉。2012 年 8 月 6 日，在第十六届世界食品科技大会上，红螺茯苓夹饼荣获大会颁发的世界食品行业顶级奖项——全球食品工业大奖，红螺食品集团成为果脯行业中唯一一家获此殊荣的企业。

（3）诚信或良好的信誉、产品质量优良。信誉不但是老字号自身最重要的特征，而且在很大程度上决定着消费者对老字号的偏好。老字号的产品质量好也是深受消费者认可的隐性因素。这正是老字号有一群回头客经常重复消费的主要原因。其基本逻辑是，因为老字号有信誉和产品质量好，所以，消费者对其有信任感；由于消费者对老字号具有高度的信任感，因此，这些消费者成了老字号的回头客或经常重复光顾消费的客人。

我们了解到，红螺食品在品牌重塑过程中，充分挖掘和利用了老字号品牌所具有的各种显性元素和所拥有的各种隐性元素（历史文化特色、传统果脯制作工艺、诚信、良好的信誉、品质优良），在新的市场格局下，获得了新的竞争优势，取得了新的发展。

## 四、品牌重塑的三种策略

红螺食品在品牌重塑过程中，大致采取了如下三种策略：不断重塑老字号在消费者心目中的地位；借助城市品牌，进行品牌重塑；持续增强老品牌的创新经营与良性发展等。

### （一）不断重塑老字号在消费者心目中的地位

老字号品牌在百年的发展历程中积累了许多宝贵的资产和经验，在消费者心目中占据着独特的地位。勒湖（Lehu）在探讨如何激活老字号的品牌活力时提出利用品牌传统和消费者心理来激活品牌的方法，认为利用消费者的怀旧情结，有利于提醒消费者相关品牌的悠久历史、经历和真实性。[1] 笔者认为，在进行老字号品牌重塑或品牌延伸时，务必使老字号品牌与消费者之间进行充分“接触”，展示出老字号品牌的核心价值，让消费者能够对老字号品牌产生有效的联想，并利用老字号品牌重塑，促进企业产品线的不断扩展、市场份额的不断提高，从而不断重塑老字号品牌在消费者心目中的地位。

根据我们2010年的调研显示，受访管理人员认为，在食品行业中老字号的优势主要是：品牌（28.0%）、产品质量（22.2%）和传统工艺技术（17.2%）。[2] 显然，消费者不但比较看重老字号的品牌信誉、品质和传统老工艺等，而且自然而然地成了老字号的忠实客户。

### （二）借助城市品牌，对老字号进行重塑

老字号是一个城市或地方优秀历史文化的载体，演绎着这个城市或地方的时代变迁，是一个城市或地方的名片或标志。我国从南到北、从东到西呈现出丰富

---

[1] Lehu J. Back to life! Why brands grow old and sometimes die and what managers then do: An exploratory qualitative research put into the French context [J]. *Journal of Marketing Communications*, 2004, 10 (6): 133-152.

[2] “老字号”课题组.“老字号”企业：六个主要行业的比较报告［M］//张继焦，丁惠敏，黄忠彩. 老字号蓝皮书——中国“老字号”企业发展报告 No. 1 (2011). 北京：社会科学文献出版社，2011：40-53.

多彩的地域文化景观，不同的地域文化往往根植于以当地的地理环境为基础的物质文化方面，继而延伸到非物质文化的诸多领域。近年来，对城市品牌的探讨持续升温。基于现代的营销理论，老字号作为知名品牌由于承载着城市品牌的信息，而成为一个利用价值极高的接触点。[1] 简言之，老字号是一个很接地气的城市品牌要素。从一定程度上说，红螺食品老字号品牌与北京城市品牌实际上是相辅相成的关系：一方面，知名的老字号品牌可以借助所在城市品牌的影响力推广自己的产品；另一方面，城市品牌也可以依靠知名的老字号品牌来传播城市形象。2012 年 4 月 28 日，红螺食品正式入驻第一批“北京礼物”专卖店。北京良好而成熟的城市品牌能够引导消费者对老字号红螺食品产生正面的品牌联想，让红螺食品利用北京城市品牌提升自身的知名度，使城市品牌成为老字号品牌重塑的一个重要助力。

今天，红螺食品已建立起“北京土特产品第一品牌”的形象，在一定程度上成功地实现了现代转型。红螺食品正在努力保持这个优势，按照各方面顾客的需要，进一步推动品牌发展战略，与旅游等业态联手，积极探索新的营销方式，强化社会对自己产品的认知，主动顺应时代潮流，使“红螺”成为首都果脯市场的“首选”，成为海内外顾客认可的北京礼物，成为中华传统饮食文化和当代时尚生活方式的代表，巩固并不断提升自己的市场份额。

### （三）持续增强老品牌的创新经营与良性发展

英国《经济学人》杂志认为，大多数老字号属于旧经济时代的行业。[2] 作为一家具有多年果品生产经验的老字号企业，在沿袭百年古法制果技艺之上，红螺食品不断加强工艺与流程的标准化建设，强调果脯的品质与品级，严格检验、严格控制生产标准；以“营养、健康、绿色、安全”为目标，大力发展现代休闲食品，果脯口味与营养也随着现代健康饮食观的变化而不断调整。

“百年红螺长青，千载特产永兴”，是红螺食品多年来的发展使命。为弘扬老北京文化，主动担负起扶植民族小吃的历史重任，对“老北京小吃十三绝”进行改良，在传统京味产品的基础上注入现代元素，全力打造出老北京风味的

[1] 所谓接触点，是指所有的企业和品牌，能够与预期目标消费群体（包括实际消费者和潜在消费者），可能发生接触的所有结合点，如广告、公关活动、卖点货架等。

[2] J. Collins. The world’s oldest companies: The business of survival [J]. *The Economist*, 2004 (2).

新北京特产。

改革开放以来，红螺食品坚持源于北京、立足中国、放眼世界，在不断拓展经营销售渠道下了很大的功夫，现在已拥有一个健全的营销体系，网络覆盖面广。随着“深耕渠道”工程的推进，目前已经建立起集直营、联营、专卖店、加盟店、电子商务于一体的营销网络体系，在全国各大商场、超市建有销售专柜500余个，零售批发网点7 000余个，建立红螺专卖店几十个。目前，其产品的销售额、市场占有额、出口量及出口金额，在北京同类产品中排名均为第一位，在全国同类产品中也名列前茅。

在今后的发展中，红螺食品应该注重工艺的沿袭与升级、口味的传承与改良等方面，继承并不断发展自己的优良传统，推动果脯加工工艺的现代化、果脯品种的多样化、产品质量的标准化、核心产品的绿色化，始终保持自己在业内的领军地位，不断提升企业的核心竞争力，坚持锐意进取，使百年老号永远充满活力。

## 五、结　语

百余年来，红螺食品的品牌发展经历了三个主要阶段。第一阶段的时间为1909—1981年，其标志性的事件是1909年聚顺和果脯店铺的诞生。期间虽然有很多变化，但是这些变化与品牌的关系较小。第二阶段的时间为1982—2005年，其标志性的事件是1982年确定“红螺山”牌为果脯注册商标，不再使用聚顺和商号名称。这在红螺食品品牌发展历史上是一个里程碑式的事件。此阶段为第一次品牌重塑时期。第三阶段的时间为2006—2016年，其标志性的事件是2006年北京红螺食品集团、北京市果脯厂同时顺利完成转制（其中，由企业内部职工持股成立了北京红螺食品有限公司），给老字号企业注入了新鲜血液，进入了一个崭新的发展阶段。接着，2011年完成了红螺食品历史文化探源，企业品牌也进入了一个新的发展阶段。至此，经过第二次品牌重塑之后，企业的整体品牌叫“红螺食品”，而不是“红螺山”牌果脯。

红螺食品一百多年前源自聚顺和，经过1982年以来“红螺山”“红螺食品”两个阶段的品牌重塑，充分挖掘和利用了老字号品牌所具有的显性元素和隐性元素，采取了三种品牌重塑策略（不断重塑老字号在消费者心目中的地位；借助城市品牌，对老字号进行重塑；持续增强老品牌的创新经营与良性发展等），因此，在当今竞争激烈的市场格局中，红螺食品获得了新的竞争优势，取得了新的发展。

# 第4章　“老字号的现代转型”专题研究

## 传承与发展：老字号企业创新研究

张继焦　柴　玲　黄　莉　尉建文[1]

**摘　要：** 创新是企业的生命线，只有不断创新，企业才能保持旺盛的生命力。作为我国商业文明发展的重要代表，老字号企业面临着严峻的创新挑战。本文基于老字号创新相关文献资料，对老字号品牌创新、技术创新、营销创新以及管理创新的现状、影响因素和创新经验进行系统的总结和梳理。总体而言，老字号企业普遍缺乏创新，其原因涉及企业自身和外部环境等多种因素，但也有少数老字号企业积极实施创新探索，开拓了发展新局面，为老字号企业创新提供了有益的经验参考。

**关键词：** 老字号企业　品牌创新　技术创新　营销创新　管理创新

### 一、引　言

中华商业文明历史悠久，源远流长。不少民族品牌历经百年沉浮，在商场的大浪淘沙中生存下来，六必居酱菜、全聚德烤鸭、同仁堂药材、一得阁墨汁等更是成为我国商业文明发展史中熠熠生辉的明星品牌。然而，目前我国老字号的发展普遍面临重重挑战。从全国范围来看，为数众多的老字号企业中有所发展的老字号企业占比不到10%，能维持正常经营的约占70%，大约有20%的老字号企业经营困难，

---

[1] 供职单位分别为中国社会科学院、中央民族大学、中央财经大学、北京师范大学。

已经濒临破产。2004年北京认定的老字号有320个，到2014年仅剩下151个，不少老字号在市场竞争中被淘汰。从世界范围内来看，我国全部1 000多家历史悠久的老字号企业的营业利润之和不敌宝洁、可口可乐、杜邦等13家平均存在年份仅148年的国外老字号企业中的任何一家，而且，把全国1 000多家老字号的营业收入加起来也比不上这13家国外老字号企业的任何一家。因此，探究老字号的继承和发展的问题对于保护中国悠久的商业文明和开发中国传统商业的经济价值具有极为重要的现实意义。

研究发现，相比于国外老字号的不断推陈出新，我国老字号长期以来缺乏与时俱进、锐意进取的精神，“创新之后就不是原汁原味的老字号了”的理念根深蒂固。然而，正是这种故步自封、坚持“酒香不怕巷子深”的守旧思想，使得曾经辉煌一时的老字号品牌逐渐失去了优势。世界上众多基业长青的老字号企业一再用其历史经验证明，创新力是老字号长盛不衰的不二秘诀。熊彼特的创新理论认为，创新就是建立一种新的函数关系，即创新强调对生产要素进行重新组合。营销、品牌和管理等因素是导致我国老字号企业发展陷入困境的关键要素。现有相关研究主要从品牌创新、技术创新、营销创新以及管理创新等方面对老字号企业的创新现状、创新经验以及创新模式进行深入广泛的探讨。本文通过对现有研究老字号企业创新的相关文献进行梳理，总结我国老字号企业发展中的经验和教训，探讨老字号企业在传承与创新之间何去何从的问题。

## 二、品牌创新：老字号创新之首要任务

老字号有着现代企业品牌无法比拟的悠久历史文化底蕴和别具一格的商业文化，但传承历史悠久的品牌价值，绝不意味着墨守成规、一成不变。品牌是企业极为重要的无形资产，是企业在竞争中获取优势的根本所在，但即使是最显赫知名的品牌也时刻面临着衰老甚至消失的风险。在激烈的市场竞争中，顽固坚持“皇帝的女儿不愁嫁”的保守思想，不善于与时俱进满足消费者日益变化的需求而最终致使品牌呆滞、老化，是导致老字号企业品牌资产流失或贬值，甚至深陷发展困境的重要根源。

### （一）老字号品牌创新现状

研究普遍认为，我国老字号企业缺乏品牌经营意识，在品牌维护上存在诸多

不足，品牌创新相对滞后。从品牌经营意识来看，多数老字号领导者的经营理念依旧停留在产品生产和产品销售方面，缺乏成熟的品牌理念，对品牌建设缺乏充分的认知，从而导致企业形象传统呆板，给人以“老古董”的刻板印象。从品牌维护意识来看，我国老字号企业商标注册的范围过于狭隘，为一些同类企业或同类商品留下了钻空子的余地，一些不良商家推出的假冒伪劣商品严重损害了老字号品牌形象。如老字号品牌王麻子剪刀由于不善于品牌保护，导致制假王麻子剪刀的厂家达数十家，产量达到老字号品牌王麻子的 3 倍。假冒伪劣导致王麻子品牌受到冲击并最终破产。从品牌延伸和创新来看，13 家北京老字号中有 9 家从始至终经营同一种或同一类产品，仅有 4 家进行过品牌延伸和品牌扩展，而国外 13 家老字号企业中进行过品牌延伸和品牌更新的企业达到 12 家。

### （二）影响老字号品牌创新的因素

影响企业进行品牌创新的因素众说纷纭，目前学术界主要从企业内部因素和外部环境两个方面进行探讨。企业品牌创新的内部影响因素主要包括所处地理区位、所属行业以及经营状况等因素。政府政策导向、市场竞争状况和消费群体的需求等是主要的外部影响因素。

研究表明，不同的区域有其特殊资源，一定区域内隐性知识的传播和知识的外溢只能在地理、文化接近的区域内发生，因此企业的创新活动具有地域性特点。品牌创新与企业所处地域的经济发展水平显著相关，北京、上海、天津的品牌创新潜力显著高于其他地区，广东、江苏、北京的品牌创新能力远远强于其他地区，而青海、宁夏、海南等地的品牌创新能力与其他地区有着显著差距。研究也发现，企业经营状况与企业的创新能力之间呈现正相关关系，然而经营状况越好的企业在消费和客户导向方面的创新反而越少。

从政府层面看，政府从税收、法律等方面为企业品牌创新提供良好的政策环境。以鹤年堂和同仁堂为例进行研究发现，与政府保持强关系是同仁堂得以发展壮大的重要推力，而未得到政府支持则是鹤年堂从最具影响力的医药企业沦为不知名的“丑小鸭”的导火索。消费观念和生活方式随着社会发展而发生日新月异的变化，可口可乐等国际知名老字号不断进行品牌创新，虽历经百年沧桑却依然给人“年轻有活力”的印象，而一个逐步老化的品牌更容易被消费者忽视或忘记从而导致产品失败。因此，老字号企业必须关注消费者的需求，不断通过品牌创新维持自身品牌对消费者原有的影响力，才能基业长青。

### （三）老字号品牌的创新策略

树立品牌意识、不断更新品牌经营理念是改变老字号品牌发展滞后的重要方向。不少研究已经关注到作为我国民族工商业历史发展长河中的璀璨明珠的老字号企业的发展困境及其创新策略。具体来看，相关研究基于传播、产品和组织的视角，分别从提升品牌形象、进行品牌延伸和加强品牌管理对老字号品牌创新策略进行探讨。

基于传播视角的研究认为，重新思考并更新品牌外在形象、成立得力的工作小组是重振老品牌的两大重要策略。品牌老化与品牌形象息息相关，企业需要适时从品牌名称、标识、产品、代言人等多方面更新品牌外在形象、推动品牌传播来推动品牌创新。基于产品视角的研究认为，大量处于劣势地位的老字号企业需要通过品牌延伸来实现品牌复兴。品牌延伸对于品牌发展具有正向促进作用，品牌声望高且产品相似性高的老字号适合延伸到与现有品牌相近的产品，品类复杂多样的品牌可以延伸到更广泛种类的产品。基于组织视角的研究认为，长期品牌管理是激活品牌的重要策略之一。经验表明，希望取得成功的企业都必须把品牌管理放在组织的核心地位。

## 三、技术创新：老字号创新之重要保障

### （一）传统工艺是老字号的法宝

不少老字号企业都有自己的一套世代相传的独门绝技，这种独特工艺已经成为老字号企业的核心竞争力。如同仁堂坚持采用秘制技术，采用制造宫廷用药的高标准，“炮制虽繁，必不敢省人工；品味虽贵，必不敢减物力”，为同仁堂这一品牌赢得了良好的口碑。大多数老字号亦是如此，在其漫长的历史发展过程中形成了独一无二的技术和工艺，这些靠长期的手工操作经验形成的祖传秘方成为老字号的立命之本，在世代相传中日臻纯熟。如内联升的千层底布鞋、全聚德的烤鸭、王致和的臭豆腐、砂锅居的京味白肉等，由于技艺精湛且独一无二，成为招揽生意的重要法宝。

### （二）老字号需要技术创新

随着时代进步和市场多元化发展，靠血缘或师徒关系手手相传的技术工业使得老字号技术传承的连续性受到挑战。首先，老字号企业以传统手工工艺为核心的技术，标准化程度不高，严重限制了经营规模的扩大，如内蒙古小肥羊的连锁店一度达 720 多家，成为仅次于百胜餐饮集团的餐饮佼佼者，但是由于技术难以标准化，在产品生产过程中面临技术标准化执行的困难，在 2003 年年底，小肥羊停止了连锁加盟，连锁店面也减少至 350 家。其次，老字号独特的技术一般都是人工操作的手工技艺，这种手工技术发挥的水平极为不稳定。即使同一个厨师用同样的材料制作的菜肴都会有不同的味道，从而使得技艺传承和标准化生产难以实现。此外，我国老字号企业普遍具有规模小的特点，经济实力不强，因此对技术和设备的投入也相对较少，缺乏开发现代技术体系的能力，导致我国老字号技术创新能力不足，难以满足消费者多元化的需求。因此，进行技术创新、增强核心竞争力已经成为我国老字号企业进一步发展的必然选择。

### （三）老字号技术创新的经验

老字号传统的技术工艺与先进技术和设备相结合将会为老字号企业经营发展注入新的活力。目前，老字号企业的技术创新主要从产品生产多元化和产品生产多样化两个方面展开。一方面，少数老字号企业已经开始摸索新的技术来更新产品清单。如北京老字号盛锡福的皮帽制作紧跟时代步伐，坚持与时俱进使其技术设备保持第一流的水准，并且聘请技师精心研究以创新样式，引领时尚风潮。另一方面，老字号企业从生产设备的技术着手，研发能够促进产品生产标准化的技术。如著名老字号全聚德开发出采用先进软件控制技术的新型电烤炉，将烤炉租给各个加盟商，使得各个分店和总店能烤出品质口味一样的烤鸭，这样既实现了产品标准化生产，又比传统烤炉更有利于保护环境，同时也保护了老字号全聚德的核心技术和专利。

## 四、营销创新：老字号创新之重要途径

营销是促进企业发展壮大的重要手段，是企业的生命线。正所谓“货好还需

勤吆喝”，企业要不断发展，必须与时俱进，经常开展适时的营销创新活动。营销创新是企业战略创新不可或缺的重要部分，代表着企业为利益相关者创造新的价值和财富，同时削弱企业外部竞争者的能力。进行营销创新已经成为改变老字号企业当下普遍面临的困境的不二选择。

### （一）老字号营销创新现状

现有研究普遍认为，我国老字号企业缺乏营销意识，营销创新更是无从谈起。老字号企业这种普遍存在的保守现状已经成为制约老字号进一步发展的巨大障碍。经营惨淡、生意冷清已经成为大部分老字号企业面临的共同问题，中华老字号企业这道靓丽的风景线面临着严峻的生存和发展困境。以拥有 475 年发展历史的酱菜制造代表六必居为例，其年销售额在扣除税费和上缴利润后仅为3 400多万元。研究发现，质量上乘、技术先进的产品遭遇市场冷遇以至于销售业绩糟糕的事例不胜枚举，而导致这种尴尬境地的关键在于一些企业依然沿用着传统陈旧的营销模式，没有因时制宜建立一套新型的企业营销模式。

但也有少数老字号企业已经意识到营销在企业战略中的重要地位，开始尝试新型的营销策略，取得了引人注目的成果。如医药行业的老字号企业同仁堂，放弃了“只此一家，别无分店”的“坐商”思维，积极走出去开展营销创新活动，加大营销网点和连锁门店的建设，如今，在其落地的 9 个海外地区几乎都成了最大的药店，既坚守了一贯秉持的“同修仁德，济世养生”的理念，又进一步扩大了企业在市场中的影响力，提高了市场占有率，堪称老字号企业营销创新的典范。

### （二）影响老字号营销创新的因素

影响老字号进行营销创新的因素纷繁复杂。企业内部自身因素包括所处地理区域、行业、企业制度和体制等方面，外部环境因素包括市场竞争状况和消费者两个方面。

从企业的基本特征因素上看，企业的发展受到地理地域的限制，老字号企业在漫长的发展历史中已经有了深深的地方烙印，而我国幅员辽阔、地域差异大，因此，老字号企业在搞连锁营销时必须考虑地域风情差异。其次，我国的老字号企业行业分布极为广泛，而在不同的行业，消费者的需求也不尽相同，如小吃适宜在市井生活中发展，而高档餐饮、茶叶等则有不同的市场空间，因此要根据行业差异采取差异化的营销创新策略。企业制度是影响企业发展的重要因素，我国老字号企业中有不少是家族企业或者国有企业，至今仍然采取传统的营销管理模式，尚未形成现代企业的经营思想，体制因素已经成为老字号企业开展创新的障碍，老字号企业必须加快产权多元化进程，尽快从僵化的体制中解脱出来。

从企业所面临的市场竞争状况来看，目前我国老字号企业面临着更为严峻的竞争环境，在许多外来品牌的冲击下，很多老字号企业在残酷的竞争中已黯然离场。老字号企业显出为盛名所累的迹象，没有积极创新以求发展，反而普遍固守“酒香不怕巷子深”的理念，忽视与消费者之间关系的维持，营销意识淡薄，营销创新更是无从谈起。研究发现，消费者满意能够产生积极的营销效果，对于老字号而言，经过漫长的历史发展过程，老字号一直以来深受消费者的认可，恰恰可以利用人们的怀旧情绪进行营销，来促进老字号品牌的复兴。

### （三）老字号营销创新的对策

随着时代的变迁，消费者的消费观念已经发生了天翻地覆的变化，他们不再局限于关注商品的使用价值，而是开始更多地关注商品附加值。老字号企业要在如此复杂多元的市场环境下生存并发展，就必须改变过去传统的营销模式，不断探索营销创新的方略。

产品、目标市场以及沟通是进行营销创新的三大要素。首先，老字号企业必须重新进行市场定位。在进行充分的市场调研的前提下，分析自身的竞争优势和劣势，研究进行重新定位的必要性和可行性，进行市场细分以确定目标客户群体，必要时对原有的目标市场加以改变或扩大。比如，经验研究发现，一些消费者希望大白兔奶糖保持其原有的特色，但是另一些消费者表示希望尝试多样的大白兔产品。其次，老字号企业必须对企业产品进行多元化推广。随着社会信息化发展，传统依靠口耳进行的口碑传播已经不足以支撑老字号进行产品营销，因此，老字号企业必须灵活运用电视、网络、手机等多种媒介进行品牌传播达到产品营销的目的，如吴裕泰编制电子杂志《茗鉴》、举办春茶节，瑞蚨祥举办丝绸文化展览和唐装表演，荣宝斋建立工艺坊进行现场技艺表演等。最后，老字号企业必须探索现代业态。如同仁堂和全聚德等通过上市增强了经营实力，张一元和吴裕泰等通过增加连锁、加盟店以及网络直营店等进行营销推广。

## 五、管理创新：老字号创新之内在动力

老字号企业之所以能在漫长的历史进程中经历岁月的洗礼得以生存和发展，离不开一套严格的管理制度，具体来说包括财务、人事、服务、产品质量等方面的管理。正是靠着这些制度，老字号才能由最开始的家庭作坊，从小到大一步步向前发展。可以说，企业管理是规范和促进老字号发展的重要因素。

### （一）老字号管理创新现状

重视对企业员工的管理是使企业长久发展的基础。由于老字号创始之初创始人的身份和背景较为复杂多样，因而对老字号企业的管理方式也各不相同，但是基本上都依据现实经验形成了一定的规章制度，如瑞蚨祥对员工的一言一行、穿着打扮、人事任用、财务收支等大大小小的方面都制定了较为完善的规定，这些规定在企业创建初期起到了重要作用。但是，尽管我国我老字号企业也在探索中不断根据实践经验逐步完善企业的规章制度，但是依靠经验进行管理的方法缺乏科学管理的成分。研究认为，产品老化和技术落后背后的根源在于知识老化与知识管理不力。

随着时代的进步和市场经济的发展，老字号原有的管理模式已经无法满足老字号企业进一步发展的需要。尤其在新中国成立经历国营化阶段后，不少老字号至今仍沿用计划经济时期的企业管理体制，没有与时俱进地引进现代企业生产管理模式，导致企业经营缺乏活力。对餐饮企业进行的研究发现，西安老字号老孙家泡馍掌门人经常被一些非经营性的事务所累，国有企业管理僵化，酝酿多年的企业改制问题始终未能提上政府议程。在现有的企业经营管理机制下，老字号企业经营者常常繁忙疲惫，为体制所累而缺乏制度创新动力。老字号企业面临着传统手工作坊生产方式和新型经营理念要求的巨大反差，老字号的经营者在这种巨大的差别中彷徨，试图寻找新的出路。因此，在新的内外部环境中，企业应当采用新的管理理念和方法来变革企业的管理模式，促进企业的综合竞争力的提升，即实行管理创新。

### （二）老字号管理创新的方向

管理创新主要包括管理观念和管理制度两个方面，引进现代企业的管理方式

和理念，既要对自身的文化资源进行创新性挖掘，努力将老字号得天独厚的文化资源转化为经济效益，也要建立科学合理的企业治理结构，促进企业的管理向制度化和科学化发展。

1. 实施管理知识化建设

当今企业竞争的重点不再是物质资本的竞争，而是知识资本的竞争。老字号企业必须实行知识管理战略，提升企业的知识资本和文化形象。建立一套完整的鼓励员工积极学习的制度。必须强化以人为本的管理理念，建立和培养一支强大的管理队伍，这是使企业在激烈的市场竞争中立于不败之地的重要原因。同时，员工是企业面向客户的一个窗口，员工的工作表现直接关系到客户对企业的评价，必须强化对员工进行人性化管理。

首先，企业必须塑造有利于进行知识管理的企业文化，将企业文化作为一种经营管理手段贯穿企业经营的全过程。其次，建立良好的知识管理制度和环境，加强对员工进行知识培训，建立企业内部学习交流平台，建立健全知识管理反馈机制。老字号企业管理层必须转变传统管理理念，充分利用企业文化资源优势，以知识管理和创新为核心。

2. 实施管理信息化建设

信息化，是指企业利用计算机技术，优化配置企业资源，使企业的管理和运营规范化、系统化、科学化的一系列举措。经验研究发现，我国老字号企业，尤其是医药、食品等行业的管理信息化建设已经取得一定进展，但是水平相对较低。目前，仅有少数报刊就全聚德、稻香村、同仁堂等老字号企业的管理信息化进行过相关报道，并且没有搜索到从老字号企业的角度讨论企业信息化建设的相关研究文献。可以说，围绕老字号企业进行企业信息化建设以及老字号企业信息化建设影响因素的专门研究还是空白。

总而言之，我国老字号历史悠久，在品牌、技术、营销和管理等方面有着丰富的传统和实践经验，但是随着经济发展和社会日益多元化，传统经验已经不能满足老字号企业日益发展的需要，老字号企业必须从创新中寻求出路。尽管已有少数老字号开始探索局部创新，但是目前我国大多数老字号依然秉持传统、墨守成规，普遍缺乏创新已经成为制约我国老字号进一步发展的主要障碍。因此，老字号要更好地继承和发展，就必须从品牌、技术、营销和管理等方面进行创新，寻求突破。

## 参考文献

[1] 许敏玉，王小蕊．中华老字号品牌发展瓶颈及对策 [J]．企业经济，2012（1）．

[2] 张宇，祁雪燕，王信东．北京老字号品牌策略研究 [J]．企业经济，2015（6）．

[3] 郑星，张荣齐．中外强势老字号品牌比较研究 [J]．山西财经大学学报，2010（S2）．

[4] 张继焦，李宇军．中国企业都“富不过三代”吗？——对“老字号”企业长寿秘诀和发展前景的社会学分析 [J]．思想战线，2012，38（4）．

[5] 贺爱忠，彭星闾．中华老字号企业复兴的关键：创新力与控制力的动态统一 [J]．商业经济与理，2005（1）．

[6] 尉建文，刘波．“老字号”企业技术创新影响因素的实证分析 [J]．广西民族大学学报（哲学社会科学版），2015（2）．

[7] 李诚．影响老字号发展的关键因素分析 [J]．商业时代，2008（19）．

[8] Lehu J. Back to life! Why brands grow old and sometimes die and what managers then do：an exploratory qualitative research put into the French context [J]．Journal of Marketing Communications，2010，10（2）．

[9] Keller K L. Managing Brands for the Long Run：Brand Reinforcement and revitalization strategies [J]．California Management Review，1999，41（3）．

[10] 冷志明．“中华老字号”品牌发展滞后原因及其对策研究 [J]．北京工商大学学报：社会科学版，2004，19（1）．

[11] 王成荣．老字号的历史传承与品牌创新 [J]．时代经贸，2006，21（4）．

[12] 陈金勇，汤湘希，金成隆．区域、自主创新与企业价值 [J]．山西财经大学学报，2014（3）．

[13] 石忆邵，蒲晟．中国品牌的地域差异及品牌创新能力评价 [J]．经济地理，2009，29（11）．

[14] 尉建文，黄莉．“老字号”企业品牌创新及其影响因素 [J]．广西师范学院学报（哲学社会科学版），2016（1）．

[15] 郎益夫，周荣，喻登科．基于企业与政府互动的自主品牌创新能力提升路径与政策分析 [J]．科技进步与对策，2010，27（9）．

[16] 张继焦．从企业与政府的关系看“中华老字号”企业的发展——对鹤年堂、同仁堂的比较研究 [J]．思想战线，2013，39（3）．

[17] 卢泰宏，高辉．品牌老化与品牌激活研究述评 [J]．外国经济与管理，2007，29（2）．

[18] Brown D. Breathe New Life Into Your Old Brand [J]．Management Review，1992（81）．

[19] Berry N C. Revitalizing Brands [J]．Journal of Product & Brand Management，1992（3）．

[20] 周懿瑾，卢泰宏．品牌延伸反馈响应研究评述 [J]．外国经济与管理，2008，30（10）．

[21] 陶骏，李善文．“中华老字号”品牌复兴：品牌延伸及反馈 [J]．经济管理，2012（2）．

[22] Yakimova R，Beverland M. The brand-supportive firm：An exploration of organisational driv-

ers of brand updating [J]. Journal of Brand Management，2005，12 (6).

[23] 王天佑，张威，马鹏. 我国“老字号”中餐企业知识管理战略 [J]. 浙江工商大学学报，2007，87 (6).

[24] 潘希颖，伍青生. 文化营销——我国老字号企业振兴的新选择 [J]. 价格理论与实践，2005 (10).

[25] 李宇军，张继焦. 中国“老字号”企业的经营现状与发展前景 [J]. 广西经济管理干部学院学报，2014，26 (4).

[26] 张永，张浩. 中国老字号企业连锁经营模式研究——以全聚德为例 [J]. 管理学报，2012，9 (12).

[27] 舒瑜. 老字号的技艺传承——以北京“盛锡福”皮帽制作为例 [J]. 西北民族研究，2013 (2).

[28] 罗颖. “老字号”餐饮企业现状分析和战略选择研究——以郑州市“老字号”为例 [J]. 经济经纬，2010 (4).

[29] 李建州. 从营销视角看餐饮老字号振兴 [J]. 商业时代，2006 (13).

[30] 王增利，樊秦，梅雪莹. 老字号食品企业营销策略 [J]. 中国农学通报，2009，25 (4).

[31] 张德鹏，董洁，何磊. 企业营销创新的主要障碍 [J]. 科技进步与对策，2001，18 (11).

[32] 王克稳，徐会奇，栾惠洁. 基于消费者怀旧的中华老字号品牌营销 [J]. 北京市经济管理干部学院学报，2010，25 (3).

[33] 李明武. 中华“老字号”的创新方向 [J]. 区域经济评论，2003 (6).

[34] 张继焦. “老字号”企业营销创新影响因素的实证分析 [J]. 广西师范学院学报：哲学社会科学版，2016 (1)：6-12.

[35] 白长虹，廖伟. 基于顾客感知价值的顾客满意研究 [J]. 南开学报（哲学社会科学版），2001 (6).

[36] Brown S，Kozinets R V，Sherry J F. Teaching Old Brands New Tricks：Retro Branding and the Revival of Brand Meaning [J]. Journal of Marketing A Quarterly Publication of the American Marketing Association，2003，67 (3).

[37] 何佳讯，秦翕嫣，杨清云，等. 创新还是怀旧？长期品牌管理“悖论”与老品牌市场细分取向——一项来自中国三城市的实证研究 [J]. 管理世界，2007 (11).

[38] 蔡祥军，薛冰. 老字号传统经营理念探析 [J]. 齐鲁学刊，2009 (2).

[39] 王天佑，王碧含. 基于顾客购买意向的老字号餐饮企业知识管理战略 [J]. 商业研究，2009 (2)：166-170.

[40] 苑雅文. 老字号企业的管理创新路径探析——从竞争优势到综合竞争力 [J]. 经济界，2013 (3).

[41] 刘希宋，杨铭铎，邵雯，等. 老字号的品牌效益与品牌管理 [J]. 商业时代，2006 (3).

[42] 吴燕芳，葛佳英，李晗，等. 老字号餐饮企业品牌的创新管理——以湖州餐饮老字号为例 [J]. 特区经济，2013 (2).

［43］王娜. 中华老字号的品牌管理［J］. 经营管理者，2009（23）.

［44］张宇，祁雪燕，王信东. 北京老字号品牌策略研究［J］. 企业经济，2015（6）.

［45］柴玲，刘盎然，张思思. “老字号”企业信息化建设及其影响因素［J］. 广西师范学院学报（哲学社会科学版），2016（1）.

# “伞式社会”与老字号发展：以百年老字号王老吉为例

黄葆荣 陈 鸣[1]

**摘要**：“伞式社会”理论是张继焦教授在研究中国社会经济转型下所提出的新概念，也是企业人类学的一次重大突破。运用“伞式社会”理论研究老字号企业，是企业研究的一次新突破，本文选取百年老字号王老吉为研究样本，探究其历史发展与企业现状，以“伞式社会”分析老字号王老吉的成功之道，并为其今后的发展提出可行性建议。

**关键词**：企业人类学 “伞式社会” 老字号王老吉

## 一、企业人类学介绍与“伞式社会”模式理论

企业人类学是我国知名学者张继焦领头创立的人类学前沿学科，其研究领域是以我国的企业为主，服务于我国企业的经济性目的与企业文化，可谓是一门立足本土、服务本土的人类学新前沿科学。张继焦在多篇关于企业人类学的渊源介绍中都提及，该学科的前身由美国、日本、中国等多个国家的学者共同致力研究，历经工业人类学、组织人类学、经营人类学、工商人类学等学科的发展，2009年其在《杭州师范大学学报（社科版）》中刊登的《企业人类学：作为一门世界性的前沿学科》，是第一篇冠名企业人类学的论文。

[1] 供职单位：广东技术师范学院。

### （一）国外研究发展综述

从时间维度来看，工业人类学是人类学涉足于经济社会的第一次尝试，可谓企业人类学的鼻祖。其中最早、最著名的是美国芝加哥西部电器工厂的霍桑实验，实验开始只是研究物理环境对劳动生产率的影响，后来深入为士气与监管之间的关系，最后为企业社会组织的研究。其过程由最初的经济管理研究深化为人类学、心理学的研究。

由 D. Douglascaulkins 和 Ann T. Jordan 撰写的一本组织人类学著作介绍了组织人类学，该学科源于 20 世纪的八九十年代，到现在已经相对成熟。这 20 年以来有两个主要发展趋向，其一是越来越多的人类学家加入了更广阔的研究领域；其二是在人类学研究中全球化越来越重要。1997 年保罗·贝特在《组织人类学研究回顾》一书中总结了组织人类学的研究方法：田野调查、研究范例、叙述法，这些都是有别于管理学的研究方法。从“组织”一词中可以看出组织人类学与工业人类学、工商人类学、经营人类学之间的差异。总的来说，企业是一种组织，因此大批研究组织人类学的学者会以企业为研究对象，然而组织不仅仅是企业，政党、民间组织和非营利组织机构也是组织。对此，组织人类学家在同类学科中的研究范围更广，对社会组织，甚至一些无人问津的组织也可以对之进行研究，从而挖掘更深入的问题。

在国外的经营人类学研究中，以日本的人类学家最为突出，中牧弘允、日置弘一、八卷惠子、晨晃（日籍华裔）等分别对企业文化的传统渊源、航空公司的服务和中国零售市场进行研究。其中中牧弘允尤为突出，其专著《日本会社文化——昔日的大名，今日的会社》围绕日本株式会社展开研究。

关于工商人类学，国外也有众多的研究，Hamada. T 认为很多商业问题就是人类所造成的问题，当面对经济性商业行为时，人类学家可以为此解决很多组织性和可操作性的挑战和问题。Baba. M 和 A. Batteau 认为，现在商业人类学主要的研究范围是市场和消费者行为、组织理论与文化、国际商业（尤其是国际市场）、跨文化管理、跨文化交流等。其方法主要是通过人类学的方法，特别是通过撰写民族志的方式，例如：参与观察、非正式的结构采访和其他人类学的基本研究方法。

### （二）国内研究理论综述

2008 年是我国企业人类学的元年，两个重要的会议为企业人类学奠定了基础，分别是“企业人类学：实践与应用研究”座谈会和“企业人类学：中国——加拿大案例比较研究”座谈会。2009 年，张继焦教授撰写了第一篇冠以“企业人类学”的论文——《企业人类学的实证与应用研究》，初步框定了 12 个研究领域：企业组织、人力资源管理、消费者行为分析、产品设计、市场营销、广告宣传和沟通策略、企业文化、跨文化管理、国际营销中的跨文化适应、企业的社会责任、企业的地方性与群体性、一个新兴的群体——少数民族企业家等领域，随后又有增改，不断扩大与优化领域内容。

正如张继焦教授文中所言，范式是一学科的核心概念，企业人类学之所以是人类学的第四次革命，是因为范式革新。其一是升华到整体论的高度，即以李培林的社会结构转型理论为契机，企业人类学零散的企业个案研究拥有了上升为社会经济整体结构转变的宏观视角机会；其二是维度的广化，从传统的“对立一同化”的二分法扩展为“并联”的分析模式；其三是研究视角的更加合理化，突破了传统人类学家自下而上的研究视角，也兼顾了类似政府自上而下的视角模式，做到了两种视角的结合，从而能更客观、更全面地分析问题。

在国外的研究中，工业人类学、工商人类学、经营人类学等都有它们各自专长的研究领域和研究目的，而企业人类学则是这些学科的集大成者，利用人类学的视角兼顾企业的经济性和非经济性，增进企业家与企业研究者的交流，从而进一步打通经济性与非经济性的互动。然而在企业人类学中，经济性与社会性的权衡，张继焦教授认为后者为重。企业人类学的诞生，是一次中国本土化学术理论的崛起，人类学家把企业作为研究对象，能从中分析独特的现行中国社会文化现象，为经济学家和企业家提供视角新颖的发展途径从而增加利润、促进经济发展。然而，毕竟企业人类学只有几年的历史，处于上升阶段，在研究方法上有不足之处，例如过多的个案研究，而缺少有效的宏观总结；定性的研究分析过多，定量的数据分析过少。除了研究方法，还有研究不够成熟造成的空白，例如缺乏与国外的衔接、民族地区的项目、社会效益未得到充分挖掘、各种领域的企业仍有深入研究的空间、商业文化的研究，等等。

### （三）“伞式社会”模式理论

“伞式社会”模式理论指在属地经济和官本位体制下，地方政府与当地企业的关系依然是庇护与被庇护的“伞式”关系，在大大小小的各种庇护伞状结构下，当地的资源配置和经济社会发展表现出明显的“伞式社会”特点。张继焦教授经过对当前我国社会经济的分析，得出结论：虽然在市场经济的宏观环境下，我国经济水平得到飞速的发展，但是总体来看经济体制改革滞后，尤其是干部管理体制和计划经济时代相比差别不大，这为“伞式社会”模式带来了生存和发展的空间。他列举了海南兴隆华侨农场与“伞式社会”模式的关系和北京市政府与老字号全聚德和同仁堂的关系，总结出了“伞式”关系作为一种资源配置的另一只“看不见的手”，可能比企业的市场开拓能力更重要。

“伞式社会”理论自从在2014年发表以来，成了目前我国热门的研究各类企业的理论依托。晋阳饭庄也是张教授研究“伞式社会”模式的对象之一。他通过对晋阳饭庄发展历史的陈述，挖掘饭庄与政府和历史人物的关系，总结出了中央政府和地方政府对饭庄的成立、发展及宣传都给予支持，呈现出“父爱”般的庇护。除了晋阳饭庄的案例，还有老字号致美斋。他在“伞式社会”理论的框架下，研究了致美斋的资源配置途径，继而陈述了属于“伞式社会”的企业如何继续发展老字号企业提出建设性的设想，是“伞式社会”理论的一次深入探究。

## 二、老字号王老吉发展史

### （一）新中国成立前的崛起

岭南地处低纬度地带地区，自古多瘴气，夏季炎热且漫长，稍有不慎，便会染“上火”之症。由于我国劳动人民的创造，岭南地区早有以中药煮水以防止疾病、养生益体的习惯，最早的历史记录可追溯到东晋葛洪的《肘后备急方》，其中记录了一些应对岭南地区瘟病的常备药方，这便是凉茶的前身。王老吉的故事要从广东鹤山人王泽邦开始说起，他来到广州以后，选址通商口岸十三行中的靖远街。由于王泽邦医术高明，药材货真价实，疗效显著，并且解暑散火的功效对十三行的搬运工人而言实在是莫大的福音，因此“老老实实王老吉”的名声从清末开始口耳相传。讲王老吉的历史，必然谈及禁烟名臣林则徐。林则徐长途跋涉来到岭南，因舟车劳顿染上热病，无奈之际找到了王泽邦，王泽邦只开了一两个药方便药到病除，林则徐随后送上大铜葫芦以表彰其济世怀民、医术超群。王老吉的凉茶铺以靖远街为源头，分店越开越多，凉茶生意越做越大，无论香港还是海外，只要有华侨的地方就有王老吉的身影。20世纪初，随着老一辈的王老吉凉茶经营者的去世，来到香港发展的与留在广州的王老吉凉茶家族签订协议分家，各自经营，并约定“彼此不得侵越范围”。民国年间，香港王老吉参加了英国伦敦的产品展览会，成为国外热销一时的高档饮品，是中国第一批打出国门响当当的品牌之一。

### （二）新中国成立后的发展

经历了近代百年沧桑，企业能在夹缝中生存下来已是万幸，王老吉就是幸运儿之一。新中国成立后，经济开始复苏，中央开始筹划社会主义改造，王老吉成了广州市政府开启公私合营计划的受调研企业之一，这足以显示出王老吉在民族企业中举足轻重的地位。公私合营之后，政府代表黄辉[1]进驻王老吉药厂，在党的领导下，以王老吉药厂为主，合并了何天福、嘉宝栈、存仁堂等八家药业，组成王老吉联合制药厂，凉茶包的销售量也逐年递增，到1960年达581万包，比新中国成立之初高出了223%，可见在国家投入大量的人力、财力后，王老吉联合制药厂蒸蒸日上。但好景不长，由于"文化大革命"开始，王老吉与多家著名制药厂共同并入广州中药九厂，王老吉凉茶也变为广东凉茶，亏损接踵而至。在艰难的时刻，药厂的同仁坚持创新，推出了方便携带的凉茶精。1982年广州中药九厂改名为广州羊城药厂。药厂倾斜于旗下供不应求的保济丸、痰咳净等药物，凉茶的发展举步维艰。在广东人的眼里凉茶就等于王老吉，如此有价值的品牌记忆一旦丢失就追悔莫及。药厂的高管也心知肚明，于是开始着手重拾凉茶产业。第一步是在凉茶精的基础上加以改良，推出著名的广东凉茶颗粒，并冠名"王老吉"。果然，凉茶颗粒销量大增，重回药厂第一大销售品种，随后于1992年推出凉茶饮料。

到了20世纪末，讨论王老吉品牌必然要说到它的母公司——广药集团[2]，由于国企内部股权问题，王老吉的商标在国企内部易手。羊城药厂熟悉医药行业自然是毫无疑问的，然而对于刚刚推出的凉茶饮料却几乎束手无策，由于业务发展需要，出租王老吉品牌的意见占据上风。陈鸿道也顺理成章地以4.5%的比例给予商标使用费，合法租赁期到2010年5月。[3]在此期间，鸿道集团熬过了王

---

[1] 黄辉：归国华侨，于1944年参加抗日游击队，加入马来西亚共产党。她当时正担任广东制药厂的团总支书记，被组织通知以政府代表身份入驻私营企业王老吉药厂。

[2] 广州医药集团有限公司是广州市政府授权经营管理国有资产的国有独资公司，主要从事中成药及植物药、化学原料药及制剂、生物药、大健康产品等的研发及制造、商贸物流配送以及医疗健康服务等业务，是广州市重点扶持发展的集科、工、贸于一体的大型企业集团

[3] 广药集团与鸿道集团签订《商标许可协议》，约定：广药集团许可鸿道集团使用"王老吉"商标，范围为生产及销售红色罐装王老吉凉茶，期限自2000年5月2日至2010年5月2日。

老吉凉茶销售“不温不火”的七年，终于在成功的品牌定位和有效的广告宣传后，获得了骄人的佳绩。2010年之后，经过一番艰难的过程，王老吉收回了商标。为了专门发展老字号王老吉凉茶饮料，广药集团成立了广州王老吉大健康产业有限公司，并推出了“超吉+”系列活动，打造了连通线上线下的共生营销模式，开拓了年轻人的市场，销售业绩屡创佳绩。

## 三、“伞式社会”分析框架下的老字号王老吉

在中国目前社会经济结构转型中，运用“伞式社会”理论分析企业现状是目前学术界一热门创新点。因此，主要以“伞式社会”为理论依托来分析老字号王老吉在改革开放后的情况应该具有一定的企业发展启示和学术意义，可以为其他老字号企业或者具有一定历史的企业提供经验分析，从而促进该地区的经济发展和传承企业历史文化。王老吉自从诞生之初就有“伞式”般的庇护，从林则徐送大铜葫芦之时，便有了“伞式”的雏形。新中国成立后的公私合营中，在政府的安排下以王老吉药厂为主厂合并了其他八家药厂而成为王老吉联合制药厂，王老吉的品牌在此之间脱颖而出，因此在其自身品牌优良、成了属于人民的国有资产后，政府有意无意间为王老吉撑起了各式各样的“伞”。

### （一）地方政府对国有资产、老字号的“伞式”保护

最大的一把“伞”是地方政府对国有资产、老字号的重视。我国的经济制度是以公有制为主，多种所有制共同发展，可见公有制的国有资产在我国经济中具有举足轻重的地位。国有资产代表的是人民的财产，对于国家医疗、教育、国防等公共事业来说是主要税收来源，掌握着国民经济的命脉，因此国家必须予以保护，以防国有资产流失。老字号是我国的历史文化遗产，代表了一个地方的文化特色，老字号的传承是中华优秀文化得以发展的重要因素之一，国家对此予以足够的保护。这在王老吉与加多宝的商标之争中，展现得淋漓尽致。

广州市委、市政府，广州市国资委一直高度重视老字号王老吉的发展，早在2004年，市委、市政府就对羊城药厂发出重要指示，即与外资合作必须依足法规，切实保护国有资产，并做好其保值增值的工作。2010年，有效合同到期之时，广药集团面临着选择，继续合作还是不合作，还是分歧过大必须诉诸法律。到了面临商标之争时，市委、市政府多次强调要依法处理好商标纠纷，对存在的

问题依法追究法律责任，并与广州市国资委、市检查局组成专项处理王老吉案件的小组督办相关工作。最终，王老吉收回了商标。

王老吉之所以可以收回商标，重要的是得到了国家的制度保障，即对国有资产和老字号的保护。国家提供了关键的制度保障，正如一把大伞，使得老字号王老吉避免了来自市场激烈竞争中的各种恶性侵害，让竞争者无法凭借非法手段得到好处。除了制度的保障，广州市政府也给予了无形的声誉援助，包括市领导多次莅临指导、对成功收回商标的赞许以及对王老吉企业优秀个人的表彰等，这是其他凉茶行业竞争对手所缺乏的。正是这些无形的保障，使得消费者对产品放心，王老吉的销量得以不断创新高。

### （二）广药集团对旗下子公司的“伞式”保护

广药集团收回老字号王老吉商标后，许下五年销售 300 亿元、2020 年销售 600 亿元的豪言壮语，为红罐凉茶以及王老吉相关产业的发展创立了广州王老吉大健康产业有限公司（下文简称王老吉大健康）。王老吉大健康成立之初无生产厂商、无销售渠道、无销售团队，此时母公司广药集团提供了至关重要的援助。资金层面有来自广药集团 1 000 万元的注册资本划拨，随后还压缩集团其他开支来保证其资金的流动性；面对原材料供应难题，广药集团抽调了集团内部各企业的医药原材料以优先保证王老吉大健康的需要；为了应对王老吉大健康成立之初人手不足的情况，广药集团抽调了来自各地的集团精英和骨干，集团总经理、副董事长、党委书记陈矛于 2013 年 11 月兼任王老吉大健康董事长。

广药集团是广州市政府授权管理国有资产的国有独资公司，王老吉大健康受到的来自广药集团的“庇护”即可以运用“伞式社会”的理论来进行分析。“伞式”保护主要体现在广药集团对王老吉大健康的要素支持和援助，其中包括资金、人力资本、原材料等。生产要素是经济学分析中经济发展的基本条件，也是分析企业发展的基础，没有生产要素就没有运营、销售和收入，更没有利润。广药集团在王老吉大健康最困难的时期给予了基本要素的支持，为王老吉大健康日后的发展奠定了坚实的基础，当然也为老字号王老吉品牌的保护以及发扬光大提供了物质保障。王老吉大健康作为老字号品牌的载体，成功完成为国有资产保值增值的任务，并对老字号王老吉这个非物质文化遗产的传承做出了巨大贡献。

### （三）国家科研机构、人员对王老吉的“伞式”保护

人们都看到了王老吉悠久的历史文化要素，却很少有人看到王老吉的科研创新能力。从大碗水凉茶到今天的凉茶植物饮料，每一步的技术突破、每一次包装形态变化，都伴随着技术的革新。除了王老吉科研人员自强不息、勇于创新外，国家科研部门以及高校也多次提供技术援助，其中最著名的是国家 863 计划中的科研成果——“长期饮用王老吉凉茶可延长动物寿命”，表明其对人身体的健康有积极作用。2006 年，广药集团与中国工程院院士姚新生领衔的暨南大学中药及天然药研究所合作，以科学的角度证明王老吉凉茶的“泻火”功效，以此证明“怕上火，喝王老吉”是有科学根据的。国家、高校科研机构与科研人员站在学术与科技的中立角度，对凉茶进行研究，在有效发扬中药传统智慧之余，推进我国科研实力的发展，这就在有意无意间为老字号王老吉的凉茶产品进行了一次次具有科学性的宣传。

科学创新已经成为今时今日不可或缺的进步力量，王老吉除了自身开拓创新精神可嘉以外，得到国家的科研支持也是不可忽视的，因此国家的科研援助可以视为“伞式”庇护中的一环，使得王老吉除了充分运用自身医药科研实力外，还可以得到政府、学术界的助力，虽说国家的科研实证是中立的，但是其对老字号王老吉的宣传力度，不亚于投资千万元的广告宣传。

“伞式社会”作为分析我国现阶段社会经济转型下的新概念，有别于计划经济时代政企同轨的模式，也有别于西方资本主义自由市场的自由竞争，可谓是一种新型的资源配置模式。虽然“伞式社会”分析下的国企、老字号企业在改革开放后都逐渐走上了自负盈亏的竞争发展道路，但是一些关系国民经济命脉的国企、承载着中国传统文化的老字号，它们的存亡发展已不是只关系到企业自身，而是上升到了国家、国家文化层面。老字号王老吉就是在“伞式社会”中的企业品牌，正是因为老字号王老吉品牌承载着岭南传统医药文化，是属于人民的国有资产，所以必须得到“伞式”的庇护，既包括国家的制度保护、法律保护和其中产生的无形声誉支持，还有来自有代表政府管理国有资产的母公司广药集团对王老吉大健康各种生产要素的支持，以及国家、高校科研机构和科研人员的间接支持。由此可见，“伞式”的庇护是为老字号王老吉进行资源配置的另一只“看不见的手”，有效地帮助老字号王老吉度过了困难的时期，并在此基础上屡创佳绩。

## 四、基于“伞式社会”下的老字号王老吉对策分析

以“伞式社会”理论来分析我国现代企业，不得不谈及市场在资源配置中的作用。改革开放后，逐渐结束了政企合一的制度，但是在社会主义市场经济暂未完善的很长一段时间里，市场作为资源配置手段在特定企业中可能不如“伞式社会”这种在中国社会经济转型中的另外一种资源配置的手段有效。王老吉可以说是得到了“伞式”的充分保护，就此它的竞争对手加多宝部曾写过一封“万言书”，直指“非公经济”遭到“公权打压”[1]。当然事实并非如此，广药集团旗下的品牌王老吉是全民所有的国有资产，当地政府予以保护是应有之义，况且加多宝为了续约使用了不法手段，败诉是理所当然。随着市场经济日趋完善，市场作为资源配置的基本手段将日益重要，如何在市场经济中获得最大利润以及在激烈的市场竞争中传承和发扬王老吉品牌，将是广州王老吉大健康有限公司未来发展的重中之重。

### （一）重视王老吉的品牌建设

王老吉凉茶之所以有今天的成就，除了质量过硬、锐意创新的凉茶产品之外，还有其背后深厚的中药凉茶文化。王老吉百年老字号具有 1 080 亿元的品牌价值，如何使其像投资理财那样保值增值，将是品牌建设的重点之一，具体包括优秀的事件营销、销售创新以及产品创新等。保护老字号王老吉的品牌也是其建设的重点，对此王老吉大健康应该拥有优秀的公关团队和高质的法律人才，随时准备接受突发情况的挑战。

### （二）重视创新对老字号的意义

充分理解创新的意义，让创新全方位覆盖。首先是对创新最基本的理解——王老吉产品创新，在保证传统正宗配方的凉茶饮料供应不变的前提下，积极研制针对不同市场和客户群体的新口味、新功效凉茶植物饮料，进一步提升市场份额。其

[1] 让“非公经济”同样成为党的执政基础——加多宝集团致两会代表委员的一封信［OL］. http://www.jdbchina.com/cn/new/jdb_news.asp? id=834.

次是开辟新市场。于国外而言，积极开拓海外市场，让外国人更多了解凉茶文化和凉茶药用的科学机理；对于国内，打开年轻人的市场是国内市场开拓的重点，以“互联网+”的方式，进入新生代的认知范围，在保存传统中医药文化的基础上融入现在的潮流文化。陆续推出的“超吉+”系列活动就是有效的连动线上线下的网络营销推广策略。除此之外，还可以创新的是技术、原料来源和管理模式。

### （三）善用“伞式社会”的影响

可以说大部分国企都有“伞式社会”的影子，然而“伞式社会”对其而言是锦上添花还是“保其性命”，则值得商榷，当然，王老吉是前者。显然，“伞式社会”还将会影响中国社会经济发展很长一段时间，如何在激烈的市场竞争中处理好“伞式”庇护的关系，则是“伞式社会”下的企业需要回答的第一个问题。首先，积极配合党和国家的发展方略，到党和人民最需要的地方去，以社会主义核心价值观引领思潮，办良心企业，发扬老老实实王老吉的品牌文化。以企业的社会价值为办企业的准绳，以高质量的凉茶产品，使得大众喝得放心；积极回馈社会，营造有效的公益活动，让人民分享到更多企业发展的成果。所谓处理好与“伞式社会”的关系，就是积极回馈这把“伞”，为社会的和谐稳定贡献出老字号企业应有的社会责任。

## 五、结　语

从广州十三行靖远路的凉茶铺到今天广州市天河区珠江新城的广州王老吉大健康有限公司，从大碗水凉茶到今天的凉茶植物饮料，老字号王老吉经历了百年的风雨而屹立不倒，除了中医药传统文化历久不衰的文化底蕴和王老吉人为老字号的尽心尽力，“伞式社会”作为资源配置的手段发挥了重要作用。除了基本的生产要素的援助，制度的保障以及技术的支持，这些都是非“伞式社会”企业望尘莫及的元素。然而市场在资源配置中起决定性作用，为此，老字号王老吉应该重视市场战略的建设，在保护好老字号品牌的大前提下，以创新驱动老字号品牌的持续发展。最后，还要妥善处理与“伞式社会”的关系。

### 参考文献

[1] 张继焦．企业人类学的创新视角：老字号的研究现状、现实意义和学术价值［J］．创新，

2015 (1)：11-16，126.

[2] 殷鹏. “霍桑试验”与“曼城工厂研究”——企业人类学研究的方法回顾、比较与反思 [J]. 杭州师范大学学报（社会科学版），2014 (4)：90-96.

[3] 綦晓光. 跨国公司的组织文化比较研究 [D]. 北京：中央民族大学，2012.

[4] 张继焦. 企业人类学的创新视角：老字号的研究现状、现实意义和学术价值 [J]. 创新，2015 (1)：11-16，126.

[5] Hamada. T. Practicing Anthropology in Business Organization [J]. Practicing Anthropology，1999，21 (4)：2-4.

[6] Baba. M & A. Battea. Wayne state university Department of Anthropology [M]. Miami. Fl：North American，2003.

[7] Tian，R，M. Lillis and A. Marrewijk. General Business Anthropology [M]. Maimi，Fl：North American. 2010.

[8] Mulroney，Catherine. Anthropology in the workplace cultural context proves just as crucial to improving business as tech solutions [N]. The Globe and Monday，2002-12-25.

[9] 张继焦. “企业人类学”的实证与应用研究 [J]. 云南民族大学学报（哲学社会科学版），2009 (1)：15-21.

[10] 张继焦. 企业人类学：人类学的第四次革命 [J]. 青海民族研究，2016 (2)：23-27.

[11] 张继焦. 企业人类学：学科体系建设、发展现状与未来前景 [J]. 杭州师范大学学报（社会科学版），2015 (4)：106-118.

[12] 张继焦. 企业人类学：近年最新学术成果和研究进展 [J]. 创新，2015 (4)：18-24，126.

[13] 张继焦. “伞式社会”——观察中国经济社会结构转型的一个新概念 [J]. 思想战线，2014 (4)：54-61.

[14] 张继焦. 企业人类学的创新视角：老字号的研究现状、现实意义和学术价值 [J]. 创新，2015 (1)：11-16，126.

[15] 张继焦，殷鹏，万斌. 政府与老字号企业“伞式”关系研究——以致美斋饭庄为例 [J]. 创新，2015 (6)：33-37.

[16] 863计划突破性成果证明：喝王老吉，可“延长寿命” [OL]. 网易财经. http://money.163.com/16/0108/15/BCQNCB8S00253B0H.html.

# 集体记忆与老字号的商道传承：以“义顺”商号为例

唐远雄　穆　童[1]

**摘　要：** 集体记忆是一个特定社会群体的成员共忆往事的过程和结果，是回答“老字号企业为什么可以‘富过三代’以及如何实现可持续发展”这一问题的一种理论视角。始建于1925年的义顺商号的发展历程表明，老字号商道形成的过程就是老字号企业集体记忆内容的建构过程。集体记忆对于老字号商道的传承具有创造集体认同感的功能，有利于实现内求团结外谋发展。老字号的商道传承，可以用集体记忆的时间机制实现商道的代际传递，用集体记忆的空间机制实现商道影响力的扩大，用集体记忆的升华机制实现商道从言行到制度、从制度到文化的转化，用集体记忆的强化机制不断重复商道，使商道在实践中得到延续和发展。

**关键词：** 集体记忆　老字号　商道传承

## 一、老字号企业的“长寿”之谜

面对同样的外部环境与内部条件，一些企业的平均寿命很短，还有一些企业却基业长青，变成了老字号企业。老字号企业为什么能长寿？对于这个问题，众多学者的回答千差万别。从学科角度而言，管理学通常强调老字号企业自身的核心竞争力和竞争优势，或者企业文化在发展中的作用和地位，这些研究多从个体层次来解释。社会学和组织研究则会强调企业对外部环境的适应与匹配，其中尤以组织的种群生态学的解释最为明显。这些研究通常从群体层次上来说明。不同

[1] 供职单位分别为兰州大学、英国纽卡斯尔大学。

学者的见解差异同样很大，根据国内老字号研究专家张继焦的总结，一些学者从非物质文化遗产的角度分析，认为老字号企业拥有世代传承的产品、技艺或服务；一些学者从商标和品牌价值的角度分析，认为老字号企业形成了具有良好信誉的和相当价值的品牌；还有一些学者从弘扬传统文化的角度分析，认为，老字号企业具有鲜明而深厚的中华民族文化底蕴。学者们从差异化的视角出发，从多个维度看到了老字号企业长寿的原因。

这些研究一定程度上可以帮助我们找到老字号企业长寿的秘密，回答了“为什么老字号企业能长寿”这一问题。但是运营中的老字号企业需要同时处理社会结构和能动性的问题，因此，我们需要采用更加综合的分析框架来揭示老字号企业在环境约束下的能动发展，进一步深入回答“老字号企业何以‘长寿’”这一问题。

## 二、集体记忆：打开老字号企业商道传承的一把钥匙

20 世纪 20 年代，涂尔干的学生法国社会学家莫里斯·哈布瓦赫（Maurice Halbwachs）首次明确提出集体记忆（collective memory）的概念，认为集体记忆是“一个特定社会群体之成员共享往事的过程和结果，保证集体记忆传承的条件是社会交往及群体意识需要提取该记忆的延续性”。现在，学者一般认为，“集体记忆是各种各样的集体所保存的记忆，它是关于一个集体过去全部认识（实物的、实践的、知识的、情感的等）的总和。人们可以在文化实践活动（比如仪式、风俗、纪念、节日等）或物质形式的实在（比如博物馆、纪念碑、文献图书资料等）中找到集体记忆的存在，人们总是在我群体与他群体的互动中找到集体记忆的力量所在”。老字号企业恰恰就是随着时间的流逝，积淀出集体记忆，成为企业成员所共有集体记忆的承载。

继哈氏之后，社会学、历史学、文化人类学、心理学等不同学科的诸多学者对集体记忆开展了众多具有启发意义的研究，扩展到了社会记忆研究，大致可以分为功能主义与建构主义两种范式。功能主义范式认为，集体记忆最重要的功能是集体整合，集体得以保持稳定和完整；建构主义范式则认为，集体记忆是现在对历史的重建，集体得以发展变化。集体记忆既是一种理论视角，也是一种叙述逻辑。以集体记忆的视角去关注老字号企业的商道传承过程，融合集体记忆研究的两种范式，既可以看到老字号企业商道传承的稳定性和延续性，也可以看到其发展性和创造性，能很好地契合老字号企业的发展，可以成为解开老字号企业商道传承之谜的一把钥匙。

本文从集体记忆的视角，以案例研究的方法来叙述老字号企业商道传承中集体

记忆的建构、功能与传承，从而揭示老字号企业商道传承的集体记忆机制。

## 三、案例：义顺公司1925—2015年发展概况

根据商务部2006年制定的《"中华老字号"认定规范（试行)》，品牌创立于1956年（含）以前的企业就属于老字号，这样的企业在国内外数量极大。到2011年，列入商务部两批"中华老字号"名录的老字号企业达到1 128家，而符合该条件但未被商务部正式列入的老字号企业数量远大于该数字，其中包括建号于1925年并于2008年6月被认定为甘肃省著名商标的义顺公司。在我国的很多老字号企业经营现状不尽如人意的现在，义顺公司却在不断发展壮大。

1925年，张庭鉴在甘肃省临夏州康乐县康丰乡崖张家庄开办小卖铺，首创"义顺张"商号。1929年，一场社会动乱将两间小卖铺毁灭。张庭鉴在带着家人逃难到临洮的路上于1930年去世。

张庭鉴的儿子张好顺当时15岁，扛起了"义顺张"的旗号，挑起货郎担，走村串户，起早贪黑，挑起了全家的生活重担。到1944年，张好顺在康乐县苏家集开设杂货铺，改商号为"义顺永"，并自产自销以"义顺永"为商标的点心。到1949年8月停业时，已购置上好土地十多亩。1950年年底，张好顺在苏集街以"义顺永"为字号又开了两间杂货铺。1954年加入初级合作社后停业，但是，"义顺"商号一直在张好顺的心中留存。1985年，年逾花甲的张好顺重操旧业，在苏集街以两头牛折价500元为本钱，继续开设小卖部。

到1988年，张好顺的儿子张守正在康乐县城开办康乐县义顺综合商店，由其大儿子张秉柱负责进货和销售，三儿子张秉华负责运输。

1992年，第四代的领军人物张守正的二儿子张秉庆放弃公职，成立甘肃省康乐县义顺农工商公司，由张守正任董事长，张秉庆任总经理，张秉柱和张秉华均为副总经理。1993年，建设了康乐公司大院。1994年，建成了五彩纸厂。1995年，开始代理经销陇南春系列酒和资阳大曲酒，并扩大经营部。1996年3月，义顺公司对"义顺"商标申请注册，自产的润肤棒棒油正式更名为"义顺"牌。

1997年，义顺公司走出康乐县到甘肃省省会兰州发展，正式成立兰州义顺工贸有限责任公司，并于当年开通"甘肃义顺商情"网站，兰州拱星墩经营部开业。此后，义顺公司的经营开始转型成为茅台酒、五粮液、剑南春等系列名酒的甘肃省总经销商或者一级经销商，成为酒类批发企业、酒水运营商。在义顺公司发展过程中，除了发展诸如兰州湖滨第二经营部这样的分支经营部、兰州义顺五

粮液专卖店和剑南春专卖店之外，义顺公司还多元共进，成立甘肃义顺莲花山药业有限责任公司，启动义顺公司中药材基地建设；建成陇宝醋坊，研发生产的陇宝牌归芪养生盖碗茶、桔梗酱菜、山蕨菜、水果玉米等产品陆续上市；开始生产义顺牌党参当归壮根灵肥料；开办义顺网络商学院，加大了证券投资力度。2012年由第五代代表副总经理张世旺负责的"老张的店"连锁便利机构项目正式启动，义顺公司进一步开展多元化经营……现在，义顺公司已成为集商贸、生产、科研于一体，虚拟网店与实体产业协同发展的集团化企业。到2015年，义顺公司的产业与功能的架构图如图1所示。

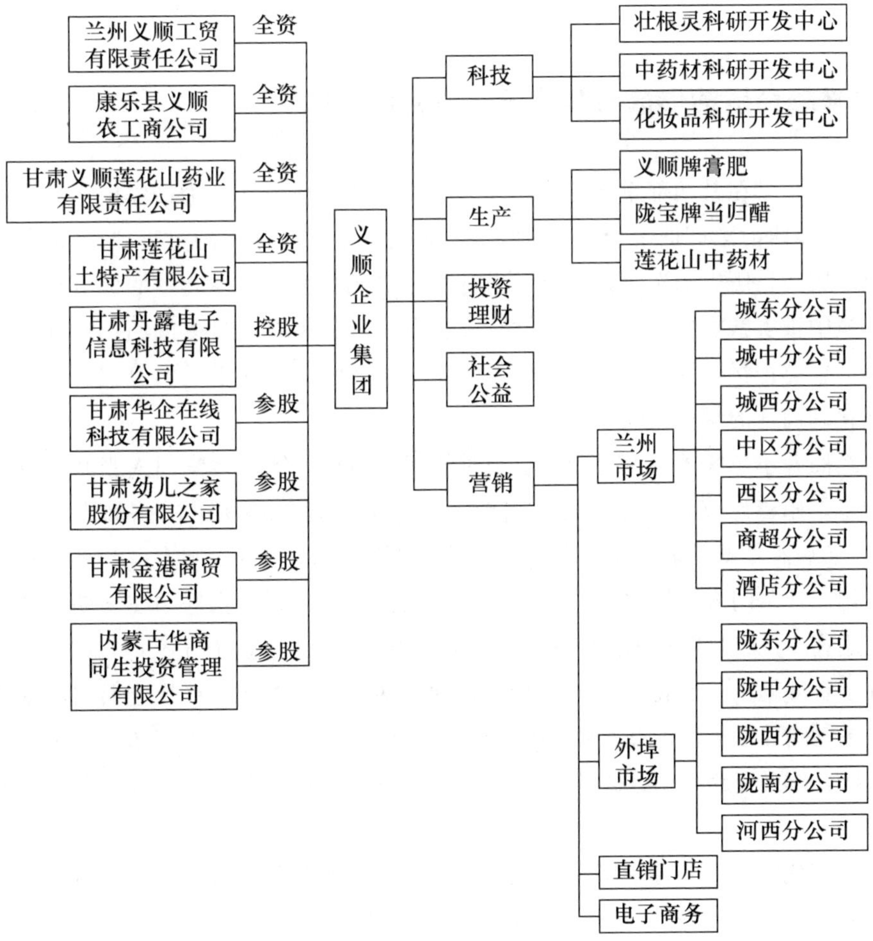


**图1 产业与功能**

90年来，义顺人秉承“大丈夫仁中取利，真君子义内求财”的祖训，五代人戮力同心，从货郎担、摩托车、四轮拖拉机、平板车、大卡车到小轿车，一步一个脚印，积淀了深厚的企业文化。从合伙制到股份合作制，再到有限责任公司；从零售商到批发商、配送商，再到品牌运营管理商；从杂货铺到现代化企业集团，彰显着一个民营老字号企业向上攀登的无限力量，展示了一个老字号企业商道传承的历史。

义顺老字号的延续，既没有靠产品，也没有靠技艺，是什么使得这种类型的老字号企业得以延续呢？揭示其中的原因，对老字号的研究就具有了理论拓展的意义。

## 四、义顺商道的形成与集体记忆内容的建构

哈布瓦赫在其两部重要的著作《记忆的社会环境》和《论集体记忆》中明确提出：“集体记忆不是一个既定的概念，而是一个社会建构的过程。”老字号商道得以形成，是历史的选择，反映了当时的时空和情境。参与其中的成员在一次次的操演中被实践检验，逐渐成为“有关过去的形象和有关过去的回忆性知识”而建构出集体记忆，为身处其中的成员所共享。义顺就是在发展的过程中不断建构和强化着商道的集体记忆。

经商并不意味着唯利是图。在当时的困难时期，第一代掌门人张庭鉴以小铺子为生，乐善好施，扶危济困，当地人亲切地将通往小卖铺的路称为“铺子道道”。义顺商号就是取“义内求财，一帆风顺”之意，植下义顺仁义经商之根本。

第二代掌门人张好顺仁义诚信待人，温良恭俭求财。张好顺在早期经商过程中，用扁担挑起货郎箱走街串巷，将“大丈夫仁中取利，真君子义内求财”的信条写在了货郎担上。他待养母如生母，夏问起居，冬问寒暖，在兵连祸结的战乱岁月，主动赡养鳏夫黄老爷。新中国成立后，响应政府号召，弃商从农，带领乡亲移土造田，修渠建路，创办杨台小学；古稀之年热心荒山绿化，夯实义顺仁义经商之基因。

第三代掌门人张守正坚守“仁中取利，义内求财”的祖训，在改革开放之后的商海中，与家人一道“诚信待人，多吃亏；仁义经商，共富裕”，引领乡亲栽树苗、种药材、养蜜蜂，科学经营，增加收入，践行义顺仁义经商之道。

第四代传承人张秉柱、张秉庆、张秉华三兄弟深受祖训家风熏陶，深知“要想做事赚钱，先得做人修行”，从康乐到兰州，在商业经营的过程中，始终将企

业做大与承担更多的社会责任、造福桑梓、回报社会紧密结合，抗震救灾、捐资助学、扶危济困，带领大家和谐发展、共同致富，并培养第五代传承人继续在义顺的仁义商道上前行。义顺“仁义”经商之道阡陌相连，网络天下。

企业竞争，实际上就是时空的竞争。从 1925 年创号至今，义顺已走过 90 多年风雨，艰难困苦，玉汝于成，有仁义就有时空，行仁义便得大成。仁义不仅贯穿义顺的 90 年历史，更内化、体现于每一名义顺人的思想与行动中，演化形成了义顺商道的核心。“仁义”这一核心商道，变成了张家集体记忆最重要的内容，反过来建构并传承了老字号企业的商道。

管理学的研究表明，老字号企业能够延续，组织文化起了重要的作用。从组织与管理的角度看，组织文化是一个组织所有成员所共享的并且作为标准传承给新成员的一系列价值观、信念、看法和思维方式的总和。像义顺这样的老字号企业在组织文化形成过程中，集体记忆的内容得以建构，又反过来促进了商道的传承。

## 五、集体记忆的功能：形成企业意识

有关集体记忆的研究源自法国社会学家涂尔干，他认为，共同回忆创造了一种凝聚感，形成集体意识能为共同体找到一种方式描述他们自己的事实。通过记忆的共享而非个人独占，介入的声音越多，所回忆的内容就会更加准确。集体记忆，尤其是最开始以家族为基础的老字号企业的集体记忆，可以创造一种凝聚力，形成“企业意识”，能为企业共同体找到一种方式延续它的商道。在义顺，仁义的商道变成集体记忆的内容被不断继承和强化，在这个过程中，集体记忆使得公司形成了“团结”和“创新”的企业意识，从而传承了义顺的商道。

### （一）团 结

从小卖铺到公司，从几个人的家族企业到现代化企业集团，仁义的商道让义顺人团结一切可以团结的力量。团结凝聚力量，团结是义顺兴盛的根本。

团结家庭和家族：1988 年，康乐县义顺综合商店开业，张秉柱搞采购、守铺子，张秉柱妻子王香莲摆地摊销售毛巾、袜子。张秉华骑自行车、摩托车四处推销、八方送货。张秉庆辞去公职，义无反顾地举起义顺企业大旗，统筹规划，督导落实。兄弟同心共志，义顺在康乐县城站稳了脚跟，成为全县最大的一家商贸公司。进入兰州后，从张守正、张秉柱、张秉庆、张秉华，到张世旺，四代人合力经营，团结是义顺小家庭傲视群雄、兴旺发达的法宝。团结让义顺公司的家庭和家族齐心协力将公司做强做大而不是独立发展。

团结员工：义顺公司坚持每月为员工过生日，安排员工和家属到国内外旅游，给员工赠送股权，对员工进行各种奖励，将员工团结起来。

团结合作伙伴：1997 年，义顺进入兰州市场，企业发展进入经营转型阶段。先后成为五粮醇、五粮液、剑南春、茅台等名酒品牌甘肃省经销商，与莫高公司达成战略合作协议，成功签约莫高·黑品诺，成为该品牌甘、青、宁三省总代理。同时，陇宝醋坊建成投产、义顺莲花山药业公司开业，“甘肃幼儿之家教育连锁机构”项目、“兰州七里河区龚家湾社区蔬菜市场”项目、“内蒙古华商同生投资管理有限公司”项目等相继启动。2009 年，义顺开始实施“万村千乡”加盟店工程，先后建成农家便利店、农家超市、直营连锁超市等，统一标识，统一配送，市场共建，利益共享，一个个商业网点以义顺品牌联结，一批批商业才俊从义顺起航，兴了商贸，育了产业，富了农户。义顺团结供货商、经销商以及其他合作伙伴，联合发展事业。

团结社区和利益相关者：有了仁义的商道精神，在不经商的时期，张家依然践行仁义。张守正说：“到了 1954 年，我父亲积极响应政府的号召，弃商从农，投身组建互助组，创建农业社，先后任初级社社长、高级社社长和大队队长、村主任等农村基层干部三十多年，组织乡亲们移土造田，兴修水利工程。1959 年到 1961 年的三年困难时期，他带领着乡亲们到铁沟背矿石，到紫沟峡伐竹子，使全大队三千多人没有饿死一人，深受回、汉群众拥戴。”在商业发展时期，义顺人经常主动参与各种慈善活动，包括设立助学公益基金、发放金榜题名奖等。义顺还与兰州几大高校合作建立了实训基地，团结社区和社会所有利益相关者。

“一个人的努力，是加法效应；一个团队的努力，是乘法效应。”“从小家到大家，人在一起，钱在一起，心在一起，战略联动，互利共赢，面向未来，共同发展。”这是现任董事长张秉庆在各种场合反复倡导的信念。义顺人义结四方宾朋，团结各界才俊，通过制度规范员工行为，通过利益机制保障员工发展，坚持与经销商、供应商以及战略协作伙伴战略联动、互利共赢。义顺建构的“仁义”商道之风，团结了经商的各方力量，用团结感召人才、凝聚人心、聚合人力，让更多的人团结在义顺的大旗之下共谋发展，使义顺企业从家族小商店发展成为一家国内业界知名的企业。

可见，由集体记忆形成的企业意识作为一个有机的整体，对于企业的凝聚和延续具有非常重要的作用。正如迪尔凯姆所指出的，每一个社会都具有这种延续自身的必要性和必然性。

### （二）创 新

集体记忆的研究总是指向时间维度，聚焦于集体层面上的过去，重视集体记忆的传承延续与发展变化，关注作为整个大我集体的记忆如何选择与建构。但同时，施瓦茨指出，集体记忆具有双重性质，他通过展示林肯的形象在几代美国人中所经历的剧烈变化而得出结论：“集体记忆既可以看作是对过去的一种累积性的建构，也可以看作是对过去的一种穿插式的建构。”老字号企业集体记忆在传承中，具有创新性的延续。

义顺的发展史就是一部超越史，超越来自创新。“仁中取利，义内求财”的商道，一个“取”字，一个“求”字，都强调创新奋进，经由集体记忆的不断建构，义顺人在保持商道稳定和延续的基础上，不断创新发展。义顺人对于创新的认识也在不断与时俱进。

1925年，张庭鉴开办小卖铺创号“义顺张”，在当时甘肃省临夏州康乐单一落后的农耕经济主导一切的崖张家庄，可以说是与众不同的冒险。这样的冒险精神在当时就是一种创新，走经商道路的魄力，成为张家后人多走经商道路的精神之魂。

在成立公司之前，作为个体经营户的义顺依靠创新从众多的个体户中脱颖而出，靠的依然是创新。第一，在渠道创建上，1988年，义顺在康乐县个体户中第一个安装了电话联通外界；第二，在经营思路上，义顺批零兼营；第三，在经商方式上，购置了康乐县个体户第一辆送货车，完成了由坐商向行商的转变。

1992年，义顺进入公司化运营阶段，持续创新保证了公司在激烈的市场竞争中永远领先一步。第一，在体制创新方面，1992年引进股份合作制；第二，在模式创新方面，义顺大部分重要部门招聘了职业经理人；第三，在渠道创新方面，找厂家进货，自办加工厂，率先运用互联网，并扩大配送半径，形成价值洼地与货品高地；第四，在策略创新方面，注重宣传，突出名酒经营，加快周转速度；第五，聚焦创新团队，打造学习型企业。

现在义顺人对于创新的认识是：要有强烈参与竞争的意识；勇于探索，善于创新是义顺能持续稳定快速发展的强大动力；创新包括思路创新、服务创新、技术创新和制度创新。

义顺人的创新精神，从张家家庭到家族，永远比竞争者领先半步，创新的意识和行动代代相传。义顺公司的员工被张氏家族的创新精神所影响，不断创新工作模式。90年栉风沐雨，五代人继往开来，义顺人不满足于现状的创新精神，变成了一种集体记忆，推动企业不断前行。

老字号商道的集体记忆，创造并强化了集体认同，让老字号企业的精神面貌与行动风格具有独特性，身处其中的个体记忆逐渐被集体同化，使得老字号企业能够保持内部的团结，在开拓创新中谋得外部的发展。

## 六、老字号商道传承的集体记忆机制

三间杂货铺，开启了义顺商号波澜壮阔的百年梦想；一副货郎担，挑起了家族企业历久弥新的风雨历程。从“义顺张”到“义顺永”再到如今的义顺公司，“大丈夫仁中取利，真君子义内求财”的祖训已融入了义顺人的骨血，成为企业生生不息、稳固发展的丰厚滋养。它是对前辈满怀敬仰的追思，同时也是后人须臾不敢忘记的庄严承诺。从老字号义顺公司的发展可以看出，集体记忆对于老字号商道的传承具有重要意义，其间的传承机制值得总结。

### （一）集体记忆的时间机制：代际传递

叶茂唯其根深，流长唯其源浚。90年义顺商号的发展史是在集体记忆的代际传承间完成的。

1925年，张庭鉴在康乐县康丰乡崖张家庄开办小卖铺，首创“义顺张”商号，义顺传奇开篇。矮矮的铺子门、窄窄的“铺子道道”见证了义顺起步的曲折与艰辛，但是仁义的经商准则却让后代在耳濡目染中自然内化于心。

1945年，张好顺在康乐县苏家集开设杂货铺，改商号为“义顺永”，其意为永远坚守“仁中取利，义内求财”的经商信条，并用一挑扁担接续义顺传奇。他经常挂在嘴边的话就是“大丈夫仁中取利，真君子义内求财”，“仁义诚信待人，温良恭俭让求财”，这些座右铭直接传给了儿子张守正，而且张家的后代大都经商办企业，这些座右铭变成了子子孙孙做人经商的根本。

1988年，张守正在康乐县城开办康乐县义顺综合商店。此时的张好顺还用各种方式影响着孙辈，尤其是长孙张秉柱，告诉他“经商比木工赚得多”，于是张秉柱开始踏上经商之路。1987年，当张秉柱因为一天赚得纯利润48元，超过了当时农机厂的合同工一个月40.8元的工资而沾沾自喜时，张好顺说，“这样你激动啥，以后你是千千子万万子赚钱”，鼓励张秉柱继续奋斗。由此，张家用自行车、摩托车叫卖四乡八里，拖拉机、大卡车货配南北西东，一家人披星戴月，第四代三兄弟协力同心，拉开了义顺中兴的大幕。现在第五代已经成人，也都继续经商。

除了在张氏家族中形成这样的代际传递，还在新老员工中通过入职培训、员工行为守则、户外拓展活动等各种方式传递义顺的仁义商道。

义顺五代 90 年的发展表明，老字号的商道，在代际的耳濡目染、言传身教中建立集体记忆，在此基础上，家族和企业成员通过对老字号商道的认同，使得自己与老字号企业历史相连，以确定自我角色并在老字号商道传承中进行定位。这种集体记忆，反映出从家庭到企业员工的一般态度，不断重演企业的过去，界定企业的性质和力量。这种记忆在代际传承中形成一种商道，而企业的发展过程使得这种商道保持完整。在代际传承中，所有人对这样的商道的事实和意向都做出了判断，带有集体的性质，从而完成企业商道的传承和企业延续。

### （二）集体记忆的空间机制：不断辐射

1925 年张庭鉴开办小卖铺，以仁义坐商，在康乐县康丰乡崖张家庄，沿着“铺子道道”到铺子门的邻居都知道这样一个铺面的存在。张好顺在苏家集开办小卖铺，并用扁担挑起货郎担走街串巷，辐射范围更广。1988 年，张好顺的儿子张守正在康乐县城开办康乐县义顺综合商店；1992 年成立康乐县义顺农工商公司并以此为义顺走向现代企业集团的起点，在其后的二十余年时间里，义顺的销售网点逐渐遍布甘肃，一些产品还销往全国各地甚至走出了国门。

现任董事长张秉庆常说，“企业的财富既属于股东，也属于社会，社会是企业生存、发展的土壤，只有社会进步发展了，企业发展的空间才会更大。”义顺出康乐，不忘康乐；图西北，不薄兰州。在图谋发展壮大的同时，时刻不忘造福桑梓，情系千乡万村。多年来，义顺先后为希望工程、抗震救灾、捐资助学等社会公益事业捐款捐物超过 1 000 万元，义顺牌党参当归壮根灵在康乐累计推广面积超过 246 万亩，为药农增加产值超过 23 亿元。落其实者思其树，饮其流者怀其源，义顺人的义行体现了一个现代企业的责任与担当。

随着地理范围由点到线，由线到面，现在还从线下到线上，空间范围不断扩大。义顺走到哪里，商道的影响力就扩大到哪里，利益相关者都会不断听到和见证义顺仁义的商道，变成利益相关者共同的集体记忆。而且，随着地理范围的扩大，义顺商道也由一个家族的记忆变成了公司员工的记忆和利益相关者的记忆，实现了由家族式老字号企业向现代企业的转变。

### （三）集体记忆的升华机制：从言行到制度，从制度到文化

在老字号企业中类别的研究中，已有研究从行业角度划分，涵盖了食品类、餐饮类、中医中药类、酿造类、酒类、茶叶类、珠宝类、手工业产品类、服装鞋帽类等大类。但是，从企业的性质上划分，还可以分为家族制老字号企业和实施现代企业制度的老字号企业。能够延续到现在的老字号企业，大多经历了由完全的家族制老字号企业向实施现代企业制度的老字号企业的转变。

义顺商号建立后，仁义的商道一直体现在言行上，不仅张家家族成员如此，员工亦是如此。1999 年，甘南州卓尼县康多乡一位藏族客户在义顺公司采购后放下钱就去办别的事情了，因为是老客户，售货员并未当场核实，等到晚上盘账时发现多出来 3 000 元。经过细致盘查和回忆，发现是这位藏族客户多付了。一个多月后，当这个客户再来订货时，公司将多收的钱全部退还给他，他感动地说“义顺公司，够朋友”。这样的故事在义顺有很多。

仁义的商道不仅变成集体记忆在张氏家族传递，也在新老员工之间传递。新入职的员工都会在不同的场合，以多种方式接受仁义商道的教育，而且公司在制度上鼓励员工践行仁义。到后来，这样的言行变成了公司的内生制度，最后演化成为“诚信 敬业 胜任 感恩”的义顺人守则，“仁义 团结 创新”的企业发展理念，“为员工搭建平台，为客户创造价值，富强我们的祖国，为世界和谐发展而努力奋斗”的企业使命。这就从文化的高度保证了义顺人树立远大目标，助人自助，而且秉持“能吃亏、会吃亏、勇于吃亏！相互成就，帮助别人实现梦想，顺便实现自己的梦想”的理念，转化到言行中。

义顺公司的商道传承表明，当老字号的商道变成公司上上下下的集体记忆的时候，可以逐渐由言行变为制度，由制度到文化，并将之深化于心，从而保证了商道的有效传承。

### （四）集体记忆的强化机制：全方位重复

现在，不管是义顺公司的员工，还是义顺公司的顾客、经销商甚至是因为各种原因了解义顺公司的人，都知道义顺公司“仁中取利，义内求财”的商道。这

种商道的传播，是立体式全方位的重复带来的。

口头重复：义顺的几代传承人，在代际传递之间，不断通过言语教导后代仁义经商；现在公司的各种会议上，公司各级人员都反复强调仁义。听得多了，义顺人的仁义就变成了潜意识，成为思想和行为上理所当然的事实。

行动重复：义顺商号的第一代和第二代掌门人，在行动中建构了仁义的商道，而后来的义顺人，也是通过行动践行仁义，例如在20世纪90年代假货泛滥的时候，义顺人坚决不卖假货，只卖正品真货。2008年汶川大地震使剑南春酒厂蒙受巨大损失，供货一度中断，个别商家趁机抬价。在这关键时刻，作为剑南春酒厂的战略合作伙伴的义顺公司继续秉持“仁中取利，义内求财”的祖训，义无反顾地将仅存的4 000多箱剑南春按原价供应市场，满足了市场需求，稳定了市场秩序。义顺商道就这样体现在每一名义顺人的思想和行动中。

物化重复：翻开《张氏家谱》，其中就有对从“义顺张”到“义顺永”的记载。张家人每看一次家谱，义顺商道的血液就又循环一次。张家保留的义顺永牌南式点心包装印刷标签所用的木刻板和包装签、张好顺挑过的货郎担与扁担、2012年在“义顺张”商铺遗址立碑、为义顺商号建立85周年特刊《追梦》和电视专题片《追梦》，以及为义顺建号90周年而制作的宣传画册《义顺商道九十年》、光盘等这些物化的东西，使得关于仁义的商道通过物质形式找到集体记忆的存在。这些物品，不仅是义顺人日常生活中的承载物，也是追溯并延续集体记忆、建构义顺身份的一种物化象征。

仪式重复：义顺公司每年都会举办各种庆典和表彰大会，通过这些仪式强化仁义的商道。设“义顺老员工奖”和“义顺员工成才奖”等奖项，并举行颁奖仪式。在一些特别的日子，义顺公司还举行各种大型仪式活动。如2008年12月30日，隆重举行纪念义顺商号恢复经营20周年、兰州义顺公司乔迁新址暨全省经销商答谢会。

哈布瓦赫认为，人们有关过去的形象和有关过去的回忆性知识，是在操演中传送和保持的。类似纪念仪式和身体实践的行为往往成为记忆传承的重要手段。正是在集体记忆的不断操演中，老字号的商道得以传承。

## 七、结　语：通过集体记忆传承老字号商道

义顺公司仁义商道传承90年的案例表明，老字号的商道建构，可以在商道形成的过程中转换成集体记忆的内容，从而实现内求团结、外谋发展的功能。在商

道的传承中，需要在代际间传承，在范围上不断辐射，从家庭成员到企业员工，从家族到社区再到社会，从国内到国外，让老字号商道的影响力不断扩大，在口头、实践和物化的不断重复中，将老字号的商道不断从行为升华为制度和文化。

老字号的商道转换为集体记忆，可以将企业中个体的记忆置于企业集体的范畴之中，在社会环境中获得老字号商道的传承，又在群体的框架中重新建构老字号商道的时代性。通过集体记忆的方式传承老字号的商道，老字号企业在集体记忆的形塑中让企业既连接了过去，又延续了商道，而且使员工等相关利益群体增强了企业认同感，从而实现老字号商道的延续和创新发展，永葆活力。

## 参考文献

［1］张继焦．企业人类学视角："老字号"的长寿秘诀与"伞式"发展模式［J］．北方民族大学学报（哲学社会科学版），2015（6）：21-26.

［2］周雪光．组织社会学十讲［M］．北京：社会科学文献出版社，2003.

［3］张继焦，李宇军．中国企业都"富不过三代"吗？——对"老字号"企业长寿秘诀和发展前景的社会学分析［J］．思想战线，2012（4）：48-53.

［4］M. Halbwachs Maurice．论集体记忆［M］．上海：上海人民出版社，2002.

［5］汪新建，艾娟．心理学视域的集体记忆研究［J］．南京师大学报（社会科学版），2009（3）：112-116.

［6］牛津．集体记忆理论研究的文献综述［J］．群文天地，2012（22）：247.

［7］王汉生，刘亚秋．社会记忆及其建构一项关于知青集体记忆的研究［J］．社会，2006（3）：46-68.

［8］李宇军，张继焦．中国"老字号"企业的经营现状与发展前景［J］．广西经济管理干部学院学报，2014（4）：50-56.

［9］朱有明．信息经济视阈下老字号企业转型升级的路径选择［J］．企业经济，2016（3）：51-54.

［10］李兴军．集体记忆研究文献综述［J］．上海教育科研，2009（4）：8-10.

［11］Smircich L. Concepts of Culture and Organizational Analysis［J］．Administrative Science Quarterly，1983，28（3）：339-358.

［12］艾娟，汪新建．集体记忆：研究群体认同的新路径［J］．新疆社会科学，2011（2）：121-126.

［13］白子仙．集体记忆理论经验研究的七个维度：1989—2009［J］．经济研究导刊，2010（6）：200-201.

# 第5章　“老字号的地域性、国际性”专题研究

## 老字号的类型学分析：以广州市老字号为例

高　崇[1]

**摘要：** 本文选择从经济的社会建构角度，分析老字号工商业在组织类型方面呈现出的差异性。综合广州老字号协会网站上“老字号故事”专栏介绍的老字号和新闻媒体中报道过的一些广州本地老字号，可以按照依附的组织结构，把它们大致划分为三种基本类型：第一种是依赖传统家庭或者家族组织建立起来的老字号；第二种是按照国有或者集体企业形式重组而成的老字号；第三种是早年诞生并于改革开放之后以个体私营企业形式运营的老字号。本文将对这三种类型老字号的主要特征进行归纳和总结。

**关键词：** 老字号　广州市　类型学　经济的社会建构

### 一、引言：立足当下，建构老字号

近年来，老字号在新闻媒体、大众日常生活、政府经济政策和学术研究等各个方面都得到很多关注，各种讨论层出不穷，但是“老字号”三个字代表的意义在不同语境下并不统一（戴时焱，2014）。作为普通民众日常生活中的口头用语，老字号的含义相当模糊，泛指各种持续经营了一段相当长时间、得到当地社群广泛认可的生意。相对来说，随着时间的流逝，新的经济因素不断涌现，市场上出

[1]　供职单位：香港树仁大学。

现了很多新的竞争者，社会文化不断改变，主流的消费口味也随之改变，大部分商家因为无法适应时代转变而被淘汰。少数能够不断自我更新、巩固原有顾客基础并迎合新的消费需求的商家，经受了时间考验和洗礼幸存下来，继续参与今天的市场活动。从经济形式和市场构成的角度看，老字号跟其他众多新创建的商家一样，都是当今市场的参与者，不过其使用的字号（或者招牌、商号）有更长的历史渊源，经营活动的某些方面带有一些旧日特征。换句话说，少数在今天被称为老字号的商家之所以能够延续下来，主要是因为它们的产品或者服务在每个世代的人群中都能够满足一批人的需要，从而拥有相当数量的捧场客。但是，大量早期创立的生意不断被淘汰的事实反过来说明，“老”字号很多时候会因为因循守旧、倚老卖老，无法创造出当代价值而被标签为老派的、过时的、被人抛弃的。只有“不老”的老字号，在每个世代不断自我发展，顺应时代要求，尽力满足当前社会需求，才可能生存下来，历久弥新。因此，老字号体现的是具有当今意义的，经过当下的标准筛选，在今天人眼里仍然有正面价值的过去，而不是很多人极力追求的所谓正宗的旧日产品或者服务。

此外，我们现在在讲述和讨论今日依然生存的老字号的时候，通常有一个站在当下、运用当今的话语体系和价值观去往回看、追溯历史的过程。例如，某个老字号的招牌如何起源，中间经历过哪些重大变革，又如何一步一步传递到今天。而这个过程一般都是由当下的人怀着特定目的，去收集、整理、创作出符合当下需要的历史故事。一些老字号创立之后，可能因为经营需要，在不同时代不断在不同经营者之间转手。一些老字号可能在市场竞争中失败，以关门停业收场，变成博物馆或者历史记载里的老字号，甚至完全被人遗忘。某些老字号可能在终止经营一段时间之后，又被人活化，重新挖掘利用其中的某些价值。

对当代中国的老字号来说，20 世纪 50 年代初推行的公私合营带来巨变，一部分被挑选出来改组为国营和集体企业，大部分就此烟消云散。根据中国政协网的数据，“到 1956 年底，私营工业人数的 99%，私营商业人数的 85%，实行了全行业公私合营，基本完成了国家对资本主义工商业的社会主义改造”（中国政协网，2011）。从这个意义上说，今天如果非要寻找具有 60 年以上持续性经营的老字号商家，只能到接收了 1956 年之前创立的那些老招牌的国营或集体企业里面去考察。值得探讨的是，这些在公私合营过程中接收的企业和商家，既有明清（或者更早）以来传承下来、具有浓厚中华传统文化特征的老字号，例如同仁堂、全聚德之类（乐民成，2012），也有按照近现代西方工业模式建立的工业企业，包括起源于 1936 年的飞鸽自行车、源于 1897 年同昌车行的凤凰自行车、源于 1919 年协昌铁车铺的蝴蝶缝纫机等。前者传承到今天可以被划分为传统文化老字号，后者被看作是近代工业老字号。虽然被收归国有，但是具有传统文化底蕴的老字号企业里面，除了沿用某个老字号招牌，大体上还保留了一些老师傅（包括师徒传承安排）、特定生产工艺、知名产品和原有生产经营场所。而近代工业老字号大多按照苏联模式下的国有企业形式进行了重组，以单位制形式，按照国家计划的需要开展业务。从日常生活经历角度看，这些被保留下来的老字号即使在全面实行配给制的计划经济年代（1956—1978 年），还在继续提供产品或者服务（通常是经过改造的），借助再分配系统分配到市民手里，成为可以亲身体验到的老字号。

最后，需要特别指出的是，1949 年之后出于国家建设的需要，很多新的企业和商业组织建立起来，其中一些持续到今天，在很多人眼里也是一种老字号。例如从 20 世纪 50 年代开始的社会主义工业化过程中，中国从中央到地方都建立了不少现代工业和商业类型的国营和集体企业。当然，那些重工业和服务于生产领域的企业，例如一汽、鞍钢、大庆油田等，虽然历史颇长，但都没有被当作是老字号。不过，其中有些提供日常生活用品的企业，因为与人民生活密切相关，与个人生活经历和童年回忆交织在一起，形成了民间广泛认可的国有工业老字号，如海鸥手表、上海手表、海鸥照相机等。1978 年改革开放之后，允许个人创办个体私人经济组织，最早一批个体私营企业如果延续到今天，也有 30 多年的营业历史了，在中青年人眼里，其中一些也许可以够资格称为老字号。

综上所述，我们今天所亲身感受到的，或者还保留在我们记忆里面的老字号，都不是原生形态的老字号（准确地说，原生形态的那个商家应该被归类为初创生意），而是经历各个社会经济结构变迁，不断适应新的市场和社会环境的结果。根据历史渊源、组织结构和依附的社会政治经济状况，我们可以把老字号划分为不同的类型，帮助我们深入理解每个类型的老字号所具有的主要特征。本文综合了广州老字号协会网站上“老字号故事”专栏介绍的老字号，以及新闻媒体报道新闻时划定出来的一些广州本地老字号，分析它们在组织结构和类型上的差别。

## 二、广州老字号的基本类型

按照新经济社会学倡导的经济的社会建构概念（Convert and Heilbron，2007；Granovetter，1990；Swedberg，1997），经济组织作为一个商业实体开展的经济活动并不是纯市场化的，而应该被看作是调动各种社会资源的集体行动。不管是公司、行业组织还是公司之间的合作与结盟，它们的组织形式和行动方式都受到所在的社会结构的限制和塑造（Granovetter，1992）。从这个角度来分析中国的老字号，我们可以发现，中国传统的家庭和家族组织、计划经济模式下的国有和集体企业，以及市场经济下的私人企业，都与老字号有不同形式的结合，形成了不同类型的老字号。

在广州市老字号协会网站上列举的28家老字号中，除了三间老牌酒店之外，基本上最开始都是由个人创办、以家庭式经营方式营业的。这种依赖传统家庭或者家族组织建立起来的老字号，直接体现出家庭和生意高度混合的特色。个人白手起家开创生意，往往依赖家庭在资金、劳动力、日常经营管理等方面提供支持。家庭和生意之间往往没有明确的界限，生意在很多时候被看作是家庭生活的自然延伸和构成因素。例如老广州人非常熟悉的烧腊铺妙栈，就是一个非常典型的例子。1928年，一个叫钟满的广州人在当时很多达官贵人聚居的东山地区开设了经营烧鹅、烧鸭、烧肉等的店铺，以夫妻档的形式经营。钟满负责制作烧味，他的太太负责销售，还要照看6个子女，其他家庭成员则在有需要的时候随时帮忙做生意，哪里需要就去哪里顶上。赚到第一桶金之后，钟满决定买地建楼，一层做销售门市，二层供家人居住，三层做烧腊工场。到了20世纪50年代的公私合营时期，家族生意被收归国营。

家族第三代传人钟润荷（钟家女儿）从1978年开始，以路边摆摊的形式重开中断了20多年的烧腊生意。到1980年左右，正式以妙栈的名义领取牌照，打出广州东山人耳熟能详的妙栈老字号招牌。到了2013年，妙栈已经在东山地区开设了四家门市，60多岁的钟润荷也准备退休，逐渐把生意交给自己的儿子去管理。因此，除了经营方面由家庭成员全面参与之外，以家庭为基础的老字号在传承方面非常依赖家庭自身的代际相传。家庭代际传递方面的原则被应用到家族生意的传承方面，以自家人，尤其是男性子孙作为传承对象。在没有儿子做继承人，或者儿子因为某些原因无法继承的情况下，才会选择让女儿接手。

在妙栈的故事里，提及了老字号的第二种形式，也就是按照国有或者集体企业形式重组而成的老字号。在20世纪50年代中期推行私营工商业的社会主义改造、大力进行公私合营的时候，一些比较有规模的私营企业直接被国有化，例如以生产腊肠、腊肉闻名的皇上皇，以精品粤菜出名的泮溪酒家和北园酒家等。因为原有的控制人家族成员都已经离开，从管理层到员工都是由政府设立的国有公司委派的，有些还经过政府的大规模改建和扩建，产品构成也有较大改变，这种老字号更多地表现为名称和精神上的继承。从发展角度看，国营之后的老字号发展得好还是不好，跟政府的重视程度有很大关系。得到政府特别眷顾的，在人财物各个方面都会受益很大（张继焦，2014）；那些无法得到政府厚爱，需要靠自身努力去自谋生路的，往往出现很大问题，例如老牌的爱群大酒店，从 30 年代的豪华酒店落魄为破旧的怀旧之处。

还有一种在公私合营过程中出现的老字号，是把一些小摊档或者小贩生意组合起来，以集体合作社的形式经营。这种合作化通常选取经营状态良好、名气较大的一个招牌作为集体生意的招牌，并不是真正以存在的时间长短作为命名依据。例如，1956 年广州地方政府把在路边摆卖的小吃摊档集合在一起，分别组合为集体所有制的合作店铺，由政府控制的食品公司统一管理。当时有个叫银姐的人在街头摊档卖肠粉，卖到街知巷闻，在和其他几个小贩合并的时候，成立了“银记肠粉店”。时至今日，银记的传统布拉肠粉依然以其“滑、薄、爽、鲜”的特色吸引着广州人。另外一个以广式糕点和月饼出名的老字号趣香饼家也经历过类似的合并。1938 年创立趣香的四位合伙人其实之前是在更老的广式饼家敬义信打工的，因为在产品开发和营销方面做得更好，在 20 世纪 40 年代中后期声名鹊起。到了 1956 年，在政府主导下，同区的敬义信、趣香、四美斋等好几个饼家合并，保留的并不是其他几个更老的饼家招牌，而是当时生意最好的趣香。当然，合营之后，趣香的原老板逐步退出，由政府委派的企业领导人负责经营。幸运的是，这个委派的领导人本身也是一个高水平而且有创意思维的专业糕点师，加上政府的支持，趣香这个“增强版”的老字号有了更好的发展，一直持续到 2000 年左右。

整体上来说，国营或者集体化过程对于老字号而言基本上是一个重组再造的过程，家族式经营的老字号被纳入政府主导的国有或者集体企业体系之中。从管理层到职工，从日常经营到长期规划，都是按照国有或者集体企业单位体制建立的。单位化之后的这些老字号由于跟政府的关系不同，在体制内的重要性和地位不同，所在行业和外在环境不同，最后的发展结果差异很大。例如，同样是起源于 20 世纪 30 年代，后来被收归国有的广州酒家不论在计划经济时期还是改革开放时期，都比较积极进取，稳中求变，顺应时代，所以一直保持良好的发展态势。但是，前面提到到趣香饼家，2000 年之后积累的国企病越来越严重，产品单一，对多变的市场机会把握不好，进入调整时期。

改革开放之后，广州作为改革最前沿，个体私营经济迅猛发展，其中一些经过二三十年的持续经营，构成了第三种形式的老字号。例如在广州本地门户网站广州视窗开设的美食天地栏目里面，以图文并茂的方式介绍了不少今天在广州人看来非吃不可的老字号美食店铺，如位于荔湾区宝华路内巷里的陈添记、阿婆牛杂、长寿东路上的坚记面店，越秀区万福路上的万兴小食（煲仔饭）、文明路上的达杨原味炖品和百花甜品店（1986 年创立）、北京路上的八珍煎饺（1989 年创立），等等。这些以个体私营方式经营的店铺通常是小规模的家庭式生意，供应符合本地人口味的食物，吸引本地人长期光顾。以陈添记为例，这个创立于 20 世纪 70 年代后期的小吃店，长期以来只卖三种小吃：祖传爽鱼皮、豉油王蒸猪腩粉和传统艇仔粥，尤其以凉拌爽鱼皮出名。2015 年年底有传言因为无人接班，陈添记准备结业，结果很多鱼皮爱好者纷纷涌去争着吃最后一碗鱼皮，表达缅怀之情，当地媒体争相报道，形成了一股老字号鱼皮热潮。

这种最近二三十年来涌现出来的新型老字号虽然以传统产品或者工艺作为卖点，但是所在的环境已经是工业化和市场化的广州，经营方式上也是按照现代商业规则办事，依法登记，开展业务。与前面提到的两种具有历史传承关系的老字号不同的是，这些新型老字号的字号其实是新创立的品牌，在日常经营活动过程中用优良的出品慢慢赢得当地社群的信任和厚爱，形成一种品牌忠诚度。同时，由于市场经济体制下竞争异常激烈，这些生意的进入门槛很低，淘汰率很高，能够坚持二三十年已经是难能可贵，在很多人看来配得上老字号这个称呼了。因此，从实地田野调查研究的角度，这类由普通民众根据日常生活经验认可的、持续经营达到 30 年左右或者更长时间的生意，都可以作为一种新型老字号，纳入老字号研究体系之中（张继焦 2015）。

## 三、结　语

当我们站在 21 世纪初的今天，在被新科技、新经济、新消费潮流重重包围的情况下，平心静气审视市场上的产品和消费提供者的时候，不难发现，一些带有旧日特色的老字号并没有完全被新经济所取代，正在以各种形式占有一定的市场空间。同时，在现代工商业不断发展的过程中，虽然商家更迭迅速，但是依然有一些经久不衰，在特定社群里面形成新的老字号故事。因此，老字号并不是给某些商家贴上的一个静态的标签，而是在动态的社会经济过程中形成的，嵌入到特定群体生活之中的产品和服务提供者。

具体到今天中国社会中可以找寻到的老字号，我们有必要回顾这些老字号缘起并赖以存在的社会经济结构，包括 20 世纪 50 年代之前传统经济与近现代工商业混合的时期、50 年代中期到 80 年代的计划经济时期和 80 年代到今天的国有与个体私营经济混合的时期。这样一来，老字号就可以按照自身的渊源和经济性质，划分为三个主要类型，分别是传统家族商业、公私合营之后带有老字号招牌的国有企业单位和改革开放过程中按照个体私营企业模式形成的普通民众老字号。这些类型之间并不是完全互相排斥的，而是可以互相转化的。例如早期的一些家族生意被整合为国有经济，一些经营不善的国有老字号到了改革开放和国企改革的时候，被私人企业购买或者租用其老字号品牌经营。还有少数新中国成立前就创业经营的老字号，其后人在改革开放之后以个体私营企业形式重新注册经营自己家族的生意。

由此可见，中国的老字号不论以什么形式存在，都不是一个西方工商管理学意义上的，借助各种市场学、广告轰炸和营销技巧，通过对消费者洗脑洗出来的品牌或者商标。可口可乐公司拿着一个可口可乐饮料的品牌和配方，可以跨地区跨文化在世界各地灌装和营销其产品。目前来看，中国的老字号在这方面还有很长的路要走，主要是在成为老字号的过程中，这些商家通常要花很长时间通过日常经营活动过程中的互动，与当地社群建立信任，获得当地社会在文化上的认同感。因此，老字号的“老”是具有丰富文化意义的老，是获得特定群体社会认可的老，也是在社会政治经济变动过程中不断重组的老。为了清楚地理解老字号的内涵和外延，对老字号的具体类型进行深入细致的研究非常有必要。

## 参考文献

[1] 乐民成. 国药世家三百年［M］. 北京：中国中医药出版社，2012.

[2] 张继焦. 中国“老字号”的研究现状、现实意义和学术价值［M］//张继焦，刘卫华. “老字号”企业案例及发展报告 No. 3（2015—2016）. 北京：中国市场出版社，2015.

[3] 张继焦. 北京“同仁堂”、“鹤年堂”的比较：从企业与政府的关系，看“老字号”医药企业的发展［M］//张继焦，刘卫华. “老字号”企业案例及发展报告 No. 2（2013—2014）. 北京：中央文献出版社，2014：283-297.

[4] 戴时焱. 关于“老字号”谱系研究方法若干问题的思考——以北京西城为例［M］//张继焦，刘卫华. “老字号”企业案例及发展报告 No. 2（2013—2014）. 北京：中央文献出版社，2014：38-56.

[5] 中国政协网. http://www.cppcc.gov.cn/2011/09/26/ARTI1317001118812343.shtml.

[6] Convert，Bernard，Heilbron，Johan. Where Did the New Economic Sociology Come From?［J］. *Theory and Society*，2007，36：31-54.

[7] Granovetter，Mark. Economic Institutions as Social Constructions：A Framework for Analysis［J］. Acta Sociologica，1992，36（1）：3-11.

[8] Granovetter, Mark. The Old and the New Economic Sociology: A History and an Agenda [M] //Roger Friedland, A. F. Robertson, eds. *Beyond the Marketplace: Rethinking Economy and Society*. New York: Aldine De Gruyter, 1990: 89-112.

[9] Swedberg, Richard. New Economic Sociology: What Has Been Accomplished, What is Ahead? [J]. *Acta Sociologica*, 1997: 40: 161-182.

# 河北省“中华老字号”企业网络形象建设研究

包来军[1]

**摘要：** 本文选择了两家酒业企业——承德避暑山庄企业集团有限责任公司和邯郸丛台酒业股份有限公司，以及两家食品企业——石家庄洛杉奇食品有限公司和河北省刘美实业有限公司为主要研究对象，并结合其他 12 家企业对河北省“中华老字号”企业网络形象建设进行了初步的研究。本文结合企业悠久历史、企业文化及各自网站等所体现出的不同特点，以《河北省“中华老字号”网络形象建设评价标准（2017）》为主要的评价依据，依据科学、客观、实用的原则，结合移动互联网公众号等网络信息资料，初步分析了有代表性的河北省“中华老字号”企业网络形象建设在 2016 年、2017 年的发展情况。

**关键词：** 河北 “中华老字号” 企业 网络形象

“中华老字号”企业是中华优秀传统文化与当代商业发展融合的代表。2006 年、2010 年商务部分两批认定了共 27 家河北省“中华老字号”企业。在当前的互联网＋时代，由于网络营销的性价比更高，且具有数据回馈及时准确、便于统计分析等优势，与之紧密相关的网络形象建设已经成为企业特别是中小企业的首选宣传推广途径。老字号企业要跟上时代，非常有必要营造正面、健康、生动的企业网络形象，积极拓展网上销售渠道。

“企业人类学眼中的企业既有其营利性的一面，也有其承担社会责任的一面，可以形成自己的创新研究视角，即对企业的经济性和社会性两大方面都进行跨学

[1] 供职单位：河北省社会科学院。

科的、综合性的探究。”[1] 本文尝试从传播学视角对河北省“中华老字号”企业中的代表性企业的网络形象建设进行初步研究。企业网络形象，既可以促进企业的社会形象传播，又可以直接推动企业网络销售和经济效益的提升。

著名老字号企业研究学者张继焦提出了要建立几个老字号企业数据库或资料集，包括问卷调查数据库、企业案例库、研究报告、企业信息资源资源库。受此启发，笔者认为可以建立一个企业网络形象数据库，分析比较研究在互联网＋时代老字号企业如何建立、传播和发挥企业网络形象所具有的丰富的企业文化、形象艺术、社会责任、全媒体传播、网络经济价值。“‘互联网＋老字号’，这并不是两者的简单相加，而是借助信息通信技术和互联网平台，让互联网与传统老字号进行深度融合，创造出老字号的新型发展生态。”[2] 老字号企业网络形象建设，侧重于企业面向大众和用户的外在的网络形象建设（与内部网络集成、融合不同），还可以包括企业应对相关网络新闻、网络舆情突发事件、自媒体等内容，因这一方向的研究刚刚展开，本文主要针对企业自身主体的对外网络形象建设，包括企业官方网站、微信公众号、手机客户端（App）、微博；研究方法主要是对其进行一定数据基础上的初步量化的定性分析。

## 一、河北省“中华老字号”网络形象建设评价依据及代表企业

### （一）河北省“中华老字号”网络形象建设评价依据

结合河北省“中华老字号”企业网站的历史、特点、现状，按照科学、客观、可操作的原则，同时广泛征集网站构建专家学者、企业家、网民用户等各方的意见，在结合国内外网站研究学术论文的基础上，初步制定了《河北省“中华老字号”网络形象建设评价标准（2017）》（见表1）。研究以老字号网站为主要目标，主体是老字号企业自身主导的对外网站建设，包括两微一端［微博、微信公众号、手机客户端（App）］。依据包括三个层次指标：一级指标包括网络内容、网络信息形式及用户舒适度及互动性、网络传播力及效益三大类。

企业的网络形象，以官网和两微一端为核心，包括企业网络历史文化形象、

[1] 张继焦．企业人类学：从社会结构视角分析经济行为［M］．北京：中国社会科学出版社，2017：248.

[2] 张继焦．老字号研究的四层次分析法：企业人类学的新范式［M］//张继焦，刘卫华．老字号绿皮书：“老字号”企业案例及发展报告（2016—2017）．北京：中国市场出版社，2016：13.

网络产品品牌形象、网络社会责任形象、网络全媒体形象和互联网传播形象五个方面。企业的网络形象建设具有鲜明的新媒体属性。“数字化、互动性是新媒体的本质特征。”[1] 企业网络形象的内容、传播方式和互动性是重要的评价依据。

**表 1**

**河北省“中华老字号”网络形象建设评价标准（2017）**

<table>
<tr><th>一级指标</th><th>二级指标</th><th>三级指标</th></tr>
<tr><td rowspan="6">1. A<br>网络内容<br>（历史文化形象）<br>（产品品牌形象）<br>（社会责任形象）</td><td>A1 历史</td><td>企业历史、荣誉介绍<br>网站建设发展历史（相关宣传情况）</td></tr>
<tr><td>A2 文化</td><td>企业文化（文化版块内容）<br>网站风格（网站整体风格）</td></tr>
<tr><td>A3 版块设计</td><td>结构图、特点评价</td></tr>
<tr><td>A4 信息量</td><td>信息类型数据（如新闻×条、图片×张）</td></tr>
<tr><td>A5 特色版块</td><td>（独特或较令人印象深刻的版块）</td></tr>
<tr><td>A6 企业新闻内容</td><td>完整度（事件六要素及影响）<br>时效性（重大事件上网速度）<br>更新速度（月平均更指数，X 条/月）</td></tr>
<tr><td rowspan="5">2. B<br>网络信息形式、<br>用户舒适度及互动性<br>（全媒体形象）</td><td>B1 形式多样性</td><td>图片（Logo、产品、活动、艺术图片）<br>文字（新闻、说明、其他文体）<br>视频（广告、企业宣传片、微视频等）</td></tr>
<tr><td>B2 在线咨询</td><td>方式、有效性</td></tr>
<tr><td>B3 留言板</td><td>条数、内容、回复情况</td></tr>
<tr><td>B4 易用性</td><td>相关网页链接度、打开速度<br>网站细节是否适用、用户体验度高</td></tr>
<tr><td>B5 手机移动互联网</td><td>微信公众号<br>手机客户端（App）</td></tr>
<tr><td rowspan="3">3. C<br>网络传播力及效益<br>（互联网传播形象）</td><td>C1 外部链接</td><td>网站类型、有效链接情况、数量<br>微博、微信、手机客户端（App）</td></tr>
<tr><td>C2 主要搜索引擎<br>搜索情况</td><td>条数、内容、特点</td></tr>
<tr><td>C3 网络营销</td><td>产品介绍情况、销售情况</td></tr>
</table>

[1] 匡文波. 新媒体概论［M］. 2 版. 北京：中国人民大学出版社，2015：4.

### （二）河北省“中华老字号”网络形象建设代表企业

河北省“中华老字号”中酒类、食品类企业网络形象建设已取得一定成效。这符合“行业对老字号企业综合信息化具有显著影响，食品业、医药业的老字号企业综合信息化程度显著高于餐饮业”[1]的中国老字号企业一般规律。

承德避暑山庄企业集团有限责任公司始建于1949年，现有资产10亿元，员工2 000人，占地面积33.35万平方米。集团下辖酒业有限公司、冀门酒业销售有限公司等六个子公司，主要产品有山庄牌山庄老酒等。

邯郸丛台酒业股份有限公司是国家大型酿酒企业，在册职工2 200余人，总资产7.2亿元。丛台酒以邯郸城市象征、著名战国遗址丛台命名，享有“南有茅台、北有丛台”和“河北第一名酒”的美誉。

石家庄洛杉奇食品有限公司拥有“金凤”“洛杉奇”两个河北省著名商标，专业生产金凤牌扒鸡禽类制品和洛杉奇牌肉类制品、面食制品。金凤牌扒鸡的手工制作技艺始于20世纪初，被列为省级非物质文化遗产。

河北省刘美实业有限公司核心产品为刘美烧鸡系列，是一家以加工禽类熟肉制品为主的综合民营企业。公司2014年资产总额近1.7亿元，其唐代宫廷御膳秘方及祖传卤煮熟食工艺被列为省级非物质文化遗产。

## 二、河北省“中华老字号”企业网络形象的内容

### （一）企业发展历史凸显中华优秀传统文化

承德避暑山庄官网重点突出的是企业的园区风景，全景山庄和全景博物馆的设置给用户提供了非常直观和身临其境的体验感，详细介绍了其“起始于炎帝、大成于仪狄、兴盛于契丹、成名于康熙、发展于现代”的皇家酒文化思想，以及深厚的燕赵文化底蕴。官网详细总结了其“创新、服务、奉献、诚信、凡事追求尽善尽美”的企业核心价值观；概括了集团成立、壮大、发展的三个阶段，及历史文化发展脉络。“袭着历史的脚步，山庄老酒集团一路走来，不仅安置了2 000余人的就

---

[1] 柴玲，刘盎然，张思思. 老字号企业信息化建设及其影响因素［M］//张继焦，刘卫华. 老字号绿皮书：老字号企业案例及发展报告（2016—2017）. 北京：中国市场出版社，2016：140.

业，而且对地方经济社会的发展做出了杰出贡献，这是一个企业逐步壮大的轨迹，也是山庄老酒集团与时代为伍并不断创新的路程。”[1] 山庄老酒传统酿造技艺被国务院确定为国家级非物质文化遗产，凸显了中华优秀传统文化特别是皇家文化的特色。

丛台酒业网站重视企业历史和发展历程，特别是一些标志性事件。如介绍了公司溯源于明朝弘治八年（1496 年）邯郸北门里张氏名门望族创立的贞元增烧坊；公司初建于 1945 年 11 月，以城内著名烧坊贞元增为基础，联合兼并周边 15 家私人烧坊正式建立河北省邯郸市酒厂，1994 年 10 月改制为股份制企业。网站以图片方式立体直观地展现了企业获得的 19 项荣誉证书和荣誉称号。这些对于企业形象和知名度提升、品牌宣传起到了重要作用，展现了“邯郸自古佳丽地、美酒十千醉不辞”的人文形象。

洛杉奇食品公司重视企业当代发展历程的传播。网站采用了企业历史标志事件链的动感引入，首选 2002—2011 年的标志性事件，体现了老字号企业在当代互联网时代全新发展的时代特点。重视企业文化理念与企业历史传承文化、标志产品特点、社会形象建设。其文化理念体现在“海内存知己，共享洛杉奇”的宣传口号与对工艺历史——“吃遍天下百鸡宴，金凤扒鸡吃百年”的推介上。

### （二）产品品牌形象建设成为企业网络形象的核心

企业构建良好的网络形象，最终目的之一是品牌传播和营销。企业的客户通过网站可以查询并了解企业所生产的各种产品性能、价格以及企业能给客户提供的各种服务等详细信息。[2] 通过网站，企业可以更好地宣传自己，提高知名度，进行有效的网络营销。几乎所有的网站都会有品牌宣传这一版块，其主要内容包括品牌故事、企业文化、企业社会责任等几个部分。将品牌宣传的部分放入企业网站的中已经成为一个共识，国内中小品牌的网站也会在官网中做相关的品牌宣传。

丛台酒业网站的“产品中心”版块展示了企业的系列产品：窖龄丛台酒系列、礼品酒系列产品、陶坛系列、贞元增系列、活分子系列、丛台饮用水等。“有爱·有家·有丛台”，在网站的公司文化和历程传承版块，有 65 条关于企业理念

---

[1] 网址：http://www.shanzhuanglaojiu.com.

[2] 张小莉. 利用有线电视网络加速电子商务发展进程 [J]. 中国有线电视，2003 (7).

及企业精神、企业历史传承、企业情怀等企业价值观方面的解读，彰显了“以质量为中心，以创新促发展，以顾客满意为宗旨”的思想。

洛杉奇食品公司企业自我形象的塑造通过“关于我们”版块体现，包括“组织机构”“企业文化”“公司荣誉”“公益事业”“视野之窗”“员工风采”6个子版块。圆形的构图和母子的形象，暗含着企业员工亲如一家的寓意；“企业文化”聚焦于金凤扒鸡与洛杉奇Logo标识的内涵解释，象征性地展示了企业文化的核心精神。企业组织力量、文化精神、荣誉至上、奉献社会、影像传播、以人为本的内容跃然网上。

刘美实业注重品牌建设故事化。“品牌的一半是文化”。虽然文化不能成为品牌的核心价值，但是由于品牌所具有的文化底蕴和象征意义，人们会更加信任品牌的核心价值。[1] 网站以连环画的形式简要介绍了刘美烧鸡一百多年的悠久历史。12幅传统国画风格的彩色书法和绘画，将用户带进了历史悠久传承的艺术境界，包括“刘美烧鸡传奇”“远在医学 德馨久广”“卤肉创基 老汤传世”“鸿图大展 富业有孚”“积善得报 千年秘方”“匠心独具 妙手生辉”“慈禧御赐 名振天下”“名流盛赞 神州宠望”“历史变迁 信誉至上”“柳暗花明 基业再起”“与时俱进 博采众长”“青出于蓝 兴业辉煌”。刘美烧鸡从明朝永乐年间源起，至清朝嘉庆年间创业，到光绪年间设店，名扬天下，直到改革开放后复兴，一个个小故事展示了中华老字号艰辛创业、善德文化、传承发展的历程。“全球化的地球村时代，人们更加珍视富有民族特色、文化特色的产品，而老字号企业正是迎合了人们打破‘同质化’心理需求，因为每一个老字号都包含鲜活的人物、动人的故事，蕴涵着丰富的人文和历史文化底蕴，是宝贵的民族财富。”[2] 用户在阅读故事的同时，也为数百年民间食品业生生不息的精神所感动。

### （三）企业公益活动凸显企业的社会价值和责任担当

企业的网络社会责任形象，主要通过企业的非物质文化内容传播、公司新闻内容的多元化来实现。特别是公司新闻中的公益、食品安全、慈善、员工关怀、

[1] 孔清溪，陈宗楠，朱斌杰. 品牌重塑：老字号品牌突围路径与传播策略 [M]. 北京：中国市场出版社，2012：187.

[2] 张继焦. 上海“杏花楼”：在上海世博会上的盛典性“事件营销”[M] //张继焦，刘卫华. 老字号绿皮书：老字号企业案例及发展报告 No.2（2013—2014）. 北京：中央文献出版社，2014：213.

企业旅游等富有人情味、人性化、人文化的丰富多彩的社会现实生活内容。

避暑山庄集团官网上“集团新闻”版块自2016年6月14日至2017年年底共有公司新闻65条。代表性内容有“山庄集团为小寺沟镇袁家店村送去五万元帮扶慰问金”“山庄企业集团举办‘赢在执行’演讲大赛”“共进社团开展创先争优实践活动——辅助集团股份绿化建设”等。设置了5个友情链接：中国文明网、河北文明网、平泉文明网、承德文明网和河北好人网，彰显了企业对文明的追求和导向。

从台酒业网站通过“丛台新闻”版块展示了企业丰富的生活、娱乐、运动、文化和经营活动，这有助于塑造企业充满活力和动态的网络形象；传播了企业助学献爱心、做慈善以及公益活动，支持传统文化、体育事业，重视环保的企业形象。截至2017年底，网站共有企业新闻203条，新闻更新及时，内容丰富。

洛杉奇食品企业官网通过“最新资讯”版块及时展示企业丰富的经营、文化、社会活动。其中，“公司新闻”子版块截至2017年年底，共有公司新闻476条，其中2016年为84条，达到每月7条，新闻更新及时，内容丰富，涵盖了政府视察督导、央视河北电视台等媒体报道、员工活动、社会参访、企业公益活动等诸多内容。“活动集锦”子版块以图片新闻报道为主，形象展示了员工和各界人士的身影。“以义取利、以利行义——是冀商终生的信仰”[1]。公司丰富的社会活动，特别是公益活动的报道，就是互联网时代对冀商“大义”的社会责任的颂扬和传播。企业社会（公益）活动的受益人群涵盖了小学生、老年人、受灾群众、婚龄青年等需要帮助的众多对象。丰富多彩、及时充实的新闻报道和网络传播，为企业网络时代形象的塑造提供了具体、扎实、鲜活的案例和内容。这也是企业传播社会责任CSR的价值所在。“传播企业社会责任（Corporate Social Responsibility，简称CSR）实践成了企业获得竞争优势的重要战略之一。作为一种新型媒介，企业利用网站传播CSR的主张与实践日益受到重视”。[2]

通过下面两个表（表2、表3）可以看出，洛杉奇公司官网着重通过公司新闻来建立一个具体可感的、有生活气息、有充实内容的企业网络历史文化形象、企业社会责任形象，也使得企业网络品牌形象巧妙地对用户实现了传播。

---

[1] 赵现锋，孟华新，等. 燕赵文化与冀商企业家精神研究［M］. 北京：中国经济出版社，2016：146.

[2] 黄晓君. 公司利用网站传播企业社会责任的策略［D］. 广州：广东外语外贸大学，2015：1-3.

**表 2**

**洛杉奇食品公司官网公司新闻 2017、2016 年代表性内容**

| 序 | 内容 | 时间 |
|---|---|---|
| 1 | 恭贺公司金凤品牌在第十一届河北品牌节中荣获 2017“河北名片”称号 | 2017-09-08 |
| 2 | 洛杉奇公司召开“共建安全健康河北”主题讲座活动 | 2017-06-07 |
| 3 | 金凤扒鸡喜获中国特色旅游商品大赛铜奖 | 2017-08-31 |
| 4 | “石家庄食药安全大讲堂”在洛杉奇公司顺利召开 | 2017-03-31 |
| 5 | 来自长安区东兆通小学、和平东路小学近 1 000 名小学生到金凤工业园参观学习 | 2017-04-13 |
| 6 | 洛杉奇公司协办“七夕”鹊桥会揭开帷幕 | 2016-08-06 |
| 7 | 洛杉奇情系灵寿抗洪救灾公益活动 | 2016-07-28 |
| 8 | 热烈祝贺公司国家柴鸡生态养殖综合标准化示范区验收工作圆满成功 | 2016-06-15 |
| 9 | 2016 年 4 月 29 日我公司米鸿雁同志荣获全国五一劳动奖章及证书 | 2016-05-04 |

**表 3**

**2008—2017 年公司新闻稿件数量**

| 年份 | 2017 | 2016 | 2015 | 2014 | 2013 | 2012 | 2011 | 2010 | 2009 | 2008 | 合计 |
|---|---|---|---|---|---|---|---|---|---|---|---|
| 数量 | 51 | 83 | 104 | 88 | 65 | 48 | 1 | 9 | 14 | 14 | 476 |

企业公司新闻类型内容的多元化、生活化、全媒体化是企业网络形象的重要组成部分。在互联网时代的今天，人们经常听到“内容为王”的说法，这充分体现了内容对企业的重要性。这是企业文化与新媒体时代融合的体现，其丰富度、形象度也是衡量企业网络形象的重要评价维度之一。

## 三、河北省“中华老字号”企业网络形象的特点

综合分析后可以发现，优秀的企业网络，都比较注重网站信息形式的多样性。网络平台是企业开展电子商务活动的窗口，是企业为合作伙伴和客户提供访问企业内部各种资源的平台。企业和商家要在网上制作出内容生动、丰富多彩、互动性强的网页提高网站的点击率，吸引消费者对企业产品和服务的注意。

### （一）参与性：体验式互动，增强用户的参与感

体验版的企业文化——全景网上数字博物馆。数字博物馆是以数字化的技

术、形式和统一的数字资源标准对博物馆的收集保管、科学研究和教育传播资源进行处理、加工、整序、组织，并向不同需求类型的社会公众传播自然或文化遗产相关知识的信息服务机构。虚拟展示运用先进的数字虚拟现实技术、全景图技术、多媒体技术等，全方位、多视角地展示藏品、展厅甚至整个博物馆，注重细节细腻的数字化处理，尤其吸引青少年的关注和体验。如用户可以在线游览，选取山庄老酒博物馆具有代表性的展馆，全景山庄、全景博物馆等视频以 360°全景功能让用户如同身临其境，通过基于图像的绘制技术进行实际仿真展示，使游客可以实现虚拟漫游。图片、实物、建筑的立体展示，给用户带来了极大的信息量和很好的体验感，成为官网的一大亮点和企业文化的动感载体。总的来看，承德避暑山庄企业集团网站，全面、详细、信息量大。用户访问企业网站的主要目的是了解产品和公司的基本信息、获取使用帮助，因此详细的产品分类目录、产品介绍以及公司介绍、各种联系方式、客户服务是网站的基本要求。

从台酒业注重和网民的互动性。互联网＋时代最突出的特点是互动性强，基于网站的互动模式，用户可以将自己最真实的想法提供到网站上，同时更有效地获得自己所需信息，网站运营人员也可以通过互动的形式获得用户的反馈。“在线留言”版块通过留言互动的方式对“从台酒胡服骑射”“对外销售渠道”“产品特点”“辨别真伪”“产品系列”“招商电话”等问题进行了互动交流。

洛杉奇食品公司在外部友情链接共有 18 个链接网站，其中比较重要的有天猫金凤扒鸡旗舰店，中国肉禽网、中国焙烤食品糖制品工业协会、国家质量监督检验检疫总局等行业和食品安全管理网站，河北日报、河北经济日报、石家庄日报等地方类网站，便于网民购买及查询相关商品、食品安全、地方新闻等信息。在网站首页上，还设置了“欢迎您第 *** 位访客”，截至 2017 年年底，访客人数已超过 17 万。

### （二）形象性和人性化：微视频传播，吸引年轻人的关注

一个优秀的企业品牌对客户的影响是深刻的，网络品牌就是将媒体渠道扩展到网络上，如创建企业网站、设计公司网络 Logo 等，简单地说，就是企业通过在互联网上展现完美的产品或优秀的服务以达到在消费者心中树立良好形象的目的。[1] 当代企业网站的信息形式由文本、图像向音频、视频等多媒体信息发展，

[1] 邱道勇. 微品牌：移动互联时代的品牌革命［M］. 福州：海峡书局，2014（4）：36.

消费者通过上网浏览企业网站，可以看到由多媒体技术制作的全方位的产品功能演示、企业各种营销活动的现场直播、智能化的产品及服务信息介绍、企业客户代表与客户或消费者之间实时在线的交流和沟通。

优秀网站的图片精致、美观、丰富。网站图片以核心产品包装图案、色彩、理念为中心，网站色彩和谐、版块构图美观、优秀传统文化意蕴渗透。新闻图片的大量使用，使得网站克服了文字叙述枯燥的弊端，体现了视觉媒体传播的优势，也符合“读图时代”网民用户的欣赏需求。文字简洁生动、说明准确，与图片形成了比较一致的整体，融合感较强。

避暑山庄集团官网百度地图的设置也使得用户可以直观地查找公司地理位置；内容丰富、人性化的细节设置，较一般网站只有地址或静态地图体现出了更多的人文性和细腻性。

丛台酒业网站风格简约大方，版块设计运用简单的条状几何图形，体现了品牌的大气与稳重。“景区旅游”版块给消费者一种温馨贴心的感觉。如此以消费者的需求为核心建设企业网站，能够明显提高品牌美誉度。网站的一大特色是“丛台影视”版块，有“走进丛台酒苑”“丛台味道”“愿君常饮丛台酒”“丛台酒业之歌”“感受丛台精神”“丛台窖龄 20 年”等 10 部在线视频，充分利用多媒体信息，体现了视觉媒体传播的优势，生动灵活地展现了企业价值观，在影像时代通过大量的微视频来吸引年轻人的关注。

洛杉奇食品公司网站突出介绍了企业主要标志产品之一——金凤扒鸡。从页面直观可见，对于传统文化通过宫灯、折扇、凤凰图案、金凤 Logo、书法来巧妙体现，页面暖色调有着节庆喜气洋洋的温暖氛围，使得产品包装图案与网页融为一体，给人赏心悦目的心理感受。

### （三）实用性：重视微信公众号及网上销售平台建设

加盟连锁店地图网页的设置，通过百度地图，配以店名、详细地址、电话，便于用户查找店面位置。正规网点的数量和信息一目了然，体现了企业的规模，增强了用户的实时识别能力及消费认可度和信心。这些营销网络的直观化体现，是用户亲和力的典型体现，而且具有重要的品牌、企业文化、用户忠诚度价值。“通过营销网络的建设，一方面，企业可以加强自己的品牌效应，深入百姓日常生活，发布自己的信息，扩大市场覆盖面，提高消费者的满意度和忠诚度；另一方面，顾客通过这些营销网点，也可以及时了解企业的动态，对于企业发布的信息给予反馈。”[1] 企业营销网络在互联网上的数字化发展，是线下实体店在线上网店的发展，两者可以实现互补性的结合。

避暑山庄公司网站展示了全部的优质产品：山庄皇家窖藏系列产品、山庄老酒系列产品、红色系列产品、大坛酒系列产品等。官网公布了销售网点、山庄商城，以及京东旗舰店、天猫旗舰店等。山庄集团设立了手机端App、山庄老酒集团微信公众号；品位和合承德维新公众号、酒源圣地维新公众号链接。

丛台酒业网站共设置“友情链接”5个，重要的有丛台京东店和丛台天猫店网络营销链接。

洛杉奇微信公众号也为手机移动用户提供了使用平台。在大众点评网上，洛杉奇有20余个店面被点评，在3星半到4星之间，受到了一致好评。

刘美实业网站将中国传统绘画与产品特写融为一体。网站和手机官网都设置了“联系我们”版块、在线客服、手机官网二维码链接。手机官网通过移动互联网，对互联网网站内容进行了重点传播，特别是设置了在线购买功能。在首页设置了“手机官网”“手机客户端”二维码。在大众点评网上有关刘美烧鸡的点评数量不多，但都到了至少三星半的水准。刘美实业网站比较突出招商加盟（包括“旗下企业”“总裁致辞”“发展历史”“国家专利”“销售网络”子版块）、走进刘美、产品订购、新闻动态4项内容，可见企业非常注重企业产品营销。

## 四、存在问题与对策建议

从企业网络形象建设的主要内容、网络信息形式、网民易用互动性和网络传播力及效益三个维度看，河北省“中华老字号”企业网站体现了一定的可视性、互动性、文化性，也存在着需要改进的不足：

一是仍然有不少企业不重视网络形象建设。从整体上看，具有一定实力的网络形象企业在全部27家企业中只占不到1/7；意识到网络形象并有内容的企业（共12家）占44.4%；55.6%的企业由于行业性、地方性、传统思维惯性等复杂原因在网络形象建设上比较薄弱。

二是企业网络内容不够丰富。如企业网络形象对于企业人（技术大师、员工）和用户的故事的挖掘和展示还远远不够，互动性仍然有待提高。如企业新闻

[1] 殷鹏. 北京“稻香村”：关系网络视野中的营销渠道［M］//张继焦，刘卫华. 老字号绿皮书：老字号企业案例及发展报告（2013—2014）. 北京：中央文献出版社，2013：233.

中，上级领导视察占比重较大，这是企业人类学中“伞式社会”的一个典型例证。“伞式社会”是中国经济社会结构的基本特征之一，即在以政府为主导力量的社会背景下，政府和企业之间的关系不仅是中国社会结构中的一种主要社会关系，也是影响资源配置和推动经济发展的重要方式。[1]

三是对于影像视频的运用能力明显滞后。企业网络形象的传播方式中，视频传播是最为薄弱的环节。大部分没有视频，内容过少，形式单一，很多以广告为主，偶有一些宣传片。微电影、微纪录、微视频几乎是空白，更新度极低。

建议采取以下对策：

一是企业要重视网络形象的建设，打造企业网络形象品牌，提升水平，加大投入。要将其作为企业发展的必不可少的关键一环。二是要从普通员工和用户角度出发，调动大多数人的参与积极性，发挥个人微信、微博等自媒体的力量，讲好更多的与企业相关的小故事。三是要重视视频、特别是微视频的传播力，不断推出新的、高质量、接地气的微视频。

总之，优秀的企业网络形象可以突破时空限制，进行广泛的社会传播，能够对用户特别是年青用户进行精准定位，实现双向互动沟通；可以构建时代影像的企业文化，打造产品品牌，获得文化价值、社会价值和经济价值的共赢。

**附录一**

**河北省“中华老字号”企业代表性官网网站（排名不分先后）**

| 序号 | “中华老字号”企业（官网网址） |
|---|---|
| 1 | 河北三井酿酒有限公司（http://www.3jing.com） |
| 2 | 石家庄马氏中发食品有限公司（http://www.mashizhongfa.com） |
| 3 | 霸州市争荣食品有限公司（http://www.bzzhengrong.com） |
| 4 | 大名县京府黑芝麻小磨香油有限公司（http://www.wuluxiang.com） |
| 5 | 河北凤来仪酒业有限公司（河北泥坑酒业有限责任公司）<br>（http://www.nikengchina.com/index.html） |
| 6 | 河北省迁安贯头山酒厂（http://www.gtsjy.com） |
| 7 | 河北保定槐茂有限公司（http://www.huaimao.com） |
| 8 | 河北保定刘伶醉酒厂（http://www.liulingzui.com.cn） |
| 9 | 衡水老白干官网（http://www.hengshuilaobaigan.net） |

[1] 张继焦.“伞式社会”——观察中国经济社会结构转型的一个新概念［J］.思想战线，2014（4）.

续表

| 序号 | “中华老字号”企业（官网网址） |
|---|---|
| 10 | 玉田县鸿源酒业有限公司（http://www.fnytlj.com） |
| 11 | 石家庄乐仁堂医药股份有限公司（http://www.lrt1935.com） |
| 12 | 河北金牛制药有限公司（http://www.hbjnyd.com） |

**附录二**

## 商务部认定的河北省“中华老字号”企业（27 家）

第一批（8 家）（排名不分先后）[1]：

1. 石家庄洛杉奇食品有限公司（品牌名称：金凤扒鸡）
2. 河北保定槐茂有限公司（品牌名称：槐茂）
3. 河北保定刘伶醉酒厂（品牌名称：刘伶醉）
4. 河北衡水老白干酒业股份有限公司（品牌名称：衡水老白干）
5. 承德乾隆醉酒业有限责任公司（品牌名称：板城烧锅酒）
6. 唐山鸿宴饭庄（品牌名称：鸿宴）
7. 河北省刘美实业有限公司（品牌名称：刘美烧鸡）
8. 玉田县鸿源酒业有限公司（品牌名称：丰年牌玉田老酒）

第二批（19 家）[2]

1. 河北三井酿酒有限公司（注册商标：三井十里香）
2. 石家庄马氏中发食品有限公司（注册商标：真定府）
3. 霸州市争荣食品有限公司（注册商标：争荣）
4. 怀安县柴沟堡熏肉制品有限责任公司（注册商标：柴沟堡）
5. 大名县大名府香油调味品有限公司（注册商标：大名府）
6. 邯郸市一篓油餐饮有限公司（注册商标：一篓油）
7. 大名县京府黑芝麻小磨香油有限公司（注册商标：五鹿香）
8. 承德乾隆醉酒业有限责任公司（注册商标：庆元亨）
9. 河北泥坑酒业有限责任公司（注册商标：福盛泉）
10. 唐山曹雪芹酒业有限公司（注册商标：曹雪芹）
11. 唐山市新新麻糖厂（注册商标：蜜蜂麻糖）

[1] 吴新光. 河北“老字号”能否历久弥新 [N]. 河北经济日报，2006-10-30.

[2] 资料来源：中华人民共和国商务部网站 [OL] http://www.mofcom.gov.cn/article/b/g/201108/20110807688840.shtml.

12. 河北省迁安贯头山酒厂（注册商标：贯头山）
13. 承德避暑山庄企业集团有限责任公司（注册商标：山庄）
14. 石家庄市中和轩饭庄（注册商标：中和轩）
15. 邯郸丛台酒业股份有限公司（注册商标：丛台）
16. 昌黎县赵家馆（注册商标：赵家馆）
17. 张家口市宣化区朝阳楼饭庄有限责任公司（注册商标：朝阳楼）
18. 石家庄乐仁堂医药股份有限公司（注册商标：乐仁堂）
19. 河北金牛制药有限公司（注册商标：金牛）

# 提升河北省老字号企业知名度问题研究

张彦台[1]

**摘要：**河北省老字号企业是河北宝贵的物质和文化财富，也是河北城市的一张珍贵名片。多年来，河北省老字号企业在满足社会消费需求、引领商务诚信建设、发挥行业示范等方面发挥了不可或缺的重要作用，不仅为河北省经济社会发展贡献了物质力量，而且为该省历史与文化的社会记忆增添了靓丽色彩。本文重点考察河北老字号企业的现实情况，分析河北老字号企业宣传运用中存在的突出问题，提出进一步提升河北省老字号企业知名度的对策建议。

**关键词：**河北省　老字号　企业　知名度　对策建议

被称为老字号的企业都是经过几十年、上百年甚至几百年市场竞争和淘汰之后留下的商业珍品（有些知名老企业统领着某个行业），都各自具有艰苦奋斗的发家史和宝贵的商业经营经验。[2]“改革开放以来，中国经济现代化突飞猛进，社会生活发生巨大变迁，我国工商品牌也日新月异、不断更新换代，国外工商名牌大量涌入国内，受到时尚界和青年们的追随。这些变化都对中华传统老字号形成挑战和冲击，使一些老字号倍感失落，有的老字号甚至已无人问津”。[3]习总书记非常重视“中华老字号”的发展与保护。中办、国办和各个中央机关也发文要

---

[1] 供职单位：河北省社会科学院。

[2] 张继焦. 企业人类学：从社会结构视角分析经济行为［M］. 北京：中国社会科学出版社，2017（5）：247.

[3] 张继焦，刘卫华. 老字号绿皮书：老字号企业案例及发展报告（2015—2016）［M］. 北京：中国市场出版社，2015（11）：1.

求把“中华老字号”做精做强。多年来，河北省老字号企业对河北的经济社会发展发挥了重要作用，但河北省老字号企业品牌发展与宣传尚未营造出有利的发展环境，老字号企业的品牌营销能力亟待加强。贯彻总书记重要指示，落实中央部署，要制定出切实可行的保护老字号企业发展规划，实施“振兴老字号工程”，加强老字号企业的研究、宣传，为老字号企业提供有力的公共服务平台，加强老字号企业知识产权保护，加大企业品牌维护力度。培育老字号企业的文化资本，强化社会记忆，加强老字号企业的推广，使老字号企业发挥自身特有的文化与社会功能，使其成为“对外交往的新名片”。

## 一、河北老字号企业品牌现实情况

老字号企业之所以在今天受到格外重视，不仅仅是因为其经济的和商业的价值，更因为其文化的和历史的价值。实际上，老字号企业已经成为中华民族传统文化的重要组成部分，成为传统棉鉴商业文化的代表和亮丽品牌。[1] 河北省有悠久的历史，多年的商业积淀孕育了许多享誉海内外的老字号企业品牌。河北省多家老字号企业具有上百年甚至上千年的历史，其中形成时间较早的是贯头山酿酒，其历史始于东晋，记载于清乾隆年间，已有千年酿造历史。这些老字号企业特色鲜明，以其独特的经营理念、优质的产品与服务，深受燕赵百姓喜爱。党的十八大以来，在国家实施振兴老字号工程的推动下，河北老字号企业整体发展呈现良好态势，部分老字号企业在技术创新、连锁经营、知识产权保护、文化传承等方面取得了突破进展，进一步提升了老字号品牌价值，增强了企业核心竞争力。2016 年，省委宣传部启动“美丽河北最美中华老字号”评选，全省 10 家企业入选。2016 年 12 月，河北省商业联合会联合中国商报社启动了“河北省老字号”的评审认定工作，河北老牌企业参与热情高涨，参评企业超过百家。

但是，放在全国的格局中考察，河北省老字号企业跻身“中华老字号”行列并不多，且分布行业单一。2006 年商务部认定了首批 434 家“中华老字号”中，数量排名前 5 位的分别是北京 67 家、上海 52 家、浙江 36 家、江苏 35 家、天津 30 家，河北省有 8 家企业入选（石家庄洛杉奇食品有限公司、河北保定槐茂有限公司、河北刘伶醉酒厂、河北裕丰实业股份有限公司、承德乾隆醉酒业有限责任

[1] 张继焦，刘卫华. 老字号绿皮书：老字号企业案例及发展报告（2016—2017）[M]. 北京：中国市场出版社，2016：1.

公司、唐山鸿宴饭庄、河北省刘美实业有限公司、玉田县鸿源酒业有限公司），与京沪等地相比老字号数量差距过大，且所属行业比较单一，都集中在食品行业。2010 年商务部认定的第二批 345 家“中华老字号”中，上海 82 家、北京 38 家、江苏 32 家、浙江 26 家、广东 25 家，河北省有 7 家企业入选（承德避暑山庄企业集团有限责任公司、石家庄市中和轩饭庄、邯郸丛台酒业股份有限公司、昌黎县赵家馆、张家口市宣化区朝阳楼饭庄有限责任公司、石家庄乐仁堂医药股份有限公司、河北金牛制药有限公司），与京沪等地相比老字号的数量仍有很大差距，且集中于食品和医药行业。与此同时，河北省老字号企业规模均不大，除上市公司衡水老白干总资产大约为 13.4 亿元外，几个酒厂总资产大多为 1 亿元左右，其他基本都在 5 000 万元左右。在我国最新老字号企业排名中较靠前的衡水老白干和刘伶醉，分别为第 57 位和第 98 位，其他均未跻身百强行列。

## 二、河北老字号企业品牌宣传存在的突出问题

老字号企业承载着鲜明而深厚的中华民族文化底蕴，具有良好的信誉和相当价值的品牌。[1] 河北老字号企业是河北宝贵的物质和文化财富，也是河北城市的一张珍贵名片。与一般企业不同，老字号企业作为一种历史文化载体，其字号、品牌与工艺都有厚重的历史文化底蕴，有着特色鲜明的本土知识内涵与传统，应该受到全社会的重视与保护。多年来，河北老字号在满足社会消费需求、引领商务诚信建设、发挥行业示范等方面发挥了不可或缺的重要作用，不仅为河北省经济社会发展贡献了物质力量，而且为河北历史与文化的社会记忆增添了靓丽色彩。但是，与现代市场经济发展要求和兄弟省份相比，河北老字号企业品牌发展与宣传还存在诸多问题。

第一，尚未营造出有利于老字号企业的发展环境。河北老字号企业的保护与促进，需要政府相关部门采取多种举措，但目前尚未营造出有利于发展的市场环境。首先，保护和促进河北老字号企业发展的相关政策体系不够完善，河北老字号企业的保护、促进与发展仍未纳入河北省的相关规划之中。其次，至今尚未从历史文化保护、文化传承等方面深入发掘河北老字号企业的文化底蕴与内涵。再次，至今缺乏对现代媒体方式的有效利用，不善于利用主流媒体、公益广告等对

[1] 张继焦. 企业人类学：从社会结构视角分析经济行为 [M]. 北京：中国社会科学出版社，2017：35.

河北老字号企业进行多角度、广覆盖宣传，没有利用这些现代传媒让企业讲述自己的“故事”。最后，至今未对老字号企业在特殊工艺人才培养、融资等方面给予适当的政策支持。

第二，老字号企业的品牌营销能力亟须加强。在现代市场经济中，品牌营销已成为众多企业开拓市场、提高核心竞争力的重要方式。老字号的品牌是老字号企业经久不衰、持续发展的“法宝”，也是老字号企业经过长期的经营实践而形成的集多种信息于一体的符号。[1] 但是，由于受传统经营惯性、专业营销人才缺乏等因素的影响，部分河北老字号企业的品牌营销能力有限。有的企业对自身品牌的内涵挖掘意识不强，不重视对企业发展历史中的重要人物、事件等方面的资料整理，品牌文化的打造缺乏深度与广度；有的企业对于品牌内涵与历史的把握缺乏现代性元素的注入与运用，对现代消费方式的感知度不灵敏，影响了品牌知名度的扩大与美誉度的提升。

第三，网络平台和品牌建设、营销创新能力不足。在网络的营销和传播上，部分河北老字号企业重视不足，仍然抱着过去的传统心态，认为自己是老品牌，质量过硬、信誉好，不需要像新品牌那样花力气去做品牌营销和传播。[2] 这就造成了部分河北老字号企业虽然“天生丽质”但仍然“养在深闺人未识”。2012 年的一份调查显示，“河北省 20 个老字号企业中有专门网站的企业不到 1/3，在电视、电台、报纸上做过广告的不到 1/5，所依靠的仅仅是消费者的口碑宣传”[3]。截至 2017 年年底，这一状况稍有改善，但仍然在一定程度上存在。仍然有 1/3 的企业没有建立自己的官网，只是挂靠在政府、行业、点评网站上，有数量很少的附属性链接，没有建立自己的运行独立、内容全面丰富高质量、富有传播力的网络平台形象。这固然与企业一定程度上受到地域性和行业性特点的局限有关，但反过来也制约了企业突破传统经营地域、模式和产品，在互联网＋时代创新发展。有的企业网站虽有一定的活动内容、产品创新、社会公益贡献，但这些信息都散见在其他网站之上，没有形成一个集中成规模的网络品牌传播平台和效应。

企业网络平台建设，是一项需要与企业产品、文化、形象宣传同步进行、必不可少的重要工作，如何结合时代发展、时尚潮流、民生关注，不断在网络上提

---

[1] 张继焦，刘卫华．老字号企业案例及发展报告（2013—2014）［M］．北京：中央文献出版社，2014（3）：23.

[2] 张继焦，刘卫华．老字号绿皮书：老字号企业案例及发展报告（2016—2017）［M］．北京：中国市场出版社，2016（12）：77.

[3] 孙永振．河北省中华老字号企业现状分析［J］．中国商贸，2012（13）：251-252.

升自己的品牌价值，发展扩大网络营销，承担企业公民责任，传播企业良好形象，充实企业文化形式内容，是一个需要大力发展并逐步专业化的系统工程。现实中，老字号企业的丰富理念、文化内涵、企业经营及活动事件很多都没有上网或采用多种方式进行传播。“在市场经济时代，老字号真正缺少的不是品牌，而是品牌营销、品牌创新的能力。大多数老字号企业仍在一种品牌无意识状态下徘徊，品牌还处于一种未被启动的休眠状态，这使得品牌的潜在资源大量闲置。”[1] 河北省“中华老字号”企业网络平台和品牌建设，特别是在全国乃至世界有影响力的网络平台和品牌建设仍然任重道远。

第四，企业网络平台和品牌文化建设形式单一。由于受传统经营惯性、专业营销人才、网络平台发展专业策划人才缺乏等因素的影响，部分河北老字号企业的品牌营销能力有限。有的企业对自身品牌的内涵挖掘意识不强，不注重对企业发展历史中的重要人物、事件等方面的资料整理、多媒体化和网络传播，平台和品牌文化的打造缺乏深度与广度；特别是没有实现实时的现实人物故事化、视频化、活动化，单纯依靠文字＋图片式的历史故事陈列，已经不能有效吸引年轻人的关注、点击、传播。有的企业对于品牌内涵与历史的把握缺乏现代性元素的注入与运用，对现代消费方式的感知度不灵敏，影响了品牌知名度的扩大与美誉度的提升。一些企业的网上营销点没有足够深入挖掘企业的特色、没有对企业的老字号称号的获得以及深刻内涵、价值和意义进行阐述。企业党建活动应该属于企业文化建设版块，却被错误地放在了新闻资讯版块。

第五，老字号企业网站内容仍然不够丰富、形式落后、传播力不强。以公司新闻为例，最多的时候有企业可以达到每月 9 篇左右，但很多则不足 1 篇，甚至每年只有几篇。公司经营、员工工作生活、公司社会奉献等现实情况才是网站最有内容、价值和说服力的传播部分。空喊宣传口号、只有历史梗概没有现实日常、只见产品不见人都会使得企业的网络形象空洞、微小。当今是影像时代，网站影像视频明显偏少，特别是形式灵活的微电影、微纪录、微视频，广告宣传片明显已失去了对年轻人的吸引力。实时、互动、真实的影像太少。传播力弱，还表现在网站自身的友情链接、其他网站在首页对企业官网的友情链接很少，有些与自身关系不大、行业跨度太大，有些甚至毫无关系；有的疏于维护，无法打开链接。部分官网外包给专业互联网公司运营，但技术和风格水平、日常维护明显受到限制。大多数企业网站新闻资讯更新速度滞后、数量稀少、内容空洞乏味。

[1] 吴新光. 河北老字号能否历久弥新 [N]. 河北经济日报，2006-10-30.

有些影音和视频也不能全面反映企业发展，而且视频制作声效不好、图片挑选不够精美、视频解说不专业。

第六，对于自媒体、朋友圈传播不足，网络平台活动少。大部分企业官网能在首页顶端或底端明显地设置手机官网、微信公众号二维码，这构成了一个完整的网络平台（台式机互联网与手机移动互联网相结合）。但有的企业移动互联网部分没有明确标出，相关度不大，孤立分割。用户互动仍然非常薄弱，如学校、旅行团等来参观访问企业，只有一条新闻而没有对传播进行深度挖掘。如果利用学生的日记、微信自媒体进行朋友圈转发，来实现口碑＋网络的双重传播，效果会更好。企业的网络平台活动也很少，没有及时和节庆、企业重要事件节点、企业文化内涵紧密、充分、有力地融合起来。很多网站显得四平八稳、平淡无奇、墨守成规。

第七，学术性研究、活动基本处于起步状态。有关河北省“中华老字号”企业的研究论文很少，专门的网络传播研究得就更少。通过中国知网检索发现，只有孙永振的《河北省中华老字号企业现状分析》，吴新光的《河北老字号能否历久弥新》《如何擦亮河北老字号招牌?》，胡昕的《京津冀商业文化特征及老字号文化渊源研究》，田新科、韩俊玲的《河北省“中华老字号”商标的命名特点及英译初探》等寥寥数篇文章。进行地区研究的只有田新科、李剑峰、张易娟的《保定市“中华老字号”品牌外宣英译现状及发展对策研究》和黎猛的《保定老字号企业品牌形象设计与推广对策研究》。个案研究只有张洪玮的《浅析老字号白酒品牌的激活与创新——以衡水老白干为例》、张春生的硕士论文《衡水老白干营销有限公司发展战略研究》等数篇文章。河北省老字号企业的协会组织、学术研讨会等还处于空白状态。

## 三、提升河北老字号企业知名度的对策建议

2016 年，习近平总书记强调要做好改造升级老字号、深度开发“原字号”、培育壮大“新字号”三篇大文章。中办、国办出台的《关于实施中华优秀传统文化传承发展工程的意见》提出：“实施中华老字号保护发展工程，支持一批文化特色浓、品牌信誉高、有市场竞争力的中华老字号做精做强”。[1] 2016 年 2 月，商务部等 16 部委出台的《关于促进老字号改革创新发展的指导意见》提出：“以

［1］ 关于实施中华优秀传统文化传承发展工程的意见［N］. 人民日报，2017-01-26.

促进老字号改革创新发展为核心，以保护传承老字号为根本，进一步优化老字号发展环境，充分发挥老字号的榜样示范和引领带动作用，大力弘扬精益求精的工匠精神，促进老字号创造更多社会、经济和文化价值”。贯彻总书记重要指示，落实中央部署，我们要从实际出发，坚持政府、市场和社会共同努力，采取多种举措，改进品牌宣传方式，创新品牌宣传载体，增强品牌宣传有效性，使老字号发挥自身特有的文化与社会功能。

第一，制定出切实可行的保护河北老字号企业发展规划。为了对河北老字号进行全面扶持，河北省应该尽快制定出切实可行的保护老字号发展规划。在这方面，厦门和山东省已经开始探索。2016 年 6 月，厦门市人大常委会审议《厦门市老字号品牌保护发展促进办法（草案）》。2017 年 2 月，时任山东省省长郭树清提出深入实施质量强省和品牌战略，要求将品牌擦得锃亮、叫得更响。随后，山东省八部门共同出台《“山东老字号”认定及保护促进办法》，对于“山东老字号”的认定、权利与义务、保护与促进、动态管理进行了详细规定。河北省政府应制定一个对老字号企业发展宽松的乃至倾斜的规划。规划必须包括以下内容：确定政府职责、主管部门、行业组织；确认老字号认定的对象、条件和评审程序；老字号的权利与义务；政府加强对老字号的维护、挖掘整理、知识产权保护、文化遗产保护，鼓励和帮助老字号的经营创新、品牌营销和配套机制；支持河北省老字号行业协会发展；对老字号进行动态管理；惩罚对老字号的侵权行为，等等。

第二，实施“振兴老字号工程”。首先，建议在全省范围内实施“振兴老字号工程”。通过重新认定、政策引导、文化宣传等多种手段，指导老字号企业继承和发展传统技艺和文化，创新经营方式，利用品牌优势实现新的发展。其次，建议继续开展“美丽河北·最美中华老字号”评选活动。2016 年河北省委宣传部主办了“美丽河北·最美中华老字号”评选活动。邯郸丛台酒、中和轩饭庄、唐山新新麻糖、乐仁堂、河北争荣、河北三井酿酒、衡水老白干、河北凤来仪酒业泥坑酒、保定槐茂酱菜、承德山庄老酒等 10 家老字号企业获此荣誉称号。应该继续开展评选活动，继续挖掘出更多传承河北商业文化、具有鲜明河北地域文化背景和深厚文化底蕴的河北省老字号企业，提升河北省老字号企业的知名度和影响力。最后，对河北老字号实行等级评定管理。根据老字号的发展现况，实行三星、四星、五星老字号等级别评定管理、扶持和推广宣传。

第三，加强老字号企业的研究、宣传，为老字号的维护、滋养与促进提供有力的公共服务平台。首先，建议开展“老字号与互联网、信息化”专题研究。建议利用好各大网络电商平台，积极参与供给侧改革，注重企业信息化建设，建立属于老字号本身的二维码、微信圈，打造老字号公司网站和销售网站，并积极利用网络销售的策略，塑造更好的老字号企业形象。其次，建议在各类媒体加大老字号品牌宣传力度。建议在河北官方网站、新媒体、重点期刊、杂志每期推出宣传河北省老字号的版块内容，拍摄《河北省老字号》的纪录片和微电影，重点推广和宣传弘扬质量至上、精益求精的工匠精神和以德兴商、诚信为本的商业道德的河北省老字号，使其成为厚植燕赵文化基因的优秀民族品牌和体现中华民族传统商业文化的集中代表。最后，建议把河北老字号引入教育、引入课堂。教育是最大的市场。现在很多80后、90后、00后不了解河北的老字号，老字号消费者出现断代情况，文化和教育部门应该把与老字号相关的内容放进课本、引进课堂。在高校召开论坛、讲座时应该加入河北省老字号的相关主题和内容。

第四，加强老字号企业的推广，使其成为"对外交往的新名片"。首先，建议搭乘"一带一路"的快车，向世界推广河北老字号。"民族的就是世界的"。自习近平总书记提出"中国梦"及"一带一路"等国家顶层战略以来，民族品牌在国内和国际市场迎来了新的发展契机。从社会层面上看，"中国梦"的提出，让中华民族充满信心，这给民族品牌在国内市场带来了非常大的发展空间。从经济环境来看，中国经济处于新常态的发展阶段，进一步拉动内需、促进国内消费市场繁荣，"一带一路"的战略给老字号在全球市场的发展注入了新动力。在文化层面，中华老字号作为中国文化"软实力"的重要体现，是弘扬优秀传统民族文化的重要载体。在国际化方面，中国的价值观和生活方式正越来越影响着世界。河北省多数老字号企业大都是"百年创客"，河北企业中的老字号，是我国商业文明、冀商文化的鲜活载体，诸如中铁山桥已成为我国生产桥梁钢结构、铁路道岔、大型机械产品历史最久、规模最大、实力最强的装备制造企业之一；华药是我国乃至东南亚抗生素药类的领军者……随着"一带一路"战略的推进，应该鼓励一批具有底蕴与潜质的河北省老字号企业，通过媒体宣传、资金扶持、市场指导等手段帮助其实现复兴、重返当代市场，以此响应国家供给侧改革的号召，在带动河北企业走向品牌经济的同时，为崛起中国的"走出去"，打造以文化为核心、以品牌为载体的全新大国名片，使逐步走出去的老字号成为河北省的一张新名片，成为中国的一张名片。同时，河北省"中华老字号"应利用好质量、诚信和文化传承，深挖当代的创新元素，进一步深耕国内市场和开拓国际市场，以获取更大的发展，成为中国品牌走出去的旗帜。其次，建议河北省老字号行业协会加入全国老字号协会、海外老字号协会，帮助河北省老字号在国内外进行品牌推广，学习北上广老字号、厦门老字号、香港老字号的发展模式和经验启示等，发挥河北省老字号协会、商会的行业价值。再次，建议鼓励和支持老字号企业聚集发展。鼓励在旅游景区、旅游古城、传统古村落聚集发展，让老字号重新回到消费者视野中。选择老商业区如大桥街、民族路等[1]，将其打造成名副其实的河北省老字号特色一条街，宣传河北老字号品牌，展示河北老字号技艺，促进其保护传承和创新发展。最后，在对外交往中，重点推广河北的老字号企业。各级领导出门要带河北的老字号产品。在接待宾客时，建议使用河北省老字号的酒水、产品等。在重大体育和娱乐文化活动中，使用河北的老字号产品、推广河北省老字号企业，参观河北的老字号企业、河北特色馆等。

第五，加强老字号企业知识产权保护，加大品牌维护力度。保护老字号的知识产权不仅需要企业自身的保护意识，而且需要政府相关部门出台有针对性的扶持制度来支持企业申请商标注册以及开展相关维权行动，同时也需要社会力量对市场进行监督。政府相关部门要鼓励支持老字号企业在国内外申请商标注册，不断加大知识产权保护力度，依法打击各种对老字号企业的侵权行为，为老字号企业维权提供便利，利用多种形式及时向老字号企业宣传知识产权的相关知识。通过企业—政府—社会力量多方共同努力，保护老字号合法权益，维护老字号的品牌形象。[2]

第六，重视老字号企业移动互联网、官网网站和对外传播建设。新媒体时代以及电子商务的快速发展，特别是我国"互联网＋"战略已经上升到国家经济发展战略的层面，这为河北省"中华老字号"的网络平台和品牌传播提供了更多选择。老字号企业应该更好地利用网络技术，更好地优化企业网络营销系统，提高平台网站的体验度与美观度，促使消费者能够以更方便和更快捷的方式访问和了解企业，从而带动河北省"中华老字号"企业网络平台的建设。移动购物的普及与兴起是时下的主流趋势。移动购物的市场前景优良，潜在需求十分巨大，河北省"中华老字号"应当把握住这个上升热潮，重视企业在移动平台的发展，抢占移动市场份额。[3]河北省"中华老字号"企业可以采取的方式有积极开发、优化移动端的 App 软件以及跟移动通讯领域的优势企业合作，进行品牌推广和促销活动。

---

[1] 蔡茜. 省城老字号，拿什么拯救你 [J]. 乡音，2006 (12)：22-23.

[2] 张继焦，刘卫华. 老字号企业案例及发展报告 (2013—2014) [M]. 北京：中央文献出版社，2014 (3)：23-24.

[3] 吴方. 电商引领老字号企业营销模式创新研究 [J]. 广西经济管理干部学院学报，2016 (3)：40-45.

在数字化营销普及的时代，老字号官方网站是最具权威的传播企业形象的渠道。“酒香也怕巷子深”，河北老字号企业应该突破传统的意义，亲身体验口碑传播为主的人际传播方式，运用多种传播手段，扩大品牌影响力，开设老字号官方网站，做好企业网络门面建设。[1] 对于具有实力的河北老字号企业，要加强官网建设，充分发挥老字号品牌效应，依托品牌效应，借助官方网站进行企业形象与产品及服务的介绍，借助官方网站进行企业供应链的管理，促进企业间的合作，加强企业与消费者的情感交流。

建议老字号企业利用好各大网络电商平台，积极参与供给侧改革，注重企业信息化建设，建立属于老字号本身的二维码、微信圈，利用微博、微信、百度知道、大众点评网等形式，形成老字号企业与消费者之间亲密的顾客关系。积极利用网络销售，塑造更好的老字号企业形象。在这个方面，北京的中华老字号全聚德做出了榜样。北京全聚德通过与雅座网合作，建立了自己的数据平台，在平台上对全聚德菜品销售进行分析，得出消费者的具体需求。他们还对顾客进行访谈与调查，然后将顾客意见录入后台数据，通过数据运算就能得出顾客对菜品的喜爱程度，从而决定菜品的去留。对数据的分析与利用使企业销售和利润上升，受到顾客好评。[2] 建议加强老字号企业网络平台对外传播建设，在网站或公众号中，至少发布重要信息的英文版内容，有条件的可以设置其他主要语种版块。

第七，鼓励河北“中华老字号”企业“抱团上网”。当前，虽然很多河北“中华老字号”企业已经以各种形式开通了网上专卖店，但这种单打独斗的经营方式面临着诸如信用额度低、假货横行等诸多难题，也不能形成足够的规模和影响力。因此，发展联合营销，努力打造老字号的群体品牌效应，是老字号发展亟待解决的问题。依托淘宝网这样的互联网平台和渠道，抱团整合优势资源，不仅让老字号有口碑有品质，还有进一步拓展销路的机会。如杭州市政府与淘宝网联手打造的“淘宝特色馆·杭州馆”正式上线，500 多家杭州网店、800 余件杭州农特优产品、“中华老字号”产品、手工艺品以及旅游商品入馆售卖，此举很好地利用了电商模式，开拓了新的市场，提高了杭州产品的市场占有率、品牌影响力和盈利能力。[3]

第八，丰富老字号企业网络平台的内容与艺术表现形式。曾经的老字号都是

---

［1］ 张继焦，刘卫华. 老字号绿皮书：老字号企业案例及发展报告（2016—2017）［M］. 北京：中国市场出版社，2016（12）：81.

［2］ 盛丽俊. 老字号餐饮企业的电子商务策略探析［J］. 中国商贸，2014（21）：121-122.

［3］ 中国电子商务研究中心. 杭州建设“六大中心”之国际电子商务中心［OL］. www.100EC.cn.

因为品质口口相传，被人熟知，覆盖面毕竟有限。在互联网时代，老字号要丰富网络平台的内容，讲好老字号的故事，赋予“招牌”和“产品”更多情感和内涵，同时，做到网站美观，内容翔实，更新及时，全面、快捷地传递老字号企业信息，把自己的产品更好地宣传出去，让老手艺的好产品惠及更多人，获得更多的认同。

在现代市场经济中，品牌营销已成为众多企业开拓市场、提高核心竞争力的重要方式。老字号的品牌是老字号企业经久不衰、持续发展的“法宝”，也是老字号企业经过长期的经营实践而形成的集多种信息于一体的符号。对于老字号企业，进行产品展示和宣传最好的手段就是采用多样化的时尚的社会化网络营销方式。如微信营销、SNS营销、微博营销、论坛营销等，将多种网络营销方式进行整合，打好组合拳，增加品牌影响力，为企业经营注入新的活力。[1] 同时，河北老字号企业的网络平台要深度挖掘企业的内涵，注重对企业发展历史中的重要人物、事件等方面的资料整理，打造具有深度与广度的老字号品牌文化，注重对企业品牌内涵与历史的把握与现代性元素的注入运用，灵敏捕捉现代消费方式的感知度，提升品牌知名度，扩大美誉度。

第九，利用现代化的传播手段对老字号企业进行包装、渲染、丰富和传播。老字号品牌之所以能在历史长河中经得住大风大浪的考验，依然保有自己的金字招牌不倒，一个重要的原因是老字号本身代表的就是一段特定的历史，投射着地方传统文化的影子，或者说老字号本身就承载着人们对于某段历史、某种传统文化的社会记忆。对于某些消费者来说，老字号企业的品牌、产品、服务、企业经营理念等元素代表的不是一种简单的经济表征，而是一种企业文化符号，走进了人们的生活和记忆之中。现阶段的企业竞争不再是简单的产品竞争，而更多地表现为文化附加价值的竞争。[2] 因此，河北老字号应该充分挖掘和认识自身的品牌文化，结合现代化的传播手段，加强对老字号品牌文化的包装、渲染、丰富和传播。比如夏钢导演以北京全聚德为原型拍摄的电视剧《天下第一楼》在央视一套热播期间，全聚德各店接待人次同比增长58.53%，营业收入同比增长68.79%。[3] 通过这样的现代化传播手段，可以让消费者直观全面地了解企业的品牌文化，赋予消费行为文化层面的意义，唤醒和强化消费者的社会记忆。

---

[1] 盛丽俊. 老字号餐饮企业的电子商务策略探析 [J]. 中国商贸，2014 (21)：121-122.

[2] 张艳梅. 品牌资产视角下广西老字号可持续发展研究 [J]. 广西经济管理干部学院学报，2016 (3)：53-60.

[3] 张继焦，刘卫华. 老字号绿皮书：老字号企业案例与发展报告（2016—2017）[M]. 北京：中国市场出版社，2016：81.

# 关于以老字号主题深化“北京礼物”内涵的思考：以北京西城为例

戴时焱[1]

**摘要：**老字号是具有鲜明中国传统文化特色的企业形态，“北京礼物”是北京悠久历史和深厚文化的典型代表。以老字号主题深化“北京礼物”内涵，在明确“为什么”的前提下，重点解决“做什么”“怎么做”等问题，进一步发掘北京优质历史文化资源，传承中华民族优秀传统文化，提升北京旅游产业发展品质，推进国际一流的和谐宜居之都建设，扩大老字号的社会知晓度，推动企业的传承与转型，实现互利双赢。

**关键词：**老字号 旅游产品 北京礼物

日前，笔者陪同朱祖希、袁家方、高洪力等多位北京市西城区社科联委员，应邀参加北京市旅游委组织的老字号主题“北京礼物”旅游纪念品研发考察活动。期间，参观了位于鸟巢与水立方的“北京礼物”旅游纪念品专卖店，围绕老字号主题“北京礼物”旅游纪念品的研制、开发和销售，与北京市旅游委领导，北京华江文化发展有限公司、北京华流文化投资有限公司、北京工美集团有限责任公司以及北京工艺美术博物馆负责人进行了座谈，感受颇多。

老字号作为具有鲜明中国传统文化特色的企业形态，是中国工商文化的重要组成部分，是地区宝贵的历史文化资源，是当代都市中的著名“地标”，构成乡土气息浓郁的城市记忆。据统计，在国家商务部2006年、2010年两次公布的名单中，按照“企业创业于1956年以前”等七条标准，北京地区有117家企业被认

[1] 供职单位：北京市西城区社科联。

定为“中华老字号”；2014 年以来，北京市有关部门先后认定了 177 家“北京老字号”；在《北京西城老字号谱系丛书》中收入了 98 家老字号。这些老字号，历史传承悠久，分布城市各处，经营领域广泛，文化积淀深厚，北京而又世界，传统而又现代，经济而又文化，经典而又时尚，在推动经济社会发展和服务百姓日常生活中发挥着重要作用。北京老字号的文化精神，集中体现为坚持不懈的事业追求、义利互济的价值担当、货真价实的经营观念、与时俱进的创新精神和薪火相传的文化传承等。

一方面，以老字号主题深化“北京礼物”的内涵，对于进一步发掘北京优质历史文化资源、传承中华民族优秀传统文化、提升北京旅游产业发展品质、推进国际一流的和谐宜居之都建设，具有十分重要的意义。另一方面，老字号与“北京礼物”强强联手，必将进一步扩大自己的社会知晓度，增强市场竞争力，为企业的传承与转型带来新的生机，从而形成互促双赢的良好局面。总体而言，应该加强需求侧调研，深化供给侧结构性改革，在明确“为什么”的前提下，重点解决“做什么”“怎么做”“怎么卖”等问题，确保以有效供给满足真实需求。

### 1. 准确把握老字号主题“北京礼物”的要素

在研发的全过程中突出中国特色、北京特征、字号特点这些要素，是开发老字号主题“北京礼物”的基础。

(1) 鲜明的中国风。作为当代社会主义中国的首都，在北京的城市性格中，历史底蕴深厚，集中反映着中华民族几千年来探索前行的艰辛和取得的辉煌；民族特征鲜明，生动展示出作为四大文明古国唯一幸存者的文化自觉与价值追求；时代气质突出，以改革开放的坚定步伐和现代化建设的巨大成就令世人瞩目。

(2) 浓郁的北京味。作为“中国历代都城的最后结晶”，北京是一个令人着迷的城市，“首都风范”“古都风韵”“时代风貌”是它的基调。具体可以用这样几个关键词来解读：一是“包容”。北京城其实是由历史上的移民建起来的，真正的“原住民”很少，加上几百年来万邦来朝，海纳百川已经成为北京人的基因。二是“首善”。作为皇城根下的子民，北京人打小就有严于律己、示范天下的自觉。三是“大气”。北京人素以关心天下为己任，面朝大海，仰望星空。四是“崇礼”。衣裳垂而天下治，仓廪足而知荣辱，官员懂礼讲规矩，百姓讲理儿促和谐。五是“自信”。就像老舍先生《四世同堂》里的祁二爷，“什么鸟儿没见过”，从不把风风雨雨放在心上。六是“内敛”。一名在西城区挂职锻炼的最高检察院干部曾说，西城人具有寡言多干的性格。其实真正的北京人历来以不张扬为美德，一贯讲究扎实做事、诚实做人，以实绩展示自己的实力。

（3）深厚的字号情。在北京历史文化孕育下成长起来的老字号，自觉传承历史积淀，勇于坚守文化价值，以服务百姓为根本宗旨，同时又具有极强的市场自觉。这些内涵体现在老字号的企业名称、主打产品、核心技艺、企业标识等方方面面。比如企业的匾额就充满了故事，有人考证，从清末民初到新中国成立，再到改革开放，百年来琉璃厂店铺匾额的题写人就换了三拨，生动展现出文化的传承和发展。又如企业建筑，很多老字号前店后厂，处处体现出京味文化的鲜明特色，其中以瑞蚨祥、谦祥益等为代表的前门大栅栏店建筑群被列入全国重点文物保护单位名录，成为宝贵的文化遗产。再如企业精神，同仁堂的“炮制虽繁必不敢省人工，品味虽贵必不敢省物力”和“同修仁德、济世养生”，六必居的“黍稻必齐，曲蘖必时，湛炽必洁，陶器必良，火齐必得，水泉必香”等，人们早已耳熟能详，这些训条和规矩，既是企业的市场经营之道，更是老字号的文化基因，深深地影响着老字号的前世今生。

只要注意选择适当的切入点和有效的对接方式，上述这些要素都能成为开发“北京礼物”取之不尽、用之不竭的优质资源。

### 2. 科学定位老字号主题“北京礼物”的功能

作为北京历史文化的象征和代表，老字号主题“北京礼物”肩负着讲好中国故事、传承企业风采、展示北京经典、阐释人生哲理等重要功能。

（1）形象的展示性。老字号主题“北京礼物”可以形象生动地展示中华民族的民族精神，展示首都北京的城市气质，展示各行各业老字号的社会形象，展示中国式生活方式的无穷魅力。比如：适应当下人们对“慢生活”的崇尚，茶文化制品引领人们在一饮一品中感受人生的奥妙，领悟人生的终极价值。

（2）强烈的装饰性。作为独具民族特色和地域特色的精美艺术品，老字号主题“北京礼物”在美化我们的日常生活环境、涵养伴随社会生活节奏日趋紧张而产生的浮躁心态、有效提升物质生活和精神生活品质等方面，发挥了不可替代的重要作用。

（3）生动的象征性。京城著名藏书家韦力认为，只有收藏线装书，才能跻身藏书家之列。而在一定意义上，通过对某一类老字号主题“北京礼物”的欣赏和购买，也确实可以透露购买者的兴趣爱好，成为其身份象征，甚至能够在一定程度上描绘其人生轨迹。

（4）广泛的实用性。老字号主题“北京礼物”的作用，体现在日常生活、审美需求、寄托乡愁、炫耀心理等方面。当今的社会，分层、分众现象日益凸显，面对“提起‘老字号’，第一时间你会想到什么?”这一问题，在不同国籍、民族、年龄、学历、职业的消费者口中，往往会听到截然相反的回答。为此，应该坚持贴近不同社会群体的日常生活。相对于恭王府的“福”字，故宫的“朕知道了”拉近了与购买者的心理距离，这提示我们应该为购买者提供题写“到此一游”的空间，便于他们在纪念品上加印、加刻类似“某某某与同仁堂”之类的纪念性文字，增强双方的互动和体验性。如果像《文物古迹览胜——西城区各级文物保护单位名录》那样，在“北京礼物”上添加二维码，对产品的来龙去脉、核心理念、品牌价值、使用方式等相关信息进行适当的解读，就可以为消费者提供更多的超值服务。

我们如果能够使老字号主题“北京礼物”综合体现上述各种功能，则必将发挥“1＋1＞2”的倍加效应，在更高层次上和更多领域里生动体现北京的城市特质，树立更加鲜明的北京形象。

### 3. 全面掌握老字号主题“北京礼物”的类型

理论上说，只要市场需要，老字号主题“北京礼物”的品种就可以无限拓展。在现实生活中，可以大致分为以下几种类型。

（1）时尚用品。作为体现当下最新生活理念、满足社会各界现实需求的产品，老字号主题“北京礼物”应该注意与国外著名奢侈品的异同，以及产品异同背后的文化差异，在区别中实现自己的价值。比如，人们常说“生在扬州；长在杭州；吃在广州；死在柳州”，这反映出对不同地区文化特征的认知差异。作为当代中国的时尚用品，老字号主题“北京礼物”应该注重通过多种方式，准确而巧妙地强化自身内在的“价值点”，力求在第一时间吸引目标顾客群体的眼球。

（2）包装用品。除了自身的实用价值，老字号主题“北京礼物”还具有很强的包装功能，比如新研发的一得阁墨汁瓶就具有两种功能。在这方面，应该注意相关产品在设计理念、用途、材质等方面的匹配度，注重突出企业、产品、设计者、消费方式的个性化特征，使其外表与内涵高度契合。

（3）生活装饰。作为日常生活中看似多余实则十分重要的装饰品，老字号主题“北京礼物”应该具有民族特色，比如适合在传统多宝格中摆放的雕漆作品；

应该体现时代特征，比如做成手机等时尚电子用品的卡套；应该突出地域特点，比如春天的曹氏风筝、中秋的北京兔爷。

（4）都市地标。老字号主题“北京礼物”应该成为地区历史文化特质的具象代表。比如，台湾岛造型的“神树”红桧木钥匙链就很受大陆游客喜爱。老字号主题“北京礼物”应该努力做到像全聚德烤鸭、景泰蓝那样，使人一看到就能引起视觉、听觉、味觉、触觉的多重联想，从而对北京回味无穷。

应该指出，上述分类只是为了方便分析，实际上具体到某一种产品，往往是一身而兼多种类型。

### 4. 着力拓展老字号主题“北京礼物”的品类

开发老字号主题“北京礼物”，应该坚持以下原则：一是以小见大，以元素的精选、合理的搭配促进功能的复合。二是以实说虚，注重以老字号元素阐释北京价值，同时要给消费者留下足够的想象空间。三是以假乱真，就像汲古阁的青铜器复制品“下真迹一等”那样，以深厚的文化底蕴、精美的制作工艺、个性化的独特造型激发购买者潜在的艺术细胞，达到引导消费的目的。

（1）单体产品要个性到家。当今的市场，无所不包，无所不卖。触目所见到的，都可以成为老字号主题“北京礼物”的首选。诸如：钥匙链；手机、信用卡、身份证、一卡通、北京通等各种卡套；冰箱贴；手袋；文化衫；书档；镇尺；裁纸刀、书签；经折装的老字号食单，等等。比如，可以采用半成品＋消费者现场加工的形式，制作《老字号护照》，格式为“企业名称＋主打产品＋核心技艺＋消费心得”；内容可以分为北京老字号、行业老字号、街区老字号等。

（2）套装产品要组合到位。借鉴出版业制作外形酷似真书的样书以供宣传使用的做法，制作迷你型的套装“北京礼物”。面对不同的消费群体，采取“1＋N”的形式，“合”则为一个整体，“分”则为相关配套专题，便于各类消费者选购自己心仪的纪念品。

一类是花样繁多的“北京礼盒”。主要题材有：缩小版的文房四宝，包括纸样、墨块、毛笔、砚台。北京工艺仿制品，包括雕漆、玉雕、景泰蓝、宫毯、料器、扇子、鞋帽等。北京小吃仿制品，包括回民食品、汉民食品、年节食品等。缩小版的北京民俗制品，包括脸谱、兔爷、毛猴、风筝、空竹、算盘等。以呈现不同历史时期的装帧方式为重点的“真名假书”，包括竹简装《居延汉简》、经折装唐人写经、包背装《永乐大典》、蝴蝶装《太平山水图画》、线装《四库全书》、平装《狂人日记》、精装《毛泽东选集》等。真名假书的经典碑帖，选择《三希堂法帖》等书法的代表性部位，展现甲骨文、金文、篆字、行书、楷书、草书等中国文字的发展脉络及艺术精华。

一类是独具匠心的艺术（全绘本）笔记本。主要题材包括：《北平笺谱》；《十竹斋笺谱》；画说老字号；老字号地图；匾（额）说老字号；北京的商业街；北京的文化街；北京的城墙与城门，包括地图、照片、模型等；北京老字号手信，包括导游图、京城老字号、行业老字号、街区老字号等。

一类是内涵与形式完美结合的“老字号印谱”。以最中国化的篆刻形式表现老字号浓郁的中国风，内容可以包括老字号名称、主要产品、企业精神、经营理念等；形式可以分为收入北京所有老字号的全本和收入按照行业或按照地域划分的部分老字号的分册本等；装帧形式可以分为线装、经折装、精装、平装等。

### 5. 精心做好老字号主题“北京礼物”的营销

从产品向商品的转变，是实现其价值的关键环节，也是市场经济中“惊险的一跃”。就老字号主题“北京礼物”而言，一方面要确保这些礼物“送得出去”，另一方面要确保消费者的反馈“收得回来”。为此，应该依托自身优势，创新发展理念，拓宽销售网络，提升营销水平。

（1）发挥旅游产业自身优势。借助文商旅融合发展的大趋势，围绕内容、方式、类型、包装、价位（包括消费者的心理价位）等问题加强市场需求调研，探索通过特许、委托、连锁、混搭等途径，与老字号、民营企业、公益组织、NGO等组织合作的有效方式，拓展在新华书店、独立书店、机场、车站、旅游景点、老字号企业等处的销售渠道，以多种经营手段填补市场渠道的空白，充分满足市民、游客、政府、企业在两岸关系、对外交往、“一带一路”等不同领域的多种需求。

（2）加强外国旅游者需求调研。从“他者”的视角出发，依据他们对中国和北京历史文化的关注点、对老字号的兴趣点，研发他们能够理解和接受的“北京礼物”。张翠珍《“他者”眼中的老字号形象调查报告》显示，在京外国人认为，最适合描绘北京老字号的形容词是“传统”“神秘”“多样”；而中国消费者对外国品牌的相应评价则是“品质”“创意”“经典”。为此，迫切需要采取有效措施，进一步强化北京老字号的正面形象，增强他们购买“北京礼物”的心理动力。

（3）大力推动线上—线下销售。注意研究这两种购买心理和行为模式的差异，发挥各自的长处，实现优势互补。比如，珍贵古籍需要买方观察实物以确认真假、品相等要素，因此很少参加线上拍卖活动。老字号主题“北京礼物”也存在类似情况，应该根据产品性质选择适当的销售方式，使线上—线下构成互促共赢的良性互动。

（4）优化市场价格策略。在注重开发独特、质优、物美、价廉、实用的大众纪念品的同时，借鉴其他部门发行贵金属纪念币和量小邮品的价格策略，尝试研发小批量＋高定价的限量版产品。沈文冲的《毛边书情调》，以“毛边书＋作者签名＋藏书票＋裁纸刀＋书签”的形式，引发毛边书收藏者的热捧。我们可以围绕十二生肖、生日纪念、结婚纪念、毕业纪念等重要节点，以私人定制的形式，研发概念纪念品。

（5）精心打造专业研发团队。针对不同类型、不同档次的老字号主题“北京礼物”，在现有专业制作公司基础上，组建包括历史文化、市场经济、城市规划、商业文化、社会民俗、老字号、社会心理、文博收藏等领域专家在内的研发团队，注重团队成员在身份、年龄、学科、专业特长、社会职业、关注重点等方面的结构互补、视角互补、方法互补，形成整体合力，加强田野调查，组织重点攻关，力求取得实效。

# 北京“中华老字号”的国际形象：以问卷调查为依据

张翠珍　高刘阳[1]

**摘要**：本文利用 2016 年 5 月在北京的调查数据，分析了驻京外籍受访者对抽选的 27 家“中华老字号”的认知情况。调查发现，人际传播在受访者了解老字号的途径扮演着极重要的角色，尤其是中国人的推荐作用明显。同时，我们也发现，为数不少的受访者是“偶然碰到”老字号而知道老字号的，这说明了老字号地理位置的重要性。同时，调查还发现，受访者光临次数最多、最喜欢、印象最深刻的老字号具有一致性，而光临次数最多、最喜欢、印象最深刻的第一位原因也几乎是相同的，即产品质量好。这意味着，提供与众不同的高质量产品是老字号生存和发展的最可靠保障。

**关键词**：“中华老字号”　国际形象　人际传播

1853 年，内联升在中国北京成立。1854 年，路易威登在法国巴黎成立。一百六十多年过去，内联升在，路易威登也在，但两者的国际知名度、品牌价值已是天壤之别。在 Brand Finance 发布的《2017 年全球最有价值品牌 500 强》中，路易威登位列第 101 位，却找不到内联升。确切地说，在 55 个上榜的中国品牌中，唯有第 118 位的茅台属于“中华老字号”。[2] 而经过 2006 年和 2010 年商务部两次认定，全国共有 1 129 家“中华老字号”。这意味着，中国不乏历史悠久的品牌，却

[1]　供职单位分别为外交学院、北京市工商行政管理局西城分局。

[2]　Global 500 2017，The most valuable brands of 2017 [2017-08-15] [OL]. http://brandirectory.com/league_tables/table/global-500-2017.

没能成就有世界影响力的品牌！

根据《“中华老字号”认定规范》，“中华老字号”是“历史悠久，拥有世代传承的产品、技艺或服务，具有鲜明的中华民族传统文化背景和深厚的文化底蕴，取得社会广泛认同，形成良好信誉的品牌”。显然，“中华老字号”不仅历史长、品牌形象好，并且承载着鲜明的中国文化，这是它的“自形象”。同时，我们也知道，“在争夺生存与权力的斗争中，他人对我们的观点、看法同我们的实际情形一样重要，是我们在他人‘心镜’中的形象—哪怕这镜中之像是歪曲的反映，而不是我们原本的样子，决定了我们在社会中的身份和地位”[1]。换言之，要成为国际品牌，我们得了解外国人眼中的“中华老字号”形象。根据汉斯·摩根索的观点，“中华老字号”在外国人心中的他形象决定了其国际地位。

为了解外国人对“中华老字号”的认知，我们于2016年5月在北京开展了以驻京外籍人口为受访对象的问卷调查，本文即以问卷调查资料为依据，探析北京“中华老字号”的国际形象。

## 一、关于形象

“形象”是一个被广泛使用的词语，如个人形象、形象顾问、国家形象等，但在不同的场合，其意义是不同的，在此我们从语言学与非语言学两个角度给予解释。

首先是语言学意义上的解释。根据《现代汉语词典》，形象是“能引起人的思想或感情活动的具体形状或姿态”。显然，这里的形象强调的是事物或人的客观存在。《韦氏大百科词典》（Webster's Encyclopedic Unabridged Dictionary，1994）分三个层次解释“形象”（image）：一是通过照相、绘画、雕塑或其他方式制作的人、动物或事物的可视的相似物；二是通过镜子反射或光线折射而成的物体的图像；三是大脑的反映、观念或概念。很明显，英文的定义比中文丰富，而最后一个层次强调的是客观事物或人在人们头脑中的认识，属于主观范畴。由此可见，任何事物的形象有两个层面，一是客观存在的形象，即客观形象或自形象；二是被人认知的形象，即主观形象、外在形象或他形象。

其次是非语言学意义上的解释。科特勒（Philip Kotler）认为，形象是“人们

[1] 张巍华. 冷战结束后中国国家形象的定位与传播［J］. 中国校外教育（理论），2007（9）.

所持有的关于某一对象的信念、观念和印象”。[1] 可见，科特勒强调的是对客观标的的认知，即主观形象。孙中有（2002：15）则指出了客观形象与主观形象的差别及其影响因素，他认为，“人们对事物的判断并不完全等不同于事物自身的属性，并不是照相似地反映事物的形象，而是在很大程度上取决于观察者所实际获取的相关信息及其具体的视角、经历、知识、价值观乃至情感”[2]。例如，美国扬·罗必凯广告公司（Young & Rubicam）对中国形象的调查结果显示，中国人的自我认知与外在认知有很大区别，如在“值得信赖”这一项上，中国人自己的评价几乎是满分，而外国人的评价接近零分。[3] 那么，客观形象与主观形象相比，哪一个更重要呢？美国社会学家、社会心理学家、传播学研究的先驱库利（Charles Horton Cooley）及美国政治学家摩根索（Hans J. Morgenthau）阐明了主观形象的重要性。库利的“镜中我”（looking-glass self）理论指出，“每个他人都是我的一面镜子，而每种社会关系也都反映着自我，进一步，由这种反映构成了我的身份”。摩根索则更进一步解释了主观形象对社会地位和身份的重要性。因此，了解自己在他人心中的形象是非常重要的，无论对国家、城市、企业还是品牌，尤其是在国际舞台上。

## 二、北京“中华老字号”的代表性

在品牌塑造方面，人际传播的作用不可小觑。来源可靠的信息无疑会加深消费者对老字号的认识，并推动消费者忠诚的快速形成。据此，若常住中国的外国人了解、理解、接纳、消费老字号，会对老字号的国际影响力产生积极推动作用。2010年第六次人口普查结果显示，近60万外籍人士常住中国，因此有必要了解他们对“中华老字号”的认知情况。由于没有条件做全国性调查，我们以北京作为样本，进行抽样调查。之所以选择北京，是因为北京既是“中华老字号”集聚之地，也有来自世界各国的外籍友人，有代表性。实际上，2006年、2010年商务部两次共认定“中华老字号”1 129个，分布于我国各省、自治区、直辖市（见表1），其中北京有117个，是“中华老字号”最集中的城市之一，仅次于上

[1] Philip Kotler. Marketing Management Analysis, Planning, Implementation and Control [M]. 9th ed. Upper Saddle River, NJ: Prentice Hall International Inc., 1997: 607.

[2] 孙中有. 国家形象的内涵及其功能[J]. 国际论坛，2002（5）：14-21.

[3] 扬·罗必凯广告公司从1993年开始进行全球性品牌资产研究，对中国的研究分别为1997年和2005年抽样调查资料。

海。从常驻外籍人口数量来看，2015年年底，北京常驻外籍人口6.5万，虽然远不如广州、上海，但作为国家的政治中心，北京有外国驻华使馆147个、国际组织驻华代表处18个、外国驻京新闻机构251家，其影响力远在其他城市之上。[1]

**表1**

**“中华老字号”地域分布**

| 地域 | 第一批 | 第二批 | 合计 |
|---|---|---|---|
| 北京 | 67 | 50 | 117 |
| 天津 | 30 | 36 | 66 |
| 河北 | 8 | 19 | 27 |
| 山西 | 10 | 17 | 27 |
| 内蒙古 | 1 | 6 | 7 |
| 辽宁 | 9 | 25 | 34 |
| 吉林 | 7 | 13 | 20 |
| 黑龙江 | 8 | 24 | 32 |
| 上海 | 51 | 129 | 180 |
| 江苏 | 35 | 61 | 96 |
| 浙江 | 38 | 53 | 91 |
| 安徽 | 8 | 17 | 25 |
| 福建 | 10 | 24 | 34 |
| 江西 | 2 | 20 | 22 |
| 山东 | 36 | 30 | 66 |
| 河南 | 4 | 18 | 22 |
| 湖北 | 7 | 19 | 26 |
| 湖南 | 12 | 8 | 20 |
| 广东 | 22 | 35 | 57 |
| 广西 | 2 | 7 | 9 |
| 重庆 | 9 | 10 | 19 |
| 四川 | 27 | 22 | 49 |
| 贵州 | 1 | 8 | 9 |
| 云南 | 11 | 15 | 26 |
| 陕西 | 8 | 19 | 27 |
| 甘肃 | 5 | 9 | 14 |
| 宁夏 | 2 | 0 | 2 |
| 海南 | 0 | 1 | 1 |
| 青海 | 0 | 1 | 1 |

[1] 北京常住外籍人员达6.5万立体开放格局正形成［2017-05-29］［OL］. http://news.makepolo.com/6564971.html.

续表

| 地域 | 第一批 | 第二批 | 合计 |
|---|---|---|---|
| 新疆 | 0 | 3 | 3 |
| 总计 | 430 | 699 | 1 129 |

资料来源：根据商务部公布的“中华老字号”名单整理。

## 二、问卷介绍

本部分介绍本次调查所涵盖的北京“中华老字号”，并介绍问卷的构成。

### （一）抽选哪些老字号调查

北京共有 117 家商务部认定的“中华老字号”。要想通过问卷调查了解老字号在受访者心中的形象，有两种方法。一是将老字号作为一个整体做调查，即不做行业分类，直接询问受访者对老字号的印象。这样做，简单，易行，但意义不大，因为老字号的形象可能有显著的行业差异。二是抽选一部分老字号做调查，抽选的根据可以是号龄，也可以是行业。从成立年代来看，北京 117 家中华老字号的成立年份从 15 世纪到 20 世纪，跨越五个世纪。每个世纪都有不同行业的老字号成立，很难仅以年份为依据抽取。因而，我们转向根据行业分类。从行业分布来看，餐饮、食品加工、茶行、工艺美术、服装布业、鞋帽、中医药分别有 39、18、13、7、7、5、5 家老字号，属于老字号比较集中的行业（见表 2）。选择标准有二：一是中国文化的代表性，二是外籍人士接触的可能性。餐饮业首先进入我们的视野，因为 33%的北京“中华老字号”来自餐饮业，这是老字号最集中的行业；也因为品尝特色美食是了解当地文化的内容，对餐饮业的了解也能说明受访者在当地的融入程度。我们选择了烤肉宛、烤肉季、砂锅居、同和居、鸿宾楼、丰泽园、又一顺、峨嵋酒家、便宜坊、全聚德、东来顺、南来顺、曲园酒楼共计 13 家。其次是中国文化的典型代表——中医药，我们选取了同仁堂、白塔寺药店、鹤年堂、德寿堂、永安堂，成立年代包括 15、17 和 20 世纪。再次是茶行。中国茶文化有悠久的历史，中国茶在国际上也享有盛誉。我们选择了吴裕泰、张一元、京华三个老字号。最后是服装鞋帽中的瑞蚨祥、步瀛斋、内联升、同升和、宝石、盛锡福，它们同属轻工业，产品都极具中国特色。总之，我们抽取了餐饮、茶叶、中医药、服装鞋帽四个行业的 27 家老字号作为调查标的。实际上，这些老字号的选取也兼顾了号龄，跨越15、17、19、20四个世纪。例如，成立于1405年的鹤年堂距今已有612年的历史，可谓是高寿企业，而京华则成立于1950年。

**表2**

**抽选的27家北京"中华老字号"**

| 行业 | 公司 | 注册商标 | 成立年份 |
|---|---|---|---|
| 餐饮（13） | 聚德华天控股有限公司北京聚德烤肉宛饭庄 | 烤肉宛 | 1686 |
| | 聚德华天控股有限公司北京砂锅居饭庄 | 砂锅居 | 1741 |
| | 北京华天饮食集团公司同和居饭庄 | 同和居 | 1822 |
| | 聚德华天控股有限公司北京烤肉季饭庄 | 烤肉季 | 1848 |
| | 北京鸿宾楼餐饮有限公司 | 鸿宾楼 | 1853 |
| | 北京便宜坊烤鸭集团有限公司 | 便宜坊 | 1855 |
| | 中国全聚德（集团）股份有限公司 | 全聚德 | 1864 |
| | 聚德华天控股有限公司北京峨嵋酒家 | 峨嵋 | 1950 |
| | 聚德华天控股有限公司曲园酒楼 | 曲园 | 1890 |
| | 北京东来顺集团有限责任公司 | 东来顺 | 1914 |
| | 北京丰泽园饭店 | 丰泽园 | 1930 |
| | 北京翔达南来顺饭庄有限公司 | 南来顺 | 1937 |
| | 聚德华天控股有限公司北京又一顺饭庄 | 又一顺 | 1948 |
| 中医药（5） | 北京鹤年堂医药有限责任公司 | 鹤年堂 | 1405 |
| | 北京永安堂医药连锁有限责任公司 | 永安堂 | 1416 |
| | 中国北京同仁堂（集团）有限责任公司 | 同仁堂牌 | 1669 |
| | 北京德寿堂医药有限公司 | 德寿堂 | 1934 |
| | 北京金象复兴医药股份有限公司白塔寺药店 | 白塔寺药店 | 1953 |
| 茶叶（3） | 北京吴裕泰茶叶股份有限公司 | 吴裕泰 | 1887 |
| | 北京张一元茶叶有限责任公司 | 张一元 | 1900 |
| | 北京茶叶总公司 | 京华 | 1950 |
| 服装鞋帽（6） | 北京内联升鞋业有限公司 | 内联升 | 1853 |
| | 北京步瀛斋鞋帽有限责任公司 | 步瀛斋 | 1858 |
| | 北京瑞蚨祥绸布店有限责任公司 | 瑞蚨祥 | 1862 |
| | 北京光华宝石鞋业有限公司 | 宝石 | 1889 |
| | 北京同升和鞋店 | 同升和 | 1902 |
| | 北京盛锡福帽业有限责任公司 | 盛锡福 | 1911 |

## （二）问卷构成

问卷由六个部分构成。第一部分是受访者筛选。考虑到受访者未必了解全部的27家老字号，我们在问卷的第一部分列出了27个老字号的名称及标识，供受访者识别。只要受访者知道其中的任何一个品牌，则继续访问；否则，访问终止。

问卷的第二部分是受访者的基本背景，包括性别、年龄、受教育程度、国籍、母语、汉语水平、来北京的时间和目的、在北京居住的区域、中国朋友的数量等。我们预期这些因素可能会影响其对北京老字号的认知。例如，一个外国人的汉语水平越高，对中华文化的兴趣越大，越有可能了解老字号。

问卷的第三、四、五、六部分分别询问受访者对餐饮类、中医药、茶叶、服装鞋帽类老字号的认知。为了便于比较，每个部分的问题是相同的，但备选答案的表述因行业不同而有所调整，分别询问受访者知道老字号的途径、在老字号的消费习惯、消费感受等。问卷的核心问题是经常光顾老字号、最喜欢该老字号、对该老字号印象最深刻的原因及不曾光顾老字号的原因。在问卷设计完成后，我们分别制作了中英文两个版本的问卷，以适应受访者的语言优势或偏好。

### （三）受访者基本情况

由于没有公开的外籍人口统计资料，无法进行随机抽样。于是，我们采用了随机拦访的方式。2016年5月，调查员在北京街头、学校、商场、健身场所、旅游点等寻找受访者，展开问卷调查。共收回有效问卷169份，受访者基本情况如下（见表3）。

在169名受访者中，90%以上的受访者年龄在19～50岁。从学历来看，75%的受访者有本科及以上的教育背景。169名受访者来自58个国家，可见受访人群的母国分散性，也足见北京的国际化程度之高。根据世界银行2016年公布的划分标准[1]，受访者中的52%来源于高收入国家，40%来自中等收入国家，7%来自低收入国家。从母国的地区分布来看，39%来自欧洲中亚，35%来自东亚、太平洋地区和南亚，其他受访者来源于美国、加拿大、撒哈拉以南的非洲和拉美，母国来源的多元化也反映了北京国际人口的多样化。至于是否有中国朋友，受访者

---

[1] 根据世界银行2016年公布的分类标准，以世界银行图表集法计算的2015年人均国民收入在1 025美元及以下属于低收入经济体，1 026～4 035美元属于中低收入经济体，4 036～12 475美元属于中上收入经济体，12 476美元及以上属于高收入经济体。参见：New country classifications by income level [2017-02-03] [OL]. http://blogs.worldbank.org/opendata/new-country-classifications-2016.

中仅有7%的受访者表示没有中国朋友，而且38%的受访者有10个以上的中国朋友。从汉语水平来看，6.5%的受访者表示不会中文，50%的受访者表示自己的汉语较好。在全部的受访者中，35%的人是第一次来京，另有44%的人表示来京的次数达到3次及以上。至于停留期，47%的受访者达到1年或更长。从来京目的来看，近80%的受访者是为学习来北京。居住区域集中在海淀、朝阳、西城和东城，比例达到近85%。

**表3**

**受访者情况**

| 项目 | 分类 | 人数 | 占比（%） |
|---|---|---|---|
| 性别 | 男 | 98 | 58.0 |
| | 女 | 71 | 42.0 |
| 年龄 | 18岁及以下 | 6 | 3.55 |
| | 19～50岁 | 155 | 91.72 |
| | 50岁以上 | 8 | 4.73 |
| 学历 | 高中及以下 | 41 | 24.26 |
| | 本科 | 82 | 48.52 |
| | 硕士及以上 | 46 | 27.23 |
| 母国收入水平 | 高收入国家 | 88 | 52.07 |
| | 中上收入国家 | 35 | 20.71 |
| | 中下收入国家 | 34 | 20.12 |
| | 低收入国家 | 12 | 7.10 |
| 母国所属地区 | 欧洲、中亚 | 66 | 39.05 |
| | 东亚、太平洋地区 | 42 | 24.85 |
| | 南亚 | 18 | 10.65 |
| | 中东、北非 | 6 | 3.55 |
| | 撒哈拉以南的非洲 | 10 | 5.92 |
| | 美国、加拿大 | 18 | 10.65 |
| | 拉美 | 9 | 5.33 |
| 中国朋友数 | 没有 | 12 | 7.10 |
| | 1～5个 | 53 | 31.37 |
| | 6～10个 | 39 | 23.08 |
| | 11～20个 | 28 | 16.57 |
| | 20个以上 | 37 | 21.89 |

| 项目 | 分类 | 人数 | 占比（%） |
|---|---|---|---|
| 汉语水平 | 不会 | 11 | 6.51 |
| | 会一点 | 72 | 42.60 |
| | 好 | 58 | 34.32 |
| | 很好 | 28 | 16.57 |
| 来京次数 | 第一次 | 59 | 34.92 |
| | 第二次 | 35 | 20.71 |
| | 三次及以上 | 75 | 44.38 |
| 停留时间 | 3个月及以下 | 13 | 7.70 |
| | 3～6个月 | 26 | 15.38 |
| | 6～12个月 | 50 | 29.59 |
| | 1～3年 | 46 | 27.22 |
| | 3年以上 | 34 | 20.12 |
| 来京目的 | 工作 | 21 | 12.43 |
| | 旅游 | 9 | 5.33 |
| | 家庭团聚 | 3 | 1.78 |
| | 学习 | 134 | 79.29 |
| | 其他 | 2 | 1.18 |
| 居住区域 | 西城 | 10 | 5.92 |
| | 东城 | 9 | 5.33 |
| | 朝阳 | 23 | 13.61 |
| | 海淀 | 109 | 64.50 |
| | 石景山 | 1 | 0.60 |
| | 丰台 | 1 | 0.60 |
| | 其他 | 15 | 8.88 |

## 三、驻京外籍人士对北京“中华老字号”的总体认知

问卷分别询问受访者对餐饮业、中医药、茶叶、服装鞋帽类中华老字号的了解情况。在此基础上，我们将每部分的调查结果汇总，以总结受访者对北京“中华老字号”的总体认知，并对受访者对不同行业老字号的认知进行比较。

### （一）餐饮、茶行老字号的知名度最高，服装鞋帽类老字号的知名度最低

在问卷中，我们列出了四个行业的老字号，请受访者勾选自己所知道的老字号，据此计算知道某老字号的受访者比重，并以此代表老字号在受访者中的知名度（见表 4）。调查结果显示，在餐饮业中，全聚德以 78％位列 13 家“中华老字号”餐馆之首，其次为烤肉季和东来顺。在中医药行业中，知名度最高的是同仁堂，比重为 70％；其次是白塔寺药店和德寿堂。在茶行中，吴裕泰以 82％居知名度之首。在服装鞋帽行业中，宝石的知名度最高，但仅为 34％。

四个行业总体来看，在受访者中知名度由高到低分别为茶行、餐饮业、中医药，知名度最低的是服装鞋帽业。此外，对四个行业中的老字号的知名度比较发现，第一名与第二名的知名度差距很大。比如，吴裕泰的知名度高达 82％，而位居第二名的张一元的知名度仅为 24％，相差 58 个百分点。当然，也有例外，即服装鞋帽类，该行业老字号在受访者中的知名度最低，且不同的老字号之间的差异不大。例如，宝石的知名度为 34％，第二位的瑞蚨祥和同升和的知名度均为 26％，仅差 8 个百分点。

**表 4**

**知名度最高的北京“中华老字号”（占比）**

| 类别 | 第一 | 第二 | 第三 |
|---|---|---|---|
| 餐饮业 | 全聚德（78.29％） | 烤肉季（26.32％） | 东来顺（19.08％） |
| 中医药 | 同仁堂（69.57％） | 白塔寺药店（26.09％） | 德寿堂（8.7％） |
| 茶叶 | 吴裕泰（81.82％） | 张一元（23.64％） | 京华（18.18％） |
| 服装鞋帽 | 宝石（34.29％） | 瑞蚨祥（25.71％）<br>同升和（25.71％） | 内联升（17.14％） |

老字号知名度的行业差异，可能与以下原因有关：一是其本身的价值；二是受访者接触的可能性；三是企业本身或第三方品牌推介的力度。中国茶可谓是

“中国名片”，而北京的“中华老字号”茶行又不多，受访者知道吴裕泰等老字号茶行的概率较高。与此相类似，北京烤鸭是海内外知名的区域品牌，而食用北京特色食物又是了解北京的重要途径，因此餐饮业老字号的高知名度顺理成章。然而，中医药老字号的情况略有不同。虽然与中国茶一样，中医药也是中国文化的典型代表，是国家名片，但是除非有人引介或受访者亲身经历，否则很难了解中医药行业的老字号，这可能是其知名度较低的原因。至于服装鞋帽业，虽然瑞蚨祥、内联升、同升和、宝石都生产、销售极具中国风格的产品，但由于中外文化、消费者身材的差异，并非所有的外国人适合或乐于穿着，因此其知名度最低。

此外，第三方机构对不同行业老字号的推介力度也有差异。作为北京市旅游业主管机关，北京市旅游发展委员会官方网站上用汉语、英语、法语、日语、西班牙语、韩语、德语、俄语、阿拉伯五种语言介绍北京的老字号及特色产品，借此向外籍人士宣传北京的老字号。以英文网站（http://english.visitbeijing.com.cn/）为例，在“关于北京”（about Beijing）栏目下设有“老字号”（time-honored brands）专栏，共介绍了25家老字号，几乎全是餐饮业或副食加工行业的老字号，问卷所列出的13家餐馆中的8家（砂锅居、同和居、烤肉季、又一顺、峨嵋酒家、全聚德、东来顺、曲园酒楼）及茶行中的吴裕泰均在其中。介绍内容包括老字号简介、店面或代表性产品或菜品的图片、地址等。显而易见，这些内容可能会提升老字号的知名度，也可能进一步带动消费。此外，还有一个栏目是“北京特色产品”（Beijing local products），介绍的品牌包括中医药行业的鹤年堂和同仁堂、制鞋业的内联升。显然，鹤年堂、同仁堂、内联升虽都是“中华老字号”，但并未出现在老字号专栏中。

### （二）了解老字号的途径

品牌传播大致通过以下途径：大众传播途径（报纸、杂志、电视等）、小众传播途径（直邮广告、户外广告）、公共关系传播途径（新闻发布会、研讨会、论坛等）、人际传播途径、新型传播途径（互联网、手机短信、新媒体等）。其中，人们对通过人际传播获得的信息深信不疑，并能建立起根深蒂固的信念，值得企业重视。[1] 据此，问卷列出了一些受访者了解老字号的可能途径（见表5），供其选

[1] 范林芳．企业品牌传播途径分析［J］．商场现代化，2006（2）．

择，分别是：属于人际传播的中国人推荐、中国以外国家的人推荐；作为外籍人士，到文化、地域完全不同的中国，很多信息仰赖于旅游手册或旅游杂志，因此问卷列出了属于大众传播途径的旅游手册或杂志、报纸、电视；在世界互联的大背景下，互联网几乎成为人们了解任何信息的第一途径，因此问卷列出了属于新型传播途径的互联网。除此之外，很多外籍人士喜欢自己走街串巷，也许会偶遇老字号，问卷为此列出“偶然碰到”作为选项之一。

调查结果显示，对餐饮业老字号的了解，第一重要的途径是中国人推荐，比重高达 56%；其次为偶然碰到（24%）；通过旅游手册或杂志了解的受访者仅为 17%。对中医药行业老字号的了解，第一重要的途径是偶然碰到，比例为 34%；其次为中国人推荐（33%），但两者相差无几。对于茶行的了解，受访者主要依靠人际传播（中国人推荐和外国人推荐均为 36%），其次为偶然碰到（27%）。对服装鞋帽类的老字号，受访者首要的了解途径是人际推荐（中国人推荐和外国人推荐的比重均为 42%），其次为旅游手册或杂志（16%）。

总体来看，人际传播在餐饮、茶行、服装鞋帽行业都是首要的了解途径，另外两个分别是偶然碰到、旅游手册或杂志，这与我们的预期一致。值得注意的是，偶然碰到对于受访者了解餐饮、中医药、茶行老字号非常重要，比重均在 20%以上。而且，对于了解中医药老字号，首要的途径就是偶然碰到，这可能是因为如果没有需求，身边的亲朋很难有机会推荐。

**表 5**

**了解老字号最重要的三种途径（占比）**

| 类别 | 第一 | 第二 | 第三 |
|---|---|---|---|
| 餐饮业 | 中国人推荐（56.21%） | 偶然碰到（23.53%） | 旅游手册、杂志（16.99%） |
| 中医药 | 偶然碰到（34.29%） | 中国人推荐（32.86%） | 旅游手册、杂志（17.14%） |
| 茶叶 | 中国人推荐（36.36%）<br>外国人推荐（36.36%） | 偶然碰到（27.27%） | 旅游手册、杂志（20%） |
| 服装鞋帽 | 中国人推荐（41.94%）<br>外国人推荐（41.94%） | 旅游手册、杂志（16.13%） | 网络（12.9%） |

### （三）是否光临过老字号

知道老字号，是品牌塑造的第一步，而消费体验将品牌丰富化、立体化，进而产生客户忠诚。于是，问卷设计了一个问题，询问受访者是否在列出的任何一家老字号消费过。调查结果显示，70%、55%、47%和34%的受访者在列出的老字号餐厅、茶行、中医药店铺、服装鞋帽店有消费经历，其中服装鞋帽类老字号的消费体验最少，餐饮业最多（见表6）。

**表6**

**是否光临过老字号（比重）**

| 类别 | 光临过 | 没有 |
|---|---|---|
| 餐饮 | 69.74% | 30.26% |
| 中医药 | 47% | 53% |
| 茶叶 | 55% | 45% |
| 服装鞋帽 | 34% | 66% |

### （四）光顾次数最多的老字号

针对光临过老字号的受访者，我们询问其光临次数最多的老字号，进而询问经常光顾的原因。根据调查结果，餐饮业中的全聚德、中医药中的同仁堂、茶叶中的吴裕泰以远高于其他品牌的比重，成为受访者光顾次数最多的老字号。在服装鞋帽行业中，虽然内联升、同升和、宝石均为受访者光顾次数最多的老字号，但比重很低，仅为17%。换句话说，受访者在服装鞋帽类老字号的消费不多。

调查结果显示，除服装鞋帽类外，其他三个行业的集中度都比较高（见表7）。例如，在茶叶、中医药行业中，吴裕泰、同仁堂的比例均在60%以上，而位居第二的比重不到20%，处于第三位的比重更是不到10%。服装鞋帽行业比较分散，且比重都很低。

**表7**

**光顾次数最多的老字号（比重）**

| 类别 | 第一 | 第二 | 第三 |
|---|---|---|---|
| 餐饮业 | 全聚德（42.72%） | 东来顺（7.77%） | 烤肉季（6.8%） |
| 中医药 | 同仁堂（65.22%） | 白塔寺药店（13.04%） | 鹤年堂、德寿堂（4.35%） |
| 茶叶 | 吴裕泰（71.43%） | 京华（17.86%） | 张一元（7.14%） |
| 服装鞋帽 | 内联升（16.67%）<br>同升和（16.67%）<br>宝石（16.67%） | 瑞蚨祥（8.33%）<br>盛锡福（8.33%）<br>步瀛斋（8.33%） | |

### （五）经常光临老字号的原因

那么，受访者经常光临老字号的原因是什么呢？这实际上是本次问卷调查的核心问题之一。问卷从产品特色、产品价格、销售服务、店内环境、品牌知名度、店铺的交通便利程度等方面列出了可能的原因，供受访者选择（见表 8）。调查结果显示，除餐饮业外，受访者经常光顾老字号的首要原因都是产品质量好，说明产品质量是老字号吸引顾客的最重要原因。在餐饮业中，首要的原因是服务好，其次为菜品有特色及就餐环境好。对中医药行业来说，药品种类多是吸引受访者的第二位原因。此外，价格合理成为茶行、服装鞋帽吸引受访者的重要因素。

**表 8**

**经常光临老字号的原因（占比）**

| 类别 | 第一 | 第二 | 第三 |
| --- | --- | --- | --- |
| 餐饮业 | 服务好（39.47%） | 菜品有特色（27.19%） | 就餐环境好（22.81%） |
| 中医药 | 药品质量好（43.24%） | 药物种类多（18.92%） | 销售服务好（13.51%） |
| 茶叶 | 茶叶质量好（57.58%） | 品牌知名度高（21.21%） | 茶叶价格合理（15.15%） |
| 服装鞋帽 | 产品质量好（38.46%） | 销售服务好（30.77%） | 产品价格合理（23.08%） |

### （六）最喜欢的老字号

无论是光临次数最多的老字号，还是最喜欢的老字号，都是用来了解受访者对老字号接受程度的，只是角度有所不同。调查结果显示（见表 9），无论是餐饮业、中医药，还是茶行，受访者最喜欢的老字号均与光临次数最多的老字号一致，即分别为全聚德、同仁堂和吴裕泰。换句话说，因为喜欢，所以时常光顾。对服装鞋帽行业而言，光顾次数最多的老字号是三家齐名，而最喜欢的老字号则呈现出差异，宝石以 28.6%的比重成为受访者最喜欢的老字号。

**表 9**

**最喜欢的老字号（占比）**

| 类别 | 第一 | 第二 | 第三 |
| --- | --- | --- | --- |
| 餐饮业 | 全聚德（51.04%） | 东来顺（8.33%） | 烤肉季（7.29%） |
| 中医药 | 同仁堂（82.76%） | 白塔寺药店（13.04%） | 鹤年堂（6.9%） |

续表

| 类别 | 第一 | 第二 | 第三 |
| --- | --- | --- | --- |
| 茶叶 | 吴裕泰（69.23%） | 京华（15.38%） | 张一元（11.54%） |
| 服装鞋帽 | 宝石（28.57%） | 内联升（21.43%） | 瑞蚨祥（14.29%）<br>同升和（14.29%） |

## （七）最喜欢该老字号的原因

那么，受访者喜欢老字号的原因又是什么呢？与经常光顾老字号的原因一样，我们从特色、菜品价格、服务、店铺内部环境、知名度、交通便利程度等几个方面列出了可能的原因，请受访者选择（见表10）。调查结果表明，对中医药、茶叶、服装鞋帽行业，喜欢老字号的首要原因均为产品质量好，与经常光顾的首要原因一致。而对餐饮业，最喜欢该老字号的原因与经常光顾的原因略有不同：最喜欢的首要原因是菜品有特色，而经常光顾的首要原因是服务好。显然，前者属于硬条件，后者是软条件。从四个行业来看，最喜欢的首要原因都是一个企业生存最根本的东西，就是产品的质量与产品特色。

**表10**

**最喜欢该老字号的原因（占比）**

| 类别 | 第一 | 第二 | 第三 |
| --- | --- | --- | --- |
| 餐饮业 | 菜品有特色（39.6%） | 服务好（30.69%） | 就餐环境好（16.83%） |
| 中医药 | 药品质量好（39.39%） | 药物种类多（15.15%）<br>价格合理（15.15%）<br>知名度高（15.15%）<br>交通便利（15.15%） | 销售服务好（12.12%） |
| 茶叶 | 茶叶质量好（56.25%） | 茶叶种类多（21.88%）<br>销售服务好（21.88%） | 品牌知名度高（18.75%） |
| 服装鞋帽 | 产品质量好（37.5%） | 销售服务好（25%） | 中国风格（18.75%）<br>价格合理（18.75%） |

## （八）印象最深刻的老字号

既然受访者经常光顾与最喜欢的老字号基本相同，那么，印象最深刻的老字号会与相同吗？调查结果显示（见表11），餐饮、中医药、茶叶中印象最深刻的老字号分别为全聚德、同仁堂及吴裕泰，与光顾次数最多、最喜欢的老字号一致。在服装鞋帽行业，内联升在六个老字号中脱颖而出，成为受访者印象最深刻的老字号。但是，与其他三个行业相比，内联升的比重并不高，仅为 27%。

**表 11**

**印象最深刻的老字号（占比）**

| 类别 | 第一 | 第二 | 第三 |
|---|---|---|---|
| 餐饮业 | 全聚德（55.21%） | 东来顺（7.29%） | 烤肉季（5.21%）<br>鸿宾楼（5.21%） |
| 中医药 | 同仁堂（66.67%） | 白塔寺药店（18.52%） | 鹤年堂（7.41%） |
| 茶叶 | 吴裕泰（75%） | 京华（16.67%） | 张一元（8.33%） |
| 服装鞋帽 | 内联升（27.27%） | 瑞蚨祥（18.18%）<br>同升和（18.18%）<br>宝石（18.18%） | 步瀛斋（9.09%）<br>盛锡福（9.09%） |

### （九）对该老字号印象最深刻的原因

那么，受访者因为什么对该老字号印象深刻呢？对于餐饮业而言，印象最深刻的原因是菜品有特色。而对中医药、茶叶、服装鞋帽而言，首要原因是产品质量好，与经常光顾、最喜欢老字号的原因一致。值得注意的是，对服装鞋帽类老字号，产品具有中国风格、时尚、品牌知名度高、价格合理，均以 15.38%成为让受访者印象最深刻的第二位的原因（见表 12）。

**表 12**

**对该老字号印象最深刻的前三位原因（占比）**

| 类别 | 第一 | 第二 | 第三 |
|---|---|---|---|
| 餐饮业 | 菜品有特色（35.24%） | 服务好（28.57%） | 就餐环境好（24.76%） |
| 中医药 | 药品质量好（40.54%） | 药品种类多（29.73%） | 药品价格合理（21.62%） |
| 茶叶 | 茶叶质量好（62.96%） | 品牌知名度高（33.33%） | 茶叶种类多（29.63%） |
| 服装鞋帽 | 产品质量好（53.85%） | 中国风格（15.38%）<br>时尚（15.38%）<br>价格合理（15.38%）<br>品牌知名度高（15.38%） | 无中国风格（7.69%）<br>销售服务好（7.69%）<br>购物环境好（7.69%）<br>店铺交通便利（7.69%） |

### （十）是否知道这些品牌均为"中华老字号"

自从 2006 年商务部开始认定"中华老字号"后，每个"中华老字号"的店铺都挂有牌匾，我们好奇受访者是否知道所列的品牌都是“中华老字号”。调查结果表明，总体来看，大概有50%的受访者不知道它们是中国的老字号（见表13）。当然，在行业之间也表现出了差异。例如，在餐饮业中，知道所列品牌是老字号的比例最高，为58%；而在服装鞋帽行业中，知道的比例仅为40%。

**表13**

**是否知道该品牌是“中华老字号”**

| 类别 | 知道 | 不知道 |
|---|---|---|
| 餐饮 | 58% | 42% |
| 中医药 | 47% | 53% |
| 茶叶 | 50% | 50% |
| 服装鞋帽 | 40% | 60% |

### （十一）不曾光顾老字号的原因

有时候，受访者认识问卷中所列出的品牌，但并没有消费或购买的经历。为此，问卷询问受访者不光顾老字号的原因，并从产品特色、价格合理性、服务、内部环境、知名度、交通便利程度、喜欢与否等方面列出可能的原因，供受访者选择（见表14）。调查结果表明，不曾光顾老字号的原因比较分散。对餐饮业而言，排在首位的原因是因为不喜欢中餐或附近没有所列出的中餐馆（47%）。对中医药行业而言，首要的原因是受访者因没生过病（41%）而没有机会了解中医药老字号。对茶叶行业而言，60%的受访者表示，自己喜欢中国茶，但并不在乎品牌。实际上，对很多中国人来说，也并非都注重茶叶品牌，因为喝茶与品茶相差甚远。对服装鞋帽而言，首要的原因是产品不适合自己（30%），这可能与文化、消费者身材等有关。

**表14**

**不曾光顾老字号的原因（占比）**

| 类别 | 第一 | 第二 | 第三 |
|---|---|---|---|
| 餐饮业 | 其他（47.33%）：不知道，不喜欢中餐，住处附近没有 | 价格高（28.38%） | 徒有其名（13.51%） |
| 中医药 | 其他（41.18%）：没生过病，不需要去看医生或买药，没机会了解 | 不相信中医药（15.69%） | 没有特色（27.45%） |

续表

| 类别 | 第一 | 第二 | 第三 |
|---|---|---|---|
| 茶叶 | 喜欢但不在乎品牌（60.61%） | 其他（21.21%）：不了解 | 价格高（9.09%）<br>茶行交通不便（9.09%） |
| 服装鞋帽 | 不适合自己（30.30%） | 爱中国风格，但不在乎品牌（18.18%） | 不喜欢中国风格（15.15%） |

## 四、结　语

本文利用 2016 年 5 月在北京的调查数据，分析了驻京外籍受访者对抽选的 27 家中华老字号的认知情况。

调查发现，人际传播在受访者了解老字号的途径扮演着极重要的角色，尤其是中国人的推荐作用明显。这意味着，若外籍人士的中国同事、朋友、同学等熟悉、喜欢老字号，并向他们推荐的话，可能是外籍人士了解中国老字号的捷径。为此，我们建议，企业或政府尝试通过有效的方式，提高在北京生活的中国人对老字号的了解。同时，我们也发现为数不少的受访者是“偶然碰到”老字号而知道老字号的，这说明老字号的地理位置很重要，也验证了老字号一条街的意义所在。实际上，2008 年商务部会同国家发展和改革委员会等 14 部委联合发布了《关于保护和促进老字号发展的若干意见》。为保证目标的实现，该意见提出的工作手段中，就包括建设老字号特色商业街。

调查发现，受访者光临次数最多、最喜欢、印象最深刻的老字号具有一致性（见表 15）。在餐饮业、中医药、茶行中，均为全聚德、同仁堂、吴裕泰。同时，光临次数最多、最喜欢、印象最深刻的第一位原因也几乎是相同的，即产品质量好（见表 16）。这印证了一点，即提供与众不同的高质量产品是老字号生存和发展的最可靠保障。

**表 15**

**光顾次数最多、最喜欢、印象最深刻的老字号（占比）**

| 类别 | 最常光顾 | 最喜欢 | 印象最深 |
|---|---|---|---|
| 餐饮 | 全聚德（42.72%） | 全聚德（51.04%） | 全聚德（55.21%） |
| 中医药 | 同仁堂（65.22%） | 同仁堂（82.76%） | 同仁堂（66.67%） |
| 茶叶 | 吴裕泰（71.43%） | 吴裕泰（69.23%） | 吴裕泰（75%） |
| 服装鞋帽 | 内联升（16.67%）<br>同升和（16.67%）<br>宝石（16.67%） | 宝石（28.57%） | 内联升（27.27%） |

**表 16**

**光顾次数最多、最喜欢、印象最深刻的首要原因（占比）**

| 类别 | 最常光顾的首要原因 | 最喜欢的首要原因 | 印象最深刻的原因 |
|---|---|---|---|
| 餐饮 | 服务好（39.47%） | 菜品有特色（39.6%） | 菜品有特色（35.24%） |
| 中医药 | 药品质量好（43.24%） | 药品质量好（39.39%） | 药品质量好（40.54%） |
| 茶叶 | 茶叶质量好（57.58%） | 茶叶质量好（56.25%） | 茶叶质量好（62.96%） |
| 服装鞋帽 | 产品质量好（38.46%） | 产品质量好（37.5%） | 产品质量好（53.85%） |

分行业来看，服装鞋帽类老字号的知名度较低，受访者也较少购买经历。虽然这些老字号的产品质量好，而且产品都极具中国文化特征。但由于中外文化的差异，消费喜好的不同，以及消费者体型的不同，而导致这类产品比较难以被外籍人士接受。

另外，虽然中华老字号都在店铺显著位置有“中华老字号”的标识，但仍然有近半数的受访者不知道该品牌是中国的老字号，由此导致自形象与他形象的巨大差异。这意味着，企业可能要加强对“中华老字号”的传播效果。

# 第6章 “餐饮、食品类老字号”专题研究

## 北京西城餐饮老字号品牌的发展现状、存在问题和解决思路

何 敏 席文韬[1]

**摘要：** 本文在回顾北京餐饮老字号品牌历史变迁的基础上，对其目前发展现状和存在问题进行分析，并提出解决思路和方向。得益于品牌管理和市场营销中对外部形象、内部改制、连锁经营、文化内涵等方面的努力，北京西城餐饮老字号品牌目前得以提升和发展，但也面临品牌价值流失和低估、品牌维护不力、品牌传承面临挑战等问题。今后应继续推进提升生产和经营理念，健全和完善老字号发展协调服务体系，并以文化对接为基础，用工匠精神打造老字号品牌国际新形象。

**关键词：** 老字号品牌 餐饮老字号 北京西城

民以食为天，饮食文化在中国人的生活与观念中历来具有非常突出的地位。作为北京老字号品牌的主要集聚区，北京市西城区拥有繁华的商业格局、众多的名胜古迹，又是许多重要机关的所在地，因此西城区内的老字号餐饮企业无论是其数量，还是菜品特色，在北京餐饮行业中都占有重要地位。本文在回顾北京餐饮老字号品牌历史变迁的基础上，以北京西城区餐饮“中华老字号”为例，分析目前餐饮老字号品牌的发展现状及存在问题，并提出解决思路，以更好地促进老字号品牌的传承和发展。

### 一、北京餐饮老字号品牌的历史变迁

餐饮业的兴衰与社会时代变迁密切相连。北京最早的餐饮品牌兴起于明代，当

---

[1] 供职单位分别为外交学院国际经济学院、中国社科院研究生院。

时叫菜馆或炒菜馆，到清代中叶康乾盛世、清王朝封建经济兴盛繁荣时得到发展，先后出现“八大堂”[1]、“八大居”[2]、“八大楼”[3]和“八大春”[4]。“堂”的主要顾客是京城里的八旗子弟、皇亲、达官贵人，“居”为汉人及外省籍人士宴请、交往或落脚之地，“楼”字号餐馆以特色菜肴为主，“春”字号则以广东、四川、淮阳和江苏等南方风味为主。

除饭庄外，在北京城比较兴盛的还有壹条龙饭庄（最初名为南恒顺羊肉馆）、烤肉宛、白魁、烤肉季、元兴堂、东来顺、西域楼、西来顺、清真三轩（两意轩、同和轩和同益轩）等清真饭馆；始于明代的、兴盛于清末民初的太平园、四宜园、查家楼、月明楼、方壶轩、蓬莱轩、升平轩、中和园等茶馆[5]；以及清真小吃（如炸卷果、蜜麻花、焦圈等）、汉民小吃（如灌肠、艾窝窝、驴打滚、炒肝儿、豆汁儿、卤煮等）和宫廷小吃（如奶油炸糕、杏仁茶等），一起形成北京的小吃体系。此外，八国联军入侵之后，在王府井和东安市场附近的六国饭店、德昌饭店、长安饭店等西餐厅也是当时有名的应酬、交际以及商务谈判的场所。

1931年“九一八”事变后，战争频发，大饭庄纷纷倒闭，到40年代末，“春”字号饭庄仅剩同春园一家。1949年新中国成立后，峨嵋酒家（川菜）、力力食堂（川菜）、曲园酒楼（湘菜）、马凯餐厅（湘菜）、美味斋餐厅（上海菜）等各地有名的老字号餐馆被大力引进。随着“文化大革命”的到来，在所谓破“四旧”的冲击下，老字号餐饮企业或牌匾被砸或被迫更名，如萃华楼改名人民大食堂，丰泽园换成了春风饭庄等。20世纪80年代初，北京市有关部门出台政策，恢复了“八大楼”等一大批老字号饭庄；第一家外商投资的马克西姆法式餐厅也落户北京；杭帮菜（知味观、奎元店）、江苏菜（松鹤楼）等也北上开店，北京餐饮行业呈现出开放和多元化的景象。

此后，在市场经济的大环境下，私营小饭馆和外商独资、中外合资等新的餐

---

[1] 资料来源：张明义，王立行，段柄仁. 北京志·商业卷·饮食服务志［M］. 北京：北京出版社，2008。“堂”既可以吃饭也可以听戏。清中后期，最有名的八大堂是惠丰堂、聚贤堂、福寿堂、天福堂、会贤堂、福庆堂、庆和堂、同和堂。

[2] 龙泉居、同和居、和顺居（砂锅居）、鼎和居、广和居、天然居、会仙居、义盛居为当时名气最大的“居”。

[3] 东兴楼（萃华楼）、泰丰楼、致美楼、鸿兴楼、正阳楼、庆云楼、新丰楼和春华楼即为当时最有名的“八大楼”。

[4] 在西长安街一带，芳湖春、东亚春、庆林春、淮阳春、新路春、大陆春、春园、同春园称为“八大春”。

[5] 这些大茶馆都位于大栅栏附近。

饮形式和风格逐步引领了人们对饮食文化的向往和追求，许多传统老字号餐饮品牌面临挑战和生存困境。为此，北京市委、市政府采取了“自主经营、独立核算、自负盈亏”、承包制、租赁制等一系列放权、让利的老字号抢救工程。20 世纪 80 年代末 90 年代初，商务部发布了保护和认定老字号的通知[1]，老字号的保护和振兴问题开始成为政府部门、企业、学术界研究的一个热点话题。

## 二、北京西城“中华老字号”餐饮品牌发展现状

随着北京国际化、现代化进程的推进，经过有关部门的资源整合，北京市现有的餐饮业老字号品牌实施集团化管理模式[2]。如著名“中华老字号”全聚德集团和东来顺集团都隶属于首都旅游集团；鸿宾楼、烤肉季、烤肉宛、砂锅居等享誉京城的“中华老字号”都隶属于聚德华天控股有限公司；六必居、桂馨斋、天源等老字号等隶属于北京六必居食品有限公司。其中，聚德华天控股有限公司旗下有 20 多个老字号餐馆品牌，涵盖京、湘、鲁、苏、豫、川、清真等不同菜系，中式正餐、快餐、小吃、西餐等不同业种。由于资料所限，本文主要以位于西城区的聚德华天控股有限公司旗下的“中华老字号”品牌为主[3]（见表 1），分析其发展现状及存在的问题。

**表 1**

**聚德华天控股有限公司旗下位于西城区的“中华老字号”品牌**

| “中华老字号”品牌 | 开业年代 | 号龄 | 经营菜系 | 认定时间 |
|---|---|---|---|---|
| 柳泉居 | 明乾隆庆年间（公元 1568 年） | 449 | 北京菜 | 2006 年（第一批） |
| 烤肉宛 | 清康熙二十五年（公元 1686 年） | 331 | 清真菜 | 2006 年（第一批） |
| 砂锅居 | 清乾隆六年（公元 1741 年） | 276 | 官府菜 | 2006 年（第一批） |
| 同和居 | 清道光二年（公元 1822 年） | 195 | 鲁菜 | 2006 年（第一批） |
| 烤肉季 | 清道光二十八年（公元 1848 年） | 169 | 清真菜 | 2006 年（第一批） |

[1] 为了进一步振兴和保护老字号，商务部在 2006 年和 2011 年分别认定并公示了两批“中华老字号”品牌和企业。

[2] 西城区的老字号经过解放初期社会主义公私合营，逐步转变为国有企业。20 世纪 80 年代以后，区属老字号企业自上而下进行改制，大多成为国有资产控股、参股企业。原来老字号归口管理的委办局则转变成为集团公司，股权集中在几家主要的公司手中，形成老字号隶属相对集中的管理格局，许多老字号企业成为二级甚至三级子公司。

[3] 事实上，这些“中华老字号”品牌涵盖了西城区主要的“中华老字号”餐饮品牌。

续表

| 中华老字号品牌 | 开业年代 | 号龄 | 经营菜系 | 认定时间 |
|---|---|---|---|---|
| 鸿宾楼 | 清代咸丰三年（公元1853年） | 164 | 清真菜 | 2006年（第一批） |
| 曲园酒楼 | 清光绪年间（约1890年） | 127 | 湘菜 | 2011年（第二批） |
| 玉华台 | 民国十年（公元1921年） | 96 | 淮扬菜 | 2006年（第一批） |
| 新路春 | 民国十九年（公元1930年） | 87 | 天津狗不理包子 | 2011年（第二批） |
| 西来顺 | 民国十九年（公元1930年） | 87 | 清真菜 | 2006年（第一批） |
| 同春园 | 民国十九年（公元1930年） | 87 | 江苏菜 | 2006年（第一批） |
| 延吉餐厅 | 1943年 | 74 | 东北菜 | 2006年（第一批） |
| 大地西餐厅 | 1945年 | 72 | 俄式西餐 | 2006年（第一批） |
| 又一顺 | 1948年 | 69 | 清真菜 | 2006年（第一批） |
| 峨嵋酒家 | 1950年 | 67 | 川菜 | 2006年（第一批） |
| 马凯餐厅 | 1953年 | 64 | 湘菜 | 2011年（第二批） |
| 老西安饭庄 | 1954年 | 62 | 清真菜 | 2006年（第一批） |
| 护国寺小吃 | 1956年 | 61 | 北京风味小吃 | 2006年（第一批） |

资料来源：根据相关资料整理。

## （一）总体经营稳中有升

近年来，经过聚德华天集团的改革、创新和发展，“中华老字号”品牌得以提升，创造了餐饮老字号“家家火、店店红”的经营业绩（见图1[1]），公司连续多年进入全国餐饮百强，总经理朱玉岭也被首都媒体誉为“玩转老字号的金手指”。

从规模上看，除西来顺、大地西餐厅外，其余品牌营业额均已突破千万元，烤肉宛2012年的营业额已突破6 000万元。从增长速度看，除鸿宾楼因装修营业额略有下降外，其余各老字号的营业额均稳步上升。其中，护国寺小吃营业额从2010年的1 077万元增长到2012年的2 178万元，翻了一倍；玉华台、烤肉季营业额分别增长了79%（从639万元增长到1 146万元）、78%（从639万元增长到1 146万元）。从利润率来看，除曲园酒楼2010年因装修建设还款利润率较低之外，其余“中华老字号”品牌利润率均保持在10%以上，还有企业达到20%以上。

[1] 由于所获数据限制，图1中没有包括柳泉居、同和居、新路春、同春园和马凯餐厅。

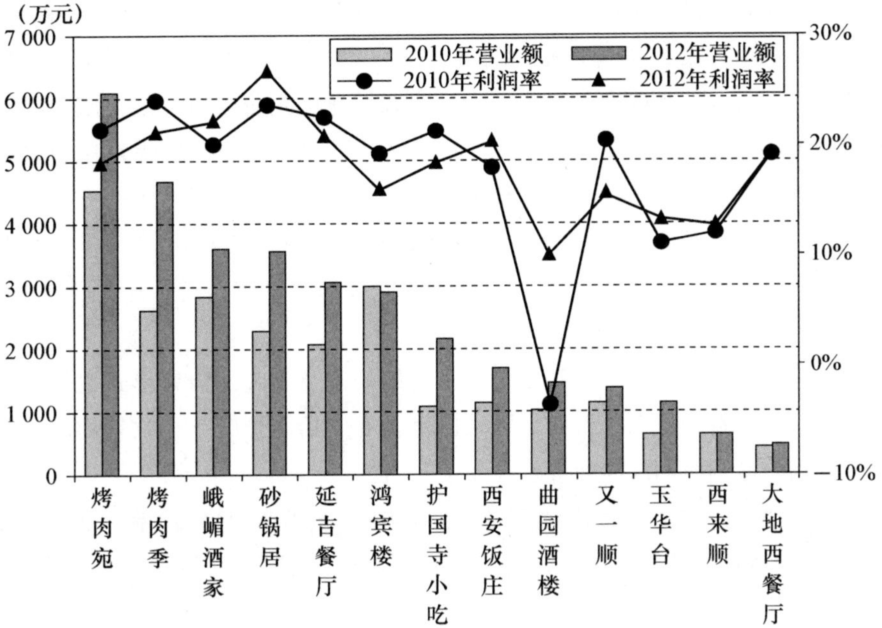


**图 1 聚德华天“中华老字号”企业经营状况**

资料来源：根据相关资料整理。

## （二）经营管理不断创新

这些“中华老字号”餐饮企业的良好发展，与聚德华天在品牌管理和市场营销方面做的大量工作密不可分。

对外宣传上，聚德华天沿用了北京华天饮食集团时期一直使用的广告语“民以食为天，就餐到华天”，在此基础上又提出“食以洁为先，放心就餐到华天”，这一广告语所代表的品牌形象经过多年宣传已深入人心。根据市场发展形势，聚德华天还组织实施了华天良好形象塑造工程，实行“华天家家卖早点，户户为民送方便”的“便民早点工程”，举办菜品创新大赛、开放后厨欢迎参观等活动，树立了良好的外部形象。

在公司内部，确立了“开拓市场、自强不息、科学管理、服务于民”的企业精神，相继开展和举办了“学海尔、找差距、再创新华天”活动以及分阶段对企业经营管理人员和员工进行培训，不断提高员工素质。同时，采取吸纳干部员工入股等措施，充分调动干部员工的积极性。这使得曲园酒楼、西来顺、烤肉宛、鸿宾楼等异地重张的老字号企业又焕发生机，被重新“抢救”回了老百姓的餐桌。

在此基础上，聚德华天还根据文化因素、顾客的消费档次、餐厅的风味特色、地理因素等细分和确定目标市场，采取差异化的定价策略，使得旗下老字号在日趋激烈的市场竞争中不断发展壮大。一方面，不同菜系坚持各自的风味特色，按照擅长的烹饪技法在保持传统的基础上，不断创新菜品；另一方面，通过不同老字号品牌，进入高、中、低档不同消费层次，如鸿宾楼进入高档消费市场，砂锅居、曲园酒楼、同和居、峨嵋酒家等大部分老字号进入中档消费市场，护国寺小吃进入低端市场，扩大了顾客消费群。

除此之外，发展连锁经营、完善营销网络，以及品牌加盟等形式也促进了老字号企业经济效益的提高。例如，柳泉居豆包专卖店、护国寺小吃等均已发展了多个连锁店，砂锅居、烤肉宛等也开设了分店。

与此同时，聚德华天还依托老字号的文化内涵，提高老字号品牌附加值，推出老字号店史文化典故服务等，既增添了顾客的食趣，又推动了老字号的文化传播。

## 三、北京西城“中华老字号”餐饮品牌的主要问题

### （一）老字号品牌价值流失或被严重低估

老字号品牌是老字号的核心价值，是不可复制的无形资产。老字号企业改制成为集团公司[1]下属全资子公司时，因为没有相关公允的评估体系，国有土地、老字号品牌等并没有作为股本进行评估入股，导致产权经营关系不明晰，老字号的品牌所有权与经营权分离，这导致老字号品牌价值流失或被低估，也给推动老

［1］ 聚德华天控股有限公司即为北京华天饮食集团公司（原西城区饮食公司）股份制改革时成立。2003 年，北京华天饮食集团公司与中国北京全聚德集团有限公司、北京国元投资有限公司（后为福建超大现代农业集团公司）共同投资组建聚德华天控股有限公司，意在引入全聚德连锁发展较成熟的经营经验和民营企业在用人激励等方面的机制，三者分别占资 34%、34%、32%。2004 年，根据西城区委区政府和区国资委的决定，北京华天饮食集团公司母体又与北京万方实业总公司母体（原西城区副食公司、菜蔬公司、粮食局）合并重组，仍称“北京华天饮食集团公司”，形成综合、餐饮、食品加工零售三大业态，分别由集团公司本部、聚德华天控股有限公司、北京万方有限公司经营。目前，在聚德华天控股公司拥有的老字号企业中，除延吉餐厅（华天饮食仅占 46.11%，个人资本占 53.89%）外，几乎所有老字号企业仍为国有控股，但资本结构为华天饮食和全聚德各占 30.91%，福建超大占 29.09%，个人资本占 9.09%。与之前三足鼎立的格局相比，个人资本的比重明显增加。此外，鸿宾楼在从西单迁到展览馆路改为有限责任公司后，为了充分调动干部员工的积极性，吸纳干部员工入股，虽然仍为国有控股（聚德华天控股公司占 79.29%），但其余 20.71%均为企业骨干入股。

字号市场化运作、引入新的资本带来困难。

一是在改制过程中，由于没有相关公允的老字号品牌评估体系，导致老字号品牌评估进入股本困难，或者在实际议价中老字号品牌价值被低估；而由于不实际拥有老字号品牌，使得一些改制后的老字号企业对老字号品牌价值提升的认识不够，维护品牌的动力不足，出现经营上的短视现象，导致品牌价值流失。

二是改制后由于管理层级多、体制固化，使得老字号品牌在经营上没有自主权。由于利润上缴母公司，企业难有资本实现扩大再生产或尝试新的经营方式；一些股东以保本稳妥为投资目标，对于有风险的经营方式和模式的探索持保留态度，这些都导致老字号经营观念更新不够，也难以甩开由于陈旧经营方式造成的较重负担，极大地制约了老字号品牌的进一步发展。

三是国有土地等部分产权经营关系不明晰，影响老字号品牌发展。例如，20 世纪 90 年代末开始的大规模城市拆迁将原来集中在长安街和王府井大街的餐饮老字号进行拆迁，在此期间搬迁的老字号大都获批了更大面积的经营场所，并以无偿使用作为补偿。鸿宾楼、曲园酒楼即为典型的例子，1998 年，因市政建设拆迁改造迁至展览馆路，政府为鸿宾楼、曲园酒楼无偿提供经营场所。但近年来，由于市场环境和管理规则的调整，政府对经营场所复收租金，这给企业增加了另一项大额成本，并且在一定程度上影响了政企关系。

### （二）老字号品牌维护不力

一些老字号由于法律等相关知识欠缺或企业资金有限，老字号品牌注册等保护不到位。例如，在电子商务快速发展的今天，由于缺乏资金或认识不足，许多老字号企业没有注册域名，这将影响老字号企业今后的发展。

此外，由于餐饮行业门槛相对较低，很多地方出现了冒牌的“中华老字号”餐馆，这些餐馆在哄抬价格、欺瞒消费者的同时，又做不出老字号该有的风味，对于不了解北京特色的游客产生了一定的误导，不仅使真正老字号的生意受到了影响，更重要的是败坏了老字号的名声，使消费者对品牌的信任度降低。这些冒牌老字号还存在不尊重宗教习俗等现象，致使老字号的品牌形象严重受损。

### （三）老字号品牌传承尚待破题

“传承”和“创新”是老字号发展的永恒主题，而餐饮行业“中华老字号”目前面临的最大难题仍是如何传承。餐饮老字号非物质文化遗产的独门绝艺仍多是通过“师傅传徒弟”的形式传承，技艺传承人从企业基层员工中选择和培养，但要学会、学精，往往需要几年甚至十几年的时间，而目前从事基础工作的企业员工，整体学历偏低（见图 2），流动性大，面对社会上一些相对简单、工资相对丰厚的工作，老字号在技艺传承、薪酬福利、企业文化、规划培训等方面都缺乏吸引力，造成老字号品牌传承面临挑战。

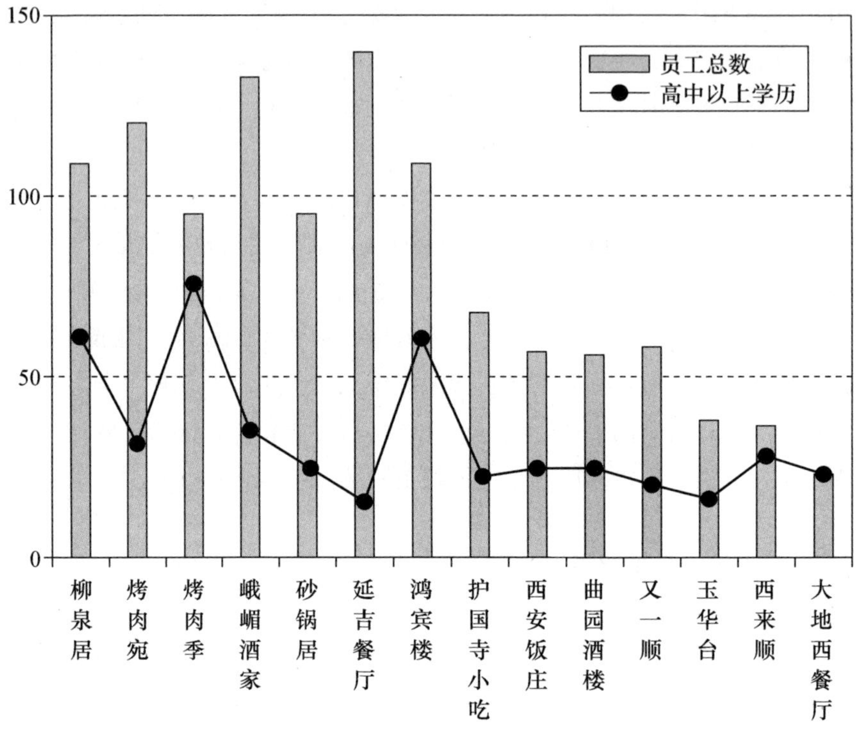


**图 2　聚德华天“中华老字号”企业人员结构（单位：人）**

资料来源：根据相关资料整理。

## 四、北京西城“中华老字号”餐饮品牌发展困境的解决思路和发展方向

### （一）有效推进生产和经营观念创新，进一步提升老字号品牌

老字号要发展，观念的提升是首位，尤其是生产和经营理念的提升，要从根

本上打开管理者的视野，加大体制机制改革力度，增强企业自主发展能力。

第一，要建立完善的老字号品牌价值评估体系，量化老字号品牌无形资产价值，实现老字号品牌量化入股。通过民营资本管理、技术、资源的引入，充分发挥市场机制的作用，对老字号品牌进行重新规划、包装和评估，在调动企业自主发展积极性的同时，打造和传承已逾百年的老字号品牌。

第二，加强老字号商标保护，加大打击冒牌的力度。老字号企业要深入研究品牌战略规划，积极申报“中国著名商标”“中国驰名商标”，有效加强老字号品牌的知识产权保护；并利用法律手段有力打击侵害中华老字号知识产权和商标商号的违法违规行为。

第三，有效利用现代营销手段，打造和维护老字号品牌形象。老字号要从企业和品牌形象上与现代生活方式接轨，对店铺装潢、产品形式与包装等进行改进设计，推进老字号文化表现力创新；并通过网络、手机客户端等现代新媒体营销手段，与电商平台有效对接，让消费者尤其是年轻消费者充分认识老字号，提升老字号品牌的影响力和价值，同时告知消费者如何区分冒牌老字号，打击盗版的同时，维护品牌形象。

第四，完善老字号企业人才的培训晋升机制。对于不同级别和层次的员工，确定标准，开展相应的培训，逐级提升培训级别，在企业发展的同时实现员工个人发展；在此基础上，逐步建立自身独特的企业文化，形成积极向上的工作氛围，提升经营管理和服务水平的同时，让老字号品牌传承下去。

### （二）政府应健全和完善促进老字号健康发展的协调服务机制

通过老字号发展历史的回顾可以深刻体会到：老字号是老北京文化中不可缺少的部分，为北京市的历史、民俗、文化做出了卓越贡献。因此，发展振兴老字号品牌是发扬中国传统文化遗产、把北京建设成历史文化名城的重要组成部分，也是促进经济发展、推动内需的新的增长点。因此，政府应给予足够的关注和支持，积极协调和整合对文化创意产业、旅游产业、信息化、中小企业等涉及老字号企业发展的政策措施，进一步推动和促进国有老字号企业的深化改革，对老字号企业的改革转制、产品创新、服务创新、营销创新、文化表现力创新、商标商号保护、宣传推广、岗位培训等项目给予专项支持，健全和完善老字号发展促进协调服务体系，促进老字号的健康发展。

### （三）以文化对接为基础，用工匠精神打造国际老字号品牌

中华餐饮文化源远流长，北京老字号餐饮品牌积淀了丰厚的饮食文化底蕴，这为其积极参与更深层次的文化竞争提供了得天独厚的条件。在新的经济全球化和市场进一步开放的大背景下，西城区老字号品牌应以文化对接为基础，促进中外文化融合，扩大老字号品牌的海外知名度；同时，让工匠精神回归老字号，用工匠人的手艺和文化打造百年老字号的国际新形象。

### 参考文献

[1] 龚桂英. 北京餐饮业老字号的现状与发展对策 [J]. 中国食品，2004 (2)：18-21.

[2] 陈丽红. 北京西城区老字号品牌在建设世界城市中的作用 [J]. 广西经济管理干部学院学报，2015 (1)：66-73.

[3] 陈天琪. 章家清. 胡德松. 中华老字号对餐饮业消费行为影响调查分析 [J]. 合作经济与科技，2013 (13)：8-10.

[4] 罗颖. "老字号" 餐饮企业现状分析和战略选择研究——以郑州市 "老字号" 为例 [J]. 经济经纬，2010 (4)：40-45.

[5] 周爱华，张远索，付晓，等. 北京城区餐饮老字号空间格局及其影响因素研究 [J]. 世界地理研究，2015 (1)：150-158.

[6] 郑春东，罗旭，唐建生. 天津老字号品牌发展现状调查与振兴之见解 [J]. 现代财经（天津财经大学学报），2009 (12)：51-55.

[7] 张翠珍. 中外消费者 "心镜" 中的 "老字号" ——基于问卷调查的统计分析 [J]. 中外企业文化，2015 (2)：54-57.

[8] 张继焦，李宇军. 观察中国市场转型的一个新角度：地方政府与老字号企业的 "伞式" 关系 [J]. 广西经济管理干部学院学报，2015 (1)：60-65.

[9] 张继焦. 企业人类学的创新视角：老字号的研究现状、现实意义和学术价值 [J]. 创新，2015 (1)：11-16.

[10] 张玉凤. 北京 "老字号" 餐饮企业生存现状分析与成长机制研究 [J]. 旅游学刊，2009 (1)：48-54.

# 老字号的生存与品牌的重塑：以山东招远德字门绿豆粉丝为例[1]

曹锡山　张继焦　李永杰[2]

**摘要**：山东招远的德字门牌纯绿豆粉丝是龙口粉丝的重要代表之一。“德字门”品牌的生存与其品牌文化的打造关乎龙口粉丝的长远发展。本文试图通过对“德字门”品牌的历史以及其现状的梳理来探讨新形势下老字号的生存和品牌重塑。老字号企业通过立足自身文化特色，依据自身条件和现代企业品牌运作规律，整合文化、技术、资金等相关资源，以促进产业升级，为其他更多的老字号品牌的重建提供案例支持和经验借鉴。

**关键词**：老字号　龙口粉丝　“德字门”　品牌重塑　产业升级

咸丰年间，绿豆粉丝从山东龙口港转运东南亚，始称“龙口粉丝”，因丝条细匀、光洁透明、质地韧柔、口感上佳而驰名中外。“龙口粉丝招远造”，虽名为龙口粉丝，但其产地至今主要集中在山东招远。据说20世纪80年代前的海外市场，货架上只能看到龙口粉丝和湖南的湘粉两种中国特产，可见其影响力之大。现在龙口粉丝已被批准为烟台市国家原产地域保护产品。“德字门”品牌是龙口粉丝中的瑰宝，传承该品牌的孙氏家族的粉丝生意在近代曾繁盛昌茂，但与大多数老字号一样，如今已风光不再。因此，如何使重振“德字门”品牌，是带动整个龙口粉丝复兴的关键。“德字门”的品牌重塑迫在眉睫。

---

[1] 基金项目：山东省社会科学规划项目《基于文化创意的山东饮食文化资源旅游开发研究》阶段性成果之一，批准号：12CSHJ04。

[2] 供职单位分别为滨州医学院、中国社会科学院、滨州医学院。

## 一、“德字门”品牌的历史渊源及其现状

### （一）品牌的产生与起步阶段

1800 年，清嘉庆五年（1800 年），招远县张星镇北里庄村出产一种用酸浆法生产的纯绿豆粉丝，口感味道色极绝佳。那时这种粉丝还只是招远粉丝，不叫龙口粉丝。

清咸丰年间（1851—1861 年），张星镇石对头村孙氏祖上从事干果土杂品及绿豆粉丝的生意，主要把招远县产的花生、大豆等干果杂品运到烟台、龙口等地，并从烟台、龙口港再运往全国各地及国外。孙咸通在兄弟四人中排行老四，结婚后分得部分家产，把烟台商号的生意迁至龙口。孙咸通发现招远粉丝虽然有几百年的历史，但都是些小作坊小买卖，于是他就把粉丝买卖的重点放在龙口，把从招远收购的大量粉丝运往龙口，在龙口粉庄打捆成大件运往国外。孙咸通的刻苦经营使得买卖越做越大，他购买土地，扩大作坊，加强收购。他的儿子孙好民、孙好敬成为帮手，后来为了加强香港的业务，孙好敬被派往香港。

### （二）品牌的发展扩张阶段（第一次品牌重塑）

20 世纪初期，孙氏家族在龙口开办有慎独堂粉庄，创办人孙好生；德福堂粉庄，创办人孙咸平。后孙咸平乘小帆船到香港开展粉丝经营业务，途中不幸落海身亡，德福堂遂由孙好宾掌管。后来慎独堂另设粉庄，字号为德生利，德福堂改字号为德增利。至 1920 年，孙氏家族在龙口开办的德字门粉庄有 5 家，规模较大，资本均在 2 万～3 万元（银元），收购招远各地粉丝，打捆包装装船发往香港，再将外地运进的绿豆批发给各粉丝作坊。

### （三）品牌的繁盛阶段（第二次品牌重塑）

1920 年后，随着龙口开埠，港口贸易更加兴旺，5 处德字门粉庄进入鼎盛时期，设在龙口的各类粉庄粉丝销售量大增，极大地促进了龙口粉丝的发展。仅石对头村所开的粉坊即有 100 多家。粉丝源源不断发送到龙口开设的粉庄，再由粉庄打捆包装由货船发往香港。孙咸通的次子孙好敬接手德增利后更是用心经营，

在香港同工人一起干活，仔细了解市场。回到招远后，加大了对绿豆的收购力度，亲自到各县购买绿豆运回石对头村，并在自家地里种植绿豆，扩大粉庄规模。德字门粉庄经营龙口粉丝，集种植、加工生产、收购、销售于一体，在一定程度上带动了当地农工商业的发展。

至 20 世纪 30 年代末，德字门粉庄达到相当规模，在招远、黄县等地首屈一指。在威海合伙经营船只运输，并在招远城开办德增利钱庄。

### （四）品牌的衰落

1939 年，日军侵占龙口后，由于战事频繁，海运不便，粉业经营困难，粉庄处于半停顿状态。至 1946 年，农村开展土地改革，业主回村参与土地改革，德字门粉庄全部停业。新中国成立后，德字门粉庄在国家的保护下重新开始经营。

### （五）改革开放后阶段（第三次品牌重塑的伊始）

改革开放以来，尤其是 1982 年以后，各种杂粮粉丝迅速涌入市场。杂粮粉丝价格远低于绿豆粉丝，德字门牌粉丝受制于纯绿豆原料和复杂的工艺，其价格较高且很难再降，受到巨大的冲击。除了杂粮粉丝的公开竞争外，很多自称纯绿豆粉丝的公司也与之竞争，然而它们大多在粉丝生产中掺豌豆淀粉或其他杂粮淀粉，然后以低价和“纯绿豆粉丝”的虚名抢占粉丝市场，损害了龙口粉丝的声誉，也动摇了消费者对整个地方粉丝企业的信任。

2001 年 2 月山东德字门食品股份有限公司成立，进行大规模工业化生产，并于 2015 年 12 月在齐鲁股权交易中心挂牌上市。然而老字号品牌“德字门”现今的生存状况并不乐观。对外，德字门公司受困于激烈的市场竞争和混乱的市场秩序，没有占据足够的市场空间；对内，德字门公司没能建立起一个强有力的品牌形象和品牌文化，目前处于品牌重塑与产业升级的瓶颈阶段。

## 二、“德字门”品牌的文化特征和历史、商业价值

### （一）“德字门”品牌的文化特征

利用淀粉加工粉丝，在我国至少已经有 1 400 年历史。北魏贾思勰所著《齐

民要术》中记载，粉英（淀粉）的做法是“浸米”“淘其醋氮”“熟研”“袋滤”“杖搅”“停置”“清澄”。宋代陈叟达所著《本心斋疏食谱》中写道“碾绽绿珠”，形象地描述了绿豆粉丝的制作方法。民间虽有孙膑发明粉丝的说法，因无文字记载，不能为据。实际上也很难究其是谁发明的，它是我国劳动人民在实践中不断总结、不断改进、不断完善而逐步发展到了现在的先进的工艺和优异的品质。

传承“德字门”品牌的孙氏家族以商致富，以富育才，培养了一代又一代传统龙口粉丝技术权威，如：20 世纪三四十年代誉满济南地区的老粉匠孙宗英，五六十年代潍坊地区的粉丝专家孙腾鳌，七八十年代以来招远外贸粉丝技术总负责人孙仙鳌等。如今，孙氏后人开办公司，依然遵循“义不兼利，德不僭名”的祖训，坚守家业，不忘初衷。

德字门牌粉丝是从中国乡土社会中酝酿而生的产物。若粮食富余，百姓可用多余的粮食制造粉丝。粉丝的诞生充满了浓浓的中国韵味，以及期待年年丰收的乡土风情。

### （二）“德字门”品牌的商业价值和历史价值

首先，德字门牌纯绿豆粉丝是一份传统美食，可直接供给餐饮行业和零售业，带来丰厚的利润。纯绿豆粉丝是目前所有粉丝中质量最好、价格最高的粉丝品种，尤其德字门牌粉丝，可以说是中国境内粉丝中的上品。其粉丝浸泡 48 小时不发粘不发胀，滤水后，将粉丝挑起，可见其晶莹剔透，口感柔韧弹牙，清新爽口。可凉拌，可炒菜，可油炸，主要家常菜有粉丝炒肉末、凉拌粉丝、蚂蚁上树等。

其次，“德字门”品牌是龙口粉丝传统酸浆法技艺的重要承载者，是中国向世界展示传统技艺和匠人精神的重要窗口。地道的龙口粉丝原料要求只能是水和绿豆，其生产方法为传统的酸浆法。酸浆法生产工艺复杂烦琐，相对于市场上流行的离心分离法酸浆法更加考验生产技师的经验和功夫，于生产间见真功力。德字门牌粉丝拥有以日本为主要进口国的海外市场，货真价实的粉丝不仅给企业带来了经济效益，也向外界树立起良好的中国企业形象，传播了中国传统匠人精神，有利于弘扬中国传统文化，树立民族自信。

## 三、“德字门”品牌的重塑

品牌的重塑是指以现有品牌为基础，对品牌文化进行诊断、评估和定位，通过品牌的战略创新和升级，使品牌保持持久竞争力或者重新焕发活力的一系列过程。“德字门”品牌身为正宗龙口粉丝的传承者，对于传承和弘扬龙口粉丝有着义不容辞的职责，所以“德字门”的品牌重塑，在某种意义上来说也关系到正宗龙口粉丝的新生。本文探讨的品牌重塑是指社会主义市场经济新形势下“德字门”的第三次品牌重塑。鉴于第三次品牌重塑刚刚开始，该老字号适应市场经济的状态尚不成熟，笔者给出如下意见。

### （一）深挖老字号文化内涵，提高品牌含金量

老字号是指历史悠久，拥有世代传承的产品、技艺或服务，具有鲜明的中华民族传统文化背景和深厚的文化底蕴，取得社会广泛认同，形成良好信誉的品牌。在人们的心目中，老字号是质量和信誉的保证，具有独特的人文魅力。是体现一个城市历史悠久和深厚文化底蕴的标志和符号，是历史文化名城的重要组成部分，也是一种十分宝贵和不可再生的资源，其品牌意义与价值远远超出了物质意义。

“德字门”品牌历经百年，见证了龙口粉丝的起起落落，在人们心目中留下了难以磨灭的印记。在今天，充分发掘“德字门”品牌的历史文化价值，不仅关系到一个品牌的延续与发展、一个粉丝家族的兴衰与荣辱，更关系到一段辉煌灿烂饮食文化的复兴与传承。

充分发掘“德字门”品牌的文化内涵。把家族与时代、厂区和展馆、技艺与工匠、品牌和历史、产品和非物质文化遗产等要素有机结合起来，将凸显“德字门”品牌的独特性和稀有性，激起人们内心的强烈共鸣，从而形成持久且有效的品牌认同感，对于老字号的生存和品牌重塑，会起到难以估量的作用。

### （二）提升美学设计水平，切实加强广告宣传

广告宣传是企业展示产品的基本手段，包括媒体宣传、坊间宣传和包装设计宣传三个方面。对于“德字门”品牌而言，宣传的侧重点应放在老字号和正宗两个方面，努力将“德字门”与“正宗龙口粉丝”这两个标签捆绑起来。在面向市场时，将品牌厚重、工艺地道、品质健康、食之味美的产品形象传播开来，培养并引领消费者的消费理念。

媒体宣传方面，需加大对广告宣传的资金投入，寻找多种媒介进行传播。例

如电视广告宣传、报纸广告宣传。除了传统媒体的广告宣传，老字号品牌应追赶时代潮流，合理使用新媒体进行精准的广告投放。比如微信公众号的文章，利用网络大数据向用户进行软文推送；网店经营除了能够打开线上市场，亦具有宣传的广告效果。在广告投放中，坚持古朴优雅兼具时尚靓丽的美学理念，不断提升美学设计水平。

坊间宣传指品牌知名度在人群中口口相传，其市场目标多集中于回头客和专业人士。在此基础上，如何为更多普通人接受并传颂是"德字门"品牌亟待解决的问题。口口相传的主要影响因素在于品牌产品的质量高低。德字门牌粉丝凭借其高品质在当地坊间和行业内形成了优良的口碑，积攒了一定数量的回头客，但也存在影响范围较小、产品含金量与发展愿景不适应的问题。

权威机构调研数据显示，年轻一代越来越成为消费市场的主力军，其消费能力和传播能力不可小觑。所以，应让年轻人成为"德字门"品牌复兴的有力传播者和消费群体，尤其是青年学生以及年轻的中产阶层。请年轻人进入老字号企业，参观企业的生产流程，并亲身体验 DIY，劳动的成就感会大大增加其对品牌的认同感。国家现在正大力提倡工匠精神，无疑，技艺精湛的老工匠在今天的中国拥有特殊的光环和魅力，所以老字号企业应主动出击，和学校、机关等单位搞好共建工作，将德艺双馨的老工匠以一定形式推广出去，就显得尤为必要。

包装设计方面，老字号产品的包装设计应突出老地方、老风格、新角度三个特色。老地方，就是强调正宗产地，突出该产品的唯一性；老风格，就是保持产品的原汁原味，这是老字号得以存续的价值所在；新角度，就是结合时代变化，赋予老产品新的符号体现和新的功用。现今德字门牌产品的包装使用了书法体的"德字门"三字，以绿色作为主色调，重点宣传字眼为"纯绿豆粉丝"与"拯救中国濒危老工艺"。整体包装非常精美，包装质量上乘，其美学设计既有书法、绘画等传统文化元素，又兼具活泼而鲜艳的现代色彩，应该说在新角度方面做得相当到位。根据人的认知理论，消费者对产品的第一印象包含产品的外观设计和重点宣传字眼。而人对于重点宣传字眼的信息容纳度（短时记忆）往往仅限于 7±2 个组块。德字门牌产品包装的不足之处在于将宣传重点放在"纯绿豆粉丝"。对于众多的非行内人市场来说，"纯绿豆粉丝"这个元素并没有足够的影响力和相应的知名度，所以很难引起不了解行业内情的消费者的兴趣。若将宣传点放在"正宗龙口粉丝"上，凭借龙口粉丝的权威性，也许会大大提升消费者的兴致。

### （三）连锁化经营，拓展饮食成品化领域

连锁化经营需要解决经营重点是哪种产品以及连锁化水平的问题。经营重点是以绿豆粉丝和粉浆为主的工业成品，要解决连锁化水平的问题，首先要解决的是德字门牌绿豆粉丝及其相关产品的食品化问题，即将以绿豆为主题加工出种种可直接食用的美食，所以“德字门”品牌连锁化经营的重点应该放在餐饮店的连锁上。前文已经说到，以绿豆为主要原料的菜色品种比较丰富，加上绿豆粉丝的天然风味，其相关菜品相对于一般杂粮粉丝炒制出的菜品无疑有着巨大的优势。

建议加强对餐饮方面的改良和研究，推出几款精致而美味的代表食品，同时保持谨慎而不盲目跨界的态度，多在绿豆为主题的饮食范围内运营。在扩大店面进行连锁化经营时，可学习肯德基的连锁经营理念——在全国（甚至全球）普及连锁店，注重与当地的口味相结合。注重店面装潢与本地文化特色相呼应同样十分重要。“德字门”品牌实施连锁化经营应坚持本身的传统内核的历史感，同时表现出与各地文化相容的宽容态度，以便于吸引当地顾客进店。

### （四）坚持高端路线，适度延长产品产业链

德字门牌龙口粉丝主要用料为东北地区的优质绿豆，这种绿豆价格高于市场水平。尽管目前粉丝提取技术水平显著提高，但与其他杂粮粉丝产品相比，成品率还是偏低，所以导致德字门牌粉丝价格居高不下，形成了产品“高价格、高质量、低销量”的局面，市场占有份额亟待提高。如何在保证品质的前提下，降低粉丝的生产成本，使其能够进入寻常百姓家，是摆在“德字门”品牌传承人面前的一个棘手问题。很显然，纯绿豆粉丝作为“德字门”品牌生存的根本，削减对高端市场的产品输出，无疑是本末倒置，自毁前程。当前最可行的办法就是延长整个粉丝产品产业链，加大对绿豆粉丝加工中的副产品的开发力度。

生产绿豆粉丝主要利用绿豆原料中的淀粉。作为主要原料的绿豆，除含有大量的淀粉外，还含有丰富的蛋白质和其他矿物质及微量元素等，其中绿豆粉浆作为生产粉丝的副产品，长期以来没有得到人们的重视，被白白倒掉，“德字门”品牌传承人通过与科研院所进行联合科研，将其营养价值充分发掘，研制出具有保健价值的粉浆饮品。该产品风味独特，清热解暑，老少皆宜，纯绿豆制造，无任何添加。一经投入市场，很快获得广泛认可。除了粉浆，“德字门”品牌旗下还

有用纯绿豆原料生产的绿豆凉皮、绿豆凉粉、绿豆淀粉、蛋白、粉皮、膳食纤维等系列产品。通过对整个生产链条的优化调整，可使绿豆粉丝的副产品得以充分开发，间接降低高端产品成本，促进资金流动，提高“德字门”品牌在普罗大众中的知名度，从而顺势带动以绿豆粉丝为主的高端产品的销售，将“德字门”品牌的“高品质”理念推销出去。

综上，在紧紧抓住以日本为首的东亚市场的前提下，通过获取“正宗龙口粉丝”的合法称名、挖掘品牌的历史文化、加强广告宣传、餐饮店连锁化和适度延长产品产业链、间接降低高端产品成本等途径不断提升品牌知名度，为“德字门”品牌担负起龙口粉丝的振兴重任增添力量，为老字号的生存与品牌重塑注入活力。

**参考文献**

［1］李媛．中国老字号“全聚德”品牌重塑策略研究［J］．经管空间，2015（7）：16-18.

［2］宫伟天．关于中国老字号升级路径的思考［J］．河北经贸大学学报（综合版），2013（3）：82-85.

［3］陈阁．“老字号”品牌的文化保护与传承——以长沙老字号“火宫殿”为例［J］．广西经济管理干部学院，2014（4）：66-73.

［4］招远市地方史志办公室．招远市龙口粉丝志［M］．招远：方志出版社，2009：112-113.

# 从德昂茶看少数民族茶叶老字号的地方性与文化价值

李全敏[1]

**摘要：**我国少数民族众多，传统文化丰富，各民族皆有着属于自己的民族文化技能和品牌的老字号。德昂族是我国云南西南部的一个少数民族，种茶历史悠久，饮茶习俗和用茶习俗丰富，被相邻的其他民族誉为“古老的茶农”，德昂茶是当地少数民族茶叶老字号的一个品牌。然而，在如今都市茶文化经济的发展中，却没有德昂茶的经营，但这并没有减弱德昂茶作为少数民族茶叶老字号的文化价值，因此，了解老字号，不仅要从都市企业经营和商业价值层面来看，也需要重视少数民族传统文化的地方性与文化价值。

**关键词：**德昂族 茶叶 老字号 地方性 文化价值

老字号作为消费者所认可的具有传统技术工艺传承性质的商业载体，不但联系着城市的商业发展，也联系着非物质文化遗产的保护和传承。老字号既有商业价值又有文化价值，涉及范围较广。从茶叶老字号来看，其名目较多，一般是以茶叶“中华老字号”品牌的形式呈现出来，如大红袍、普洱茶、黄山毛峰、信阳毛尖、太平猴魁、龙润茶等。这些茶叶老字号品牌密切联系着茶叶企业的发展和茶叶消费的城市商业文化。然而，在众多的茶叶老字号名目中，能反映出少数民族特点的却不多。放眼我国的少数民族，生活在西南边疆的多有种茶传统，有的民族种茶历史久远，茶俗丰富，有着属于自己的民族文化技能和品牌的老字号。尽管他们的茶叶老字号没有城市消费中茶叶老字号品牌的商业文化氛围，却能体

[1] 供职单位：云南民族大学云南省民族研究所。

现出特有的地方性和文化价值。德昂族是我国云南西南部的一个少数民族，种茶历史悠久，饮茶习俗和用茶习俗丰富，被相邻的其他民族誉为“古老的茶农”，德昂茶是该民族体现自己民族文化技能和品牌的茶叶老字号，在云南西南部颇有名气。然而，在如今都市茶文化经济的发展中，却没有德昂茶的经营，但这并没有减弱德昂茶作为少数民族茶叶老字号的文化价值。本文以德昂茶为例，首先分析德昂茶成为一个少数民族茶叶老字号的原因，接着从德昂茶揭示出少数民族茶叶老字号的地方性及其相关文化价值，最后指出了解老字号，不仅要从都市企业经营和商业价值层面来看，也需要重视少数民族传统文化的地方性与文化价值。

## 一、德昂茶：一个少数民族的茶叶老字号

德昂茶是德昂族生产的、带有德昂族特点的茶叶。德昂族是我国的种茶民族之一，主要分布在我国云南西南与缅甸交界的山坝区域。据有关史料记载，该民族的祖先濮人早在两千多年前就开始在云南西南部种茶。至今，在德宏和保山等地还有德昂族祖先的种茶遗址或留下的古茶林，如高黎贡山中有一部分德昂族祖先留下的古茶树，树龄在两千年以上。德昂族除了有悠久的种茶历史，茶叶商业化的历史也较长。有史料证明，“作为金齿后裔一部分的德昂族，种茶的历史久远，他们当是茶叶的主要出售者，古经济生活比较富裕，以致在人们的观念中德昂人很有钱，银子也很多”[1]。然而，由于近现代战乱对云南西南部的影响，德昂族人口被迫四处迁徙，居住地分散，德昂族的茶叶商业化的规模受到很大限制，仅存在于地方集市的零星交易。新中国成立后，特别是改革开放后，德昂族茶叶种植的商业化特征越来越明显，并作为德昂族村落的特色产业被大力开发。

德昂茶是德昂族的一个老字号，也是少数民族的一个茶叶老字号，对其原因，可以从德昂族特有的茶文化底蕴来探究。第一，德昂族在信仰体系中把茶叶奉为大地万物的创始者和人类的祖先，用哲学与宗教相整合的方式把茶叶与人类的生命联系显示出来。第二，德昂族在语言中把茶叶称为 ja ju，ja 意为老奶奶，ju 意为眼睛亮了。据传，古代德昂王子的母亲是盲人，因为摸到茶籽，眼睛就能看见了，自此德昂族开始种茶。[2] 由此看出，德昂语对茶叶的称呼不但揭示出了茶的药性与生命健康延续的联系，还揭示出了德昂族祖先种茶的来源。第三，德

[1] 德昂族简史编写组. 德昂族简史［M］. 昆明：云南教育出版社，1986：22.
[2] 云南省编辑组编. 德昂族社会历史调查［M］. 昆明：云南民族出版社，1987：25.

昂族在日常生活中用茶频繁，从社交礼仪到社会纠纷的处理，从生命周期仪式到生命危机仪式，从家庭做摆仪式到年度村寨仪式，德昂族有着丰富的用茶术语、用茶形式和用茶含义，通过用茶表达着该民族对其社会生活中的认同、关系与不同的构建和理解。[1] 第四，德昂族有着丰富的饮茶和食茶习俗，德昂族好饮浓茶，善制烤茶和酸茶，烤茶清香，酸茶可口，无论作为饮品还是菜肴，加上德昂族有悠久的茶文化历史，德昂茶在当地的名气不小。

因此，作为少数民族茶叶老字号之一，德昂茶是有助于分析和展现少数民族茶叶老字号的地方性和文化价值的。

## 二、从德昂茶看少数民族茶叶老字号的地方性

云南西南部和南部的生态条件适宜种茶，生活在这片区域的少数民族都在种茶。以德昂茶为例，少数民族茶叶老字号的地方性可以从物质层面的地方性和精神层面的地方性来分析。

### （一）物质层面的地方性

从物质层面的地方性看，德昂茶不但是德昂族种茶传统的外在表现形式，也是德昂族适应其生态环境的产物。这主要体现在三个方面：第一，茶叶是德昂族的传统经济作物。德昂族主要分布在云南西南部，该区域属于印度洋季风影响下的季雨林区，冬暖夏凉，无霜期长，年均温在 20°C 左右，土壤层深厚，土质适中，偏酸性，适合茶树的生长。第二，德昂族有着悠久的种茶历史，德昂族的祖先可追溯到古代西南百濮族群中的濮人，前文有述，早在两千多年前，濮人已在云南西南部种茶，由于社会变迁引发德昂先民居住地的变更，德昂族的种茶生活不规律。如今在云南西南部的许多地方，虽然已无德昂族居住，但依然存留着其先民的种茶遗址，如，高黎贡山德昂寨旧址周围的一些古茶树，有的树龄已达上千年；德宏盈江县铜壁关附近的山坡和瑞丽户育的雷弄山的部分古茶树；陇川城东部班达山的山坡一侧被当地景颇族人民称为“德昂族的茶山”。[2] 第三，在德昂

[1] 李全敏. 认同、关系与不同：中缅边境一个孟高棉语群有关茶叶的社会生活［M］. 昆明：云南大学出版社，2011.

[2] 桑耀华. 德昂族文化大观［M］. 昆明：云南民族出版社，1999：28.

族人的观念中，每逢建寨，必种茶树，种茶有助于保护山地生态环境，防止水土流失。德昂族是一个农耕民族，主要散居在属于亚热带季风区的高山和坝区之间，气候、土壤、水等自然资源对其农耕活动有很大的影响，其中，土壤的肥力和其中的养水层容易受到人为因素的影响。茶树作为一种亚热带山区和半山区的植被作物，如果没有被频繁砍挖，树下土壤的肥力就不会减弱，与此相关的养水层也不会被破坏。从作物种植的角度看，适合茶树生长的土壤呈酸性，土质会偏黏。茶树种植在山坡上，可以防止水土流失的发生。所以，作为德昂族种茶传统与生态适应的结合体，德昂茶揭示出了少数民族茶叶老字号出现的物质基础。

### （二）精神层面的地方性

从精神层面的地方性看，德昂茶凝聚着德昂族的传统知识和宗教信仰。这主要体现在两个方面：第一，德昂茶与医药相联系。相传茶叶治愈了古代德昂王子母亲的眼疾。在德昂族的日常生活中，常用茶叶治疗部分常见病和多发病，如饮浓茶治头疼和头闷；茶水洗眼治角膜炎和结膜炎；碎茶叶敷眼睑治眼睛红肿、敷烫伤部位治烫伤等，其中头疼头闷和眼病等大多皆因气候变化而诱发，德昂族通过饮茶和用茶水洗患处的方法应对这些病痛，反映出了该民族对茶叶药性的认可及应对气候变化保障身体健康的传统知识。第二，德昂族信仰万物有灵，崇拜自然，崇拜茶。在德昂族的信仰体系中，茶叶被奉为万物的始祖和人类的祖先，该民族口传创世古歌《达古达楞格莱标》有记载："茶叶是茶树的生命，茶叶是万物的阿祖。天上的日月星辰，都是茶叶的精灵化出"。[1] 通过茶崇拜，德昂族一方面用之表达本族的祖先与茶叶之间有血缘联系，另一方面暗示茶叶有某种超自然力，对本族成员起着保护作用。德昂族把茶崇拜与民间习惯法相联系，贯穿于生产、婚姻、交往、仪式等领域，以表达生存之需、礼节礼貌、人际关系、礼尚往来以及伦理信仰等。神话和语言往往是人类历史中某个时代生存环境的写照。德昂族的创始古歌《达古达楞格莱标》认为茶叶是德昂的命脉，德昂语对茶叶的解释是老奶奶的眼睛亮了，这两个方面都体现出一个共同的特征：茶叶密切联系着德昂族的生命与健康。由此可见，作为德昂族传统知识和宗教信仰的结合体，德昂茶反映出了德昂族在适应生态变化的过程中，维系生存安全与保障生命健康的

---

［1］ 赵腊林，陈志鹏．达古达楞格莱标．崩龙族文学作品选［M］．芒市：德宏民族出版社，1983：141.

地方应对，这就把少数民族茶叶老字号精神层面的唯物性阐释了出来。

## 三、从德昂茶看少数民族茶叶老字号的文化价值

少数民族茶叶老字号有其特有的文化价值。以德昂茶为例，少数民族茶叶老字号的文化价值可以分别从以饮用为主和以食用为主的制茶技术工艺来分析。

### （一）以饮用为主的制茶技术工艺

德昂族饮茶有泡茶和烤茶两种形式。泡茶简单随意，用于本族之间的日常交往。烤茶程序较多，用于贵客来访或者家庭举行婚礼等正式的场合。这里重点介绍制烤茶的技术工艺。首先，制烤茶的茶叶是德昂人家手工自制的干茶，一般用的都是每年春季采的茶叶，叶嫩清香，经过在家里的大锅中杀青，手动揉捻，铺开晾干后妥善存放。其次，把干茶放在架在客厅火塘上的铁板上用文火烤制，直至干茶发出烤香的味道。接着，把烤好的茶叶放入煮茶的竹筒内，给竹筒加水，把竹筒放在火塘上煨烤。最后，竹筒内的茶水被煮沸呈棕色，烤茶即制成。

烤茶是德昂茶被消费的较为隆重的表达方式，与消费场合有关。笔者通过在德昂族聚居区的田野调查得知，烤茶的每一道制作程序都有相应的选择原因。首先看制烤茶的茶叶选择。德昂人家自己消费的茶叶一般都是自家手工加工的，加工前的鲜叶是春茶，德昂族认为春茶是一年中质量最好、口味最为清香的茶叶，在每年的2—4月间采摘；其次是秋茶，在秋季采摘；最次是夏茶，在夏季采摘。在市场对茶叶鲜叶的收购价中，春茶是最贵的，秋茶居后，夏茶最低。即便如此，德昂人家会留下足够的春茶供家里整年的消费，有剩余的才出售给茶叶收购商。其次看茶叶的加工选择。德昂人家是手工加工茶叶，加工时间一般选择在上午，先从采来的鲜叶中清理出老叶和枝杆等杂物，在自家的院子里架口大铁锅，在大铁锅下生起火，把清理过的鲜叶倒进大铁锅中，用长竹筷轻轻搅动鲜叶，以防锅底的茶叶被烤焦，等到叶子开始萎缩，就可以把萎缩的叶子舀出锅，倒在竹筛上揉捻几分钟，之后把揉捻后的茶叶平铺在簸箕上晾起来。当叶子晾到半干的时候，再揉捻一次，之后平铺到另一个簸箕上，晾到全干。如果天晴，晾半天就全干了；如果多云，晾一天才会全干。再次看干茶的存储选择。加工好的干茶一部分放到火塘上方悬挂的簸箕里，一部分放入布袋放置在家里的阴凉干燥处。值得一提的是，火塘设在德昂人家的客厅中，是德昂人家的家里人、朋友和客人制

茶喝的地方。围着火塘的座次有一定的排序，能显示出家里男女老幼的身份结构。最后看煨茶的器皿选择。德昂族分布的区域盛产竹子，用竹筒做煨茶，煨出来的味道除了茶叶的香味和烤香，还有竹筒的清香。显而易见，德昂族以饮用为主的制茶技术工艺展现出的不仅仅是制茶技术工艺本身，而且揭示出该民族生产方式和生活方式的特点。

### （二）以食用为主的制茶技术工艺

德昂族喜食酸茶，酸茶一般被德昂族作为菜肴来消费。笔者通过在德昂族聚居区的田野调查得知，制作酸茶一般有三道工序。首先准备鲜叶，其次揉捻鲜茶直至茶叶萎缩，最后把揉捻好的茶叶放入罐子或竹箩中，盖上一层布，将其掩埋直至发酵到酸即可。食用的时候，把茶叶从罐中取出，加入蒜末、酱油、芝麻、辣椒和盐巴。[1] 酸茶既是菜肴，也是饮品。有研究指出，作为饮品的酸茶，“压制是最后一道工序。待六七十天以后，趁天晴之日，取出竹筒，将茶叶捣出，在簸箕上摊匀后放在太阳光下晾晒至全干，在晾晒过程中要定时翻动，以便茶叶均匀快速干燥。至此，酸茶就制成，可以泡茶饮用”[2]。

酸茶是德昂茶的一种表现形式，无论作为菜肴还是饮品，在消费口味中都突出了酸的特征。这可以从两个方面来剖析。一方面，酸茶是德昂族把鲜茶腌制后可食用的产品，腌制酸茶的原因可追溯到德昂族对食材的保存。德昂族主要散居在亚热带的山区和半山区，日常生活中的饮食材料多是自产的，其中以蔬菜为主的饮食材料常受到季节的影响，因德昂族居住区域生态特征以湿热为主，蔬菜肉类不易保存，容易变质，所以他们常运用腌制成酸食的途径保存饮食材料，以供日常之需。另一方面，酸茶符合当地饮食口味中对食酸的喜好。德昂族主要聚居的云南西南部属于亚热带季风区，气候湿热，山高林密，生活在这里的各民族普遍喜食酸，德昂族的酸茶符合当地饮食中对食酸口味的认同。

从德昂茶看，无论是以饮用为主还是以食用为主的制茶技术工艺，都反映着该民族与生态环境资源的密切联系。我国少数民族众多，特别是生活在西南边疆的少数民族多有种茶习俗，每个少数民族都有着自己民族特征的茶叶老字号，德

[1] 李全敏．认同、关系与不同：中缅边境一个孟高棉语群有关茶叶的社会生活［M］．昆明：云南大学出版社，2011：79-81.

[2] 李昶罕，秦莹．德昂族酸茶的科技人类学考察［J］．云南农业大学学报，2015（1）：120.

昂茶把少数民族茶叶老字号所具有的生态性和文化性通过地方认同表现出来，这正是少数民族茶叶老字号的文化价值之所在。

## 四、少数民族茶叶老字号对茶叶老字号的研究意义

茶叶老字号是指具有一定历史和品牌的茶叶老商号，与茶叶的企业文化和消费文化密切联系。商务部公布的首批茶叶"中华老字号"名单显示，茶叶老字号有两个重要的组成部分，一个是茶叶企业，另一个是茶叶品牌，但是其中没有展示出少数民族茶文化的特点。前文提到，我国少数民族众多，传统文化丰富，各民族皆有着属于自己的民族文化技能和品牌的老字号。德昂族是我国云南西南部的一个少数民族，种茶历史悠久，饮茶习俗和用茶习俗丰富，被相邻的其他民族誉为"古老的茶农"，德昂茶是当地少数民族茶叶老字号的一个品牌。虽然，在如今都市茶文化经济的发展中没有德昂茶的经营，但这并没有减弱德昂茶作为少数民族茶叶老字号的文化价值。所以，茶叶老字号的研究，有必要关注民族传统制茶技术工艺和民族文化特色。

### （一）关注民族传统技术工艺

上文有述，作为少数民族茶叶老字号之一的德昂茶的文化价值主要从以饮用为主的制茶技术工艺和以食用为主的制茶技术工艺两个方面体现出来。从烤茶的制作技术工艺来看，其所反映的不仅仅是制茶技术工艺本身，更多的是德昂族的生产方式和生活方式的特点。从酸茶的制作技术工艺来看，其所揭示的也不完全是制茶技术工艺的程序，而是地方社会对食酸口味的认同。由此可见，民族传统技术工艺是了解民族传统文化的一个窗口。

有研究指出，老字号的产生和发展是以传统技术工艺的存在为基础的。[1] 如果从非物质文化遗产的视角来解析老字号的文化内涵，老字号则能表述出一种对传统技术工艺实践的传承。然而，对传统技术工艺实践的传承并不仅仅局限于老字号企业中，更多地是沉淀在人们的日常生活里。当前以企业和商业品牌为主要组成部分的茶叶老字号，更多体现出的是城市商业文化和消费文化的发展，如果把民族传统技术工艺的传承引入对茶叶老字号的研究中，那么茶叶老字号在商业

[1] 姚伟均. 武汉饮食老字号与非物质文化遗产保护［J］. 武汉文博，2012（3）：45.

文化体系中能通过其独特的技术工艺承载对民族传统文化的传承，并以此推动茶叶老字号的发展。

### （二）关注民族特色

民族特色是少数民族文化特点的地方性体现。上文提到，少数民族茶叶老字号的地方性可以从物质层面的地方性和精神层面的地方性体现出来。从德昂茶在物质层面的地方性看，其不但是德昂族种茶传统的外在表现形式，也是德昂族适应其生态环境的产物。从德昂茶在精神层面的地方性来看，其联系着德昂族的传统知识和宗教信仰。德昂茶由于这些特征在少数民族茶叶老字号体系中就显出了自己的民族特色。

纵观目前的茶叶“中华老字号”品牌，从其品牌名称看，大多是以企业加工经营者的名称命名，如中茶、大益茶、都匀毛尖等，这更多地用于表达茶叶企业经营的特点。如果把民族特色引入对茶叶老字号经营的研究，在今后的茶叶“中华老字号”品牌中彰显出民族特点，将有助于茶叶老字号研究的文化创新。

## 五、结　语

综上所述，本文通过德昂茶揭示出少数民族茶叶老字号是少数民族茶文化传统的体现，提出关注少数民族茶叶老字号对茶叶老字号的研究具有重要的意义，一方面有助于民族传统技术工艺的传承，另一方面有助于茶叶老字号研究的文化创新。所以，仅从都市企业经营和商业价值层面来分析老字号是不够的，我国民族众多，老字号的研究还需要多关注少数民族传统文化的影响。

# 第7章　“海外老字号”专题研究

## 海外华人老字号企业的传承和跨国发展：以马来西亚余仁生为例

祝家丰[1]

**摘要：** 华人企业一般都难逃“富不过三代”的命运，但一些中国和东南亚的华人老字号企业却能打破这个宿命。马来西亚的中药店老字号余仁生自1879年创业以来现今已进入第四代经营。其创办人余广于1876年下南洋谋生时随身携带了一批中草药和世代累积的中药知识，没想到这竟成为余仁生的创业基础。他当时在霹雳州务边的小镇上开设了一家药材店，想凭着自己的中药知识解救被鸦片荼毒的华人矿工。药店取名“仁生”，意喻为“仁泽众生”。由于店主济世为怀，因此仁生药店很快便建立起良好的声誉。其子余东璇为了缅怀父亲，决定在店名前加上自己的家族姓氏，改为余仁生。

余仁生药店在余东璇的领导下迅速闯出名堂，其业务除了扩展至马来西亚各地，亦进驻新加坡和香港市场。80年代后期马来西亚的中药行业风光不再，成为夕阳工业。其第四代接班人认识到中药行业必须转型方能走出被市场淘汰的命运，所以余仁生于1989年开启了传统中药店转型至现代保健自营连锁店的大计划。其转型计划成功让余仁生获得了新的生命和持续发展，并在新加坡和香港两地上市。这家老字号的成功可说是其经营者善于利用传统中药品做新市场的生意，把产品焦点放在生活化和方便化，如其保健礼篮可用作送礼，让更多顾客能接受其产品。本文主要探讨马来西亚华人传统中药店老字号在激烈的市场竞争中如何转型和变革以迎合现代人的需求，使企业实现持续性发展。

**关键词：** 马来西亚　华人　中药店　老字号　余仁生

---

[1] 供职单位：马来亚大学中文系。

## 一、引 言

华人自离开祖国漂泊到世界各地谋生后，由于需适应各地域不同的国情而衍生出各异的调适方式和文化。这些海外华人的文化在居住国面对不同程度的涵化，有的甚至面临被同化的危机。但许多现今的海外华人群体的文化内涵还是中华文化，在此方面海外华裔商人扮演着举足轻重的角色，这是因为华商在东南亚的社会享有崇高的地位。他们往往是当地政府和华人群体的桥梁，并在当局对华人的政策方面可发挥某些影响力。随着中国的崛起和欲通过软实力来增强其国际影响力，海外华人的地位有转好的趋势。从另一方面看，中国应善用海外华人群体来协助其拓展软实力。这是因为海外华人不只是一股经济势力，其网络与凝聚力亦十分强大。其实早在 1995 年美国学者西格雷夫（Seagrave）在其著作《龙行天下：海外华人的巨大影响力》中已阐述海外华人的重要性。作为海外华人一分子的马来西亚华商可在发展国家经济和传承华人企业文化上扮演一定的角色。

华人企业一般都难逃“富不过三代”的命运，但一些中国和东南亚的华人老字号企业却能打破这个宿命。马来西亚的中药店老字号余仁生自 1879 年创业以来现今已传到第四代，经营超过一个世纪。其事业不但没有没落，而且准备在未来的日子里迈开大步前进，努力使传统中药事业再创高峰。其创办人余广于 1876 年下南洋谋生时随身携带了一批中草药和世代累积的中药知识，没想到这竟成为余仁生的创业基础。他当时在霹雳州务边的小镇上开设了一家药材店，想凭着自己的中药知识解救被鸦片荼毒的华人矿工。药店取名“仁生”，意喻为“仁泽众生”。由于店主济世为怀，因此仁生药店很快便建立起良好的声誉。其子余东璇为了缅怀父亲，决定在店名前加上自己的家族姓氏，改为余仁生。

余仁生在余东璇的领导下迅速闯出名堂，其业务除了扩展至马来西亚各地，亦进驻新加坡和香港市场。80 年代后期马来西亚的中药行业风光不再，成为夕阳工业。其第四代接班人认识到中药行业必须转型方能走出被市场淘汰的命运，所以余仁生于 1989 年开启了传统中药店转型至现代保健自营连锁店的大计划。其转型计划成功让余仁生获得新的生命和持续发展，并在新加坡和香港两地上市。这家老字号的成功可说是其经营者善于利用传统中药品做新市场的生意，把产品焦点放在生活化和方便化，如其保健礼篮可用作送礼，让更多顾客能接受其产品。本文主要探讨马来西亚华人传统中药店老字号在激烈的市场竞争中如何转型和变革以迎合现代人的需求，使其企业达到持续性发展。

本文着重探讨马哈迪和阿都拉主政时期的经济发展政策和城市化进程给华人企业，尤其是老字号带来的冲击。这两位总理在位时见证了马来西亚在经济领域取得长足发展的时段。该国的城市化也在强人总理马哈迪领导下进一步强化。马哈迪在任时实施了对马来西亚经济发展影响深远的国家重工业计划和 2020 年宏愿计划。这两项政策吸引了大量人口向城市迁移并催生了数个新城市。除了马来人在政府的发展政策主导下大量涌向这些城镇，马来西亚的乡村华裔人口也在就业和升学机会吸引下向城市迁徙。虽然城镇化造成多种华人传统生意或老字号面对被淘汰的挑战，但有些华商成功地把传统的生意转型为新型的企业，因此又赋予老字号以新的生命力和发展契机。

## 二、马来西亚的经济发展和城市化对华商的影响

20 世纪 70 年代前，马来西亚经济以农业为主，依赖各种初级产品出口。1969 年该国发生的种族冲突事件催生了新的经济政策。执政的国阵政府为了扶植马来人的经济地位而采取了国家介入经济的策略以让马来族群分享经济蛋糕。为了扩大经济效益，马来西亚政府自 70 年代以来不断调整产业结构，大力推行出口导向型经济，电子业、制造业、建筑业和各种服务业发展迅速。在 80 年代初期，主政的第四任总理马哈迪更推出发展重工业和汽车业的经济政策以策动经济的蓬勃发展。虽然 80 年代中期马来西亚受到世界经济衰退影响，经济一度下滑，尔后该国采取刺激外资和私人资本等措施，经济明显好转。自 1987 年起，马来西亚经济连续 10 年保持 8%以上的高速增长。

1971—2000 年间，马来西亚从一个原料出产国转化为一个新兴的多元工业经济体。经济成长主要依赖制成品出口，尤其是电子产品。纵观以上的经济发展轨迹，我们可以概括地说，马来西亚在很短的时间内就基本上实现了工业化。这种工业化的主要特征是外资投资主导型，外资投资不仅为马来西亚工业化提供了资金，还带动了马来西亚产业结构的调整和就业结构的改善（张继焦，2009：134）。除此以外，经济发展所带来的资本亦催化了城市化进程。

马来西亚的城市化过程中见证了大量的乡村人口向城市地区迁徙。该国的城市人口比例从 1970 年的 28.4%增加至 1980 年的 34.2%，又从 1991 年的 50.7%增加至 2000 年的 61.8%。1970—2000 年，马来西亚的城市人口从 2 962 795 人增加至 13 725 605 人，增加了 4 倍（张继焦，2009：137）。到了 2010 年年底，马来西亚的城市人口激增至占全国总人口的 71%，只有 29%的人口居住在乡村（《东

方日报》，2011-12-23）。

该国的人口向城市流动主要为经济发展所驱动，城市和城市周边的蓬勃发展吸引了成千上万的人口。除了华人外，马来人与印度人也被城市化的浪潮所吸引。马来西亚在1971年推行新经济政策之后，造就了大量的马来年轻人和马来中产阶级到来城市并成为都市居民。政府也积极鼓励马来人都市化，并特别建造各种适合马来穆斯林使用的基础设施，如清真寺。在这项政策主导下，马来西亚之前一直以华人为主的城市发展为族群结构更趋平衡的都会。2010年的人口普查数据显示，吉隆坡市的土著（马来人为主）已占45.9%，华人次之（43.2%），印度人则占10.3%（《东方日报》，2011-12-23）。如此迅速的城市化进程对一个多元文化国家可谓是朝向一个族际交往频繁和打造一个民族和谐社会之目标前进。因此，马来西亚新城镇的各种设施和商业区的规划都是适合各种民族使用的，鼓励各族企业家到此经营。

## 三、华南移民与马来西亚华人老字号

据考察，华人移居今日的马来半岛，比较确凿的年代始于公元15世纪的马六甲王朝（约公元1400—1511年）时期。当时的华人主要聚集于作为国际贸易港口的马六甲城，多为从事转口贸易的商人，其中大多来自中国福建省漳州地区（颜清湟，1998：5）。由于传统习俗和中国政府禁止妇女移居海外，因此这些早期来马的移民以男性为主。在长期于海峡殖民地经商和生活后，其中部分人娶马来、沙盖（Sakai，马来半岛之非马来裔原住民）、暹罗妇女，以及来自印度尼西亚的巴厘（Bali）和武吉斯（Bugis）女奴为妻（Tan，2000：49）。这些与当地女子通婚而繁衍的混血华人是早期东南亚华人的重要组成部分。因为不少混血华人乃早期移民的土生后代，所以在19世纪开始涌入大量新移民的形势下，这些在血统乃至文化方面都呈现混血状况的华人开始自称为“土生华人”，马来语称作伯拉奈干（Peranakan，意谓“土生”），有别于被称为“新客”（Sinkheh）的新一批移民。[1]

华人大量移民当地始于英国殖民统治开始逐步深化之时期，即自18世纪末（以1786年英国人占据槟榔屿为起点）到20世纪第二次世界大战之间。此时的移民大多为劳工阶级，在港口城市、矿区和种植区从事各种与殖民经济相关的生产

[1] 陈志明（1984：175）认为峇峇文化于18世纪已形成，有关身份认同则产生于19世纪新客移民数量大增之际。

活动。除了持续有福建（主要为闽南漳州、厦门、金门等地，少部分为福州、兴化、福清等）省籍者来到，亦有广东省籍的潮州、客家、广府、琼州（今海南）等地的人。这批华人南来的时间比较晚，与本土社会及文化的接触时间较短，并因数量可观、习惯依籍贯聚居一处、重视血亲纽带和同乡之情。他们活跃于乡团、会社组织及社区信仰活动，同时移民者当中有不少可通婚成家的妇女，部分人还把家眷从原乡接了过来，所以得以比较完整地保留了原有的社会结构及文化形态，不像早期移民那样因人口稀少并广泛与当地妇女通婚而出现文化混杂的情况。这些华人虽主要为工人和农民，但一些人也从商，并在辛勤地经营下发迹为成功的商贾。

时至今日，这些成功的华人商贾之生意有的已历经几代人，并成为当地的老字号。马来西亚与新加坡的华人企业老字号，一般来说与中国人移民南洋有着密不可分的关系。新马华人移民的职业特色是同一种方言群体有着共同的行业，此趋向与早期华人的移民模式有关。譬如，新马一带的咖啡店都是由海南人所经营，当铺多由客家人拥有，自行车行则由兴化人经营。华人自离开祖国漂泊到世界各地谋生后，由于需适应各地域不同的国情而衍生出各异的调适方式和文化。这些海外华人的文化在居住国面对不同程度的涵化，有的甚至面临被同化的危机。但许多现今的海外华人群体之文化内涵还是华人文化和华南地区的生活习俗。这些习俗和饮食习惯往往成为早期马来西亚华人创业的依据和社会资本，因此现今的许多华人企业老字号与早期南来移民息息相关。

在饮食文化方面，海南咖啡、福建面与潮州粿条可说是战前新马家喻户晓的美食代名词。[1] 这些美食有好多之后发展为家族企业的老字号，例如霹雳州怡保的南香茶餐室所卖的咖啡和烤面包远近闻名，茶客络绎不绝。它是马来西亚咖啡店的老字号，至今已历经三代海南人的经营。这家咖啡店后来转型为一家名为“旧街场白咖啡”（OldTown White Coffee）的新型连锁咖啡专卖店。[2] 此外，由来自福建省闽南人创办的金莲记福建面已跨出马来西亚[3]，在北京开设了海外分店。槟城的义香麻油则是纵横该州 160 年老字号。[4] 在中药方面，除了国际驰名的余仁生，

---

[1] 海南咖啡在新马一带的确非常著名，但福州人自华人移民早期也已涉足咖啡业，尤其在后期福州人更超越了海南人。无论如何，福州人的咖啡店特色与知名度均较逊色于海南人。

[2] 关于旧街场白咖啡的企业人类学研究，可参阅祝家丰（2015）和冯静敏（2012）的报告。

[3] 金莲记福建面于 1927 年由来自福建的王金莲在吉隆坡创设。他当时用自制的家乡竹压粗黄面来煮面，后改良为碳炒竹压粗黄面，并为金莲记福建面闯出名堂。

[4] 1856 年，一名槟城丁姓商人在中国福建一家叫义香的饼铺，聘请了一名酥饼师傅到槟榔屿庇能，义香这个名字就在那个时候被带到槟城。如今其麻油依然深受顾客欢迎，豆沙饼（豆酥饼）也是华人家庭送礼的佳品。

还有本地华人创办的何人可凉茶及三脚标清热水的老字号企业。工业领域有皇家雪兰莪锡镴（Royal Selangor Pewter）老字号。[1]

## 四、余仁生的创建和发展

余仁生这家老字号中药店在马来西亚的创建和早期下南洋的华人息息相关。其之后的发展和发扬光大彰显了海外华人企业家的创业、守业和拓展历程。余仁生集团的成功可归功于其家族精神和儒家思想的影响。[2]追溯余仁生的创建历史，首先必须提及余氏族谱中的一名先人余广培。余广培是清朝二品官，由于身居要职，故得以有机会与御医接触，获赠不少宫廷秘方（陈圆风，2000：89）。余广培后来改名为余广，在1876年离开位于广东佛山的家乡到马来亚谋生。英国政府在1874年正式介入马来亚政治，[3]并推行殖民统治。英殖民政府在马来亚推行的榨取式经济政策需要大量的劳工在锡矿场和橡胶园工作。当时许多华南地区的农民为了逃离战乱，纷纷下南洋。余广携妻和弟弟从家乡来到荒凉的马来亚闯天下。他当时随身携带了一批中草药和世代累积的中药知识，没想到这竟成为余仁生的创业基础。

当年许多南来的华工都到雪兰莪和霹雳州的锡矿厂做苦力。由于很多矿工常吸食鸦片以缓解采矿的辛劳和痛楚，却不知道鸦片的毒害，余广立志为他们寻求替代药物。他当时在霹雳州务边（Gopeng）的小镇上开设了一家药材店，想凭着自己的中药知识解救被鸦片荼毒的华人矿工。药店取名“仁生”，意喻为“仁泽众生”。由于店主济世为怀，因此仁生很快便建立起良好的声誉。余广因病去世之后，英殖民政府为表扬其对开发务边有功，将务边一条主要街道命名为余广街（彭西康，2016：99）。

1898年，余广的儿子余东璇年满21岁，正式接管了其父余广的生意。他为了缅怀父亲，决定在店名前加上自己的家族姓氏，改为余仁生。他这样做的目的是要凸显药材店与其家族之关系，以建立家族企业品牌。余东璇为纪念父亲秉承

---

[1] 该家族企业老字号创办于1885年，现今已进入第四代经营。

[2] 许多对海外华人企业的研究都归纳出儒家思想对华人企业有很大的影响，相关研究可参阅雷丁（2009）的经典学说。

[3] 英国在1874年与马来苏丹正式签署邦咯条约，在此条约下马来半岛的各州苏丹须接受英殖民政府委派的顾问（Resident）以辅佐苏丹的政务。其实英国人势力在更早的时期已非正式地介入马来亚的政治，例如英国人莱佛士于1786年已接管槟城事务，并在随后成立了包含槟城、新加坡和马六甲的海峡殖民地。

其创业精神，立志要把余仁生的好传统发扬光大，并致力为顾客提供最好的上选中药材。余东璇因少年时期在槟城和怡保接受英式教育，凭着熟练手腕与英国人交际，再配以人脉和生意头脑，因此 20 世纪初余仁生在余东璇的领导下迅速在霹雳州的近打谷区域发展起来。当时他已在该地区拥有八座矿场，聘有 8 000 多名矿工，富甲一方并在社会上有名望。余东璇于 1903 年被英殖民政府委任为近打区卫生局委员。1905 年，务边观音古庙委任他为土地产业受托人，他当时在观音古庙前发誓余仁生药材店不卖假药（彭西康，2016：101）。

到了 1907 年，余东璇除了在近打谷地区拥有庞大的产业外，在雪兰莪州、森美兰州也拥有数千亩的橡胶园和四家矿场，余仁生药材店亦在马来亚的七个州属开设了分行。1920 年，余东璇在新加坡创立利华银行，在当时是东南亚最大的银行。自此之后，余东璇的商业帝国涉足锡矿、药材、橡胶、金融等多个领域。余东璇于 1928 年把公司的总部由新加坡迁往香港，为了纪念余仁生对新加坡的贡献，当地政府也把一条街道取名为余东璇街（Koh，2012：5）。余仁生自余东璇扩大事业开始，即秉持取诸社会用诸社会的精神，积极行善。1918 年，余广璇访问香港时捐助香港大学 55 000 英镑并担任终身董事；9 年后他再次捐献 37 500 英镑给港大。20 世纪 20 年代他还捐助了新加坡的名校莱佛士学院。在马来亚，他更是捐献了许多款项给各地的华校和英校。

余东璇因心脏病于 1941 年去世。余仁生的第三代接班人余经文是余东璇的第七个儿子，他除了继承余东璇创办的利华银行、任董事经理之外，还兼任余仁生非执行主席一职（苏诗华，陈俊明，2014）。该家族企业在进入第四代经营时进行了大量改革和创新以适应竞争激烈的全球化时代。其领军人是余经文的长子余义明。余义明毕业于伦敦大学，在加入家族企业之前在多家国际大企业工作，累积了丰富的管理和行政经验。他在 1989 年进入家族公司后，很快对余仁生进行彻底改革，从生产、物流、销售到管理的各个方面推行现代化企业管理模式，并重新设计产品的包装、商标，成功为余仁生创造了耳目一新的形象。在余义明的领导下，余仁生如今已是一个执中药牛耳的国际品牌。

## 五、余仁生的转型

80 年代后期，虽然马来西亚和新加坡的经济在经历萧条后开始步入复苏的阶段，然而，中药行业风光不再，成为夕阳工业。这是因为新马曾是英国殖民地，大部分华人对于药物和医疗处方都偏向西式医疗，对中药没有信心。传统中药店也出现青黄不接的现象，没有足够的接班人。此外，做中药行业需要学会抓药和中药处理，不是一个可轻易掌握及可引起年轻人兴趣的行业。当余仁生集团现任总裁余义明从海外国际企业回归集团时，他觉得中药行业必须转型方能走出被市场淘汰的命运。

虽然余义明之前在国际公司做的工作与中药无关，但他做的主要工作是开拓产品市场。中药亦是一种产品，因此他能为其家族企业的产品制定有效的策略（陈圆风，2000：82）。他于1989年起开启了传统中药店转型至现代保健自营连锁店的大计划。那时余仁生只在槟城、霹雳的怡保、金宝、森美兰州的芙蓉及吉隆坡设有传统中药店。他与其马来西亚的团队就从这五间药店着手革新这家老字号的营运。为了解决传统中药准备过程烦琐的问题，他们在转型大计中推动了中药现代化的理念。他们将熬汤或药材所需材料优先处理和包装，不再是以往那样在中药店内顾客要买的时候才处理，推出马来西亚首创的药材汤包和参茶茶包，将琐碎的抓药过程简化，以让顾客更快捷和方便地服用（苏诗华，陈俊明，2014）。

除了产品现代化，余义明也体会到作为华人传统公司，余仁生缺乏现代化的管理。人力是企业最大的资产，他首先做的是重视人力和管理现代化、企业化，给老职员一个明确的公司发展大蓝图，让每个职员都明白现代化是为了使公司进步，而不是淘汰旧人。在管理上，他相信集思广益，因此把老职员当成集团最好的顾问。余义明常告诉职员，余仁生要发展成为全世界最大的中药连锁店，要把中药的使用推广到年轻的消费者手中，而且还要在中国设厂（陈圆风，2000：86）。在他的管理下，余仁生逐渐实现了制度化、股份化以及产品的标准化，从生产、物流、销售到管理的各个方面都图谋推行现代化企业管理模式，而且开始在高级管理层中聘用非家族成员的专业人士，试图淡化家族企业的色彩。他认为，只要公司可以永续经营，是否由家族控制是次要的问题。

为了接触更大的顾客群和开拓新市场，余仁生在90年代初进入注重销售渠道及方式的经营模式。在这个新概念下，公司首次在佳世客及其他购物中心租用柜台，现场煲汤和售卖方便式的汤包。他们的对象是职业女性及受过高等教育的顾客，由于此顾客群工作和生活忙碌但又常逛购物中心，因此余仁生的产品非常适合她们。另外，有鉴于余仁生长久以来的顾客都是以老年人和成年人为主并已达到饱和点，他们必须开拓年轻人的市场。在此目标的引领下，余义明要让余仁生这老字号年轻化或“重生”，公司在马来西亚雪兰莪州新的城镇区开设新风貌分行，主推适合年轻人的方便式的产品，如汤包、参茶、鸡精、燕窝和保健酒等。

除此以外，余仁生还在第四代接班人的领导下成功扭转了华人对传统中药店的观念。以往一般人都认为中药店是有病时才光顾，佳节期间光顾中药店十分不吉利。在转型计划下，他们把余仁生产品的重点放在生活化和方便化，使顾客在每个生活环节上都能用得上其产品。因此他们首推用途多元的保健礼篮，可用作新年送礼、拜访年老和长辈的礼品或者探访病人的好礼物。在这方面，余仁生可说是相当成功的。他们用传统中药产品做新市场的生意，成功打破中药店“陈旧”的形象。

## 六、余仁生的跨国发展

余仁生的跨国发展始于第二代领导人余东璇。当时东南亚的许多成功华裔商人都把业务拓展至东南亚各国和香港。20世纪初，余仁生在余东璇领导下迅速在马来西亚闯出名堂，业务拓展至该国各地并进驻新加坡和香港的市场。1909年余仁生药材店分别在新加坡和香港上环开设分店（彭西康，2016：101）。1920年，余东璇在新加坡创立了利华银行，在当时是东南亚最大的银行。此后，余东璇的商业帝国涉足锡矿、药材、橡胶、金融和地产等领域。1928年，他把公司的总部由新加坡迁到香港。

为了进一步发展业务，余仁生在1955年成立了余仁生（新加坡）以让其集团由独资经营转变为有限公司（Koh，2012：5）。马来西亚的余仁生（1959）也在4年后成为有限公司。余东璇去世后，余仁生的业务由不同的家族成员负责，但在经历了家族分家等事件后，跨国的企业被分成余仁生国际和余仁生香港两部分。由于受限于公司上市法令，余仁生没有计划在马来西亚上市，但它很重视这个市场。

在第四代接班人余义明的领导下，余仁生更进一步向跨国化和国际化发展。通过他的筹划，余仁生（香港）于1992年在香港股票交易所上市。一年后，余仁生国际控股成立，并收购了余仁生控股的中药业务。同时余仁生（香港）也收购了一家名为Synco的西药厂。到了1996年，为了进一步发展和巩固集团的业务，余仁生国际控股和余仁生（香港）合并为一个集团，并拥有共同的股东和管理层以全力进军国际市场。余仁生国际控股于2000年在新加坡交易所主板上市。2001年1月，余仁生地产（新）私人有限公司，与两个来自中国的伙伴——华西医科大学和四川欣阳科技公司，在中国成都成立合资公司——成都华生和实业有限公司，开发研制中药产品。同年6月，余仁生国际有限公司投资Herose Pharma国际有限公司也致力于开发新的中药产品。其中的一个产品是Hersose，一种用来治疗皮肤疾病的药物。到了12月，香港余仁生获得由香港旅游发展局颁发的优质旅游服务证书，显示了公司在零售行业的成就。2002年1月，余仁生香港夺得由香港中华厂商联合会颁发的2001年香港十大品牌奖。

## 七、余仁生的成功：企业和经营策略分析

时至今日，余仁生已是中药国际化的佼佼者和家族企业的楷模，它的成功打破了好几个华人生意的迷思。它不仅经营超过三代，还成功打破了传统中药不能发展成为国际大企业和只能局限在华人市场一角之迷思。是什么原因促使余仁生连续经营超过一个世纪呢？这首先要归功于这家企业的核心精神和经营哲学，即创办人余广济世为怀的“仁泽众生”精神。百年后的今天，余家几代的接班人依然秉承余广的精神，坚持采用高品质的中药材制药，延续老祖宗的坚毅和智慧。例如其第四代接班人余义明把余仁生的产品定位于市场的上层，他们坚持售卖最好的产品，而不是廉价的货色。以白凤丸为例，该公司白凤丸的售价是普通白凤丸的四倍（陈圆风，2000：86）。

余义明出生之前余东璇已经过世，所以他从未见过祖父，却听闻不少祖父的光辉事迹，让他心生敬仰。祖父积极支持教育发展及慈善活动，令身为孙子的他感到骄傲。因此在迈入千禧年之时，秉承“仁生济世，关怀终身”理念的余仁生于2001年定下“有心才会感恩”的企业文化，旨在唤醒社会人士的爱心及学会感恩，以营造更和谐的社会（苏诗华，陈俊明，2014）。余仁生常年举办的公益活动包括“一桶金”、“一年一校”及“春节谢师恩”等，并经常主动资助各类型的慈善与文化项目。如今马来西亚和新加坡已经认同“感恩”运动的宗旨，并将感恩文化推广至本地的企业或个人。在马来西亚，尤其是“春节谢师恩”办得非常成功，这是因为余仁生把半打的鸡精礼篮送到每个老师的手里以答谢她们含辛茹苦地教导华人子弟。通过此项活动，许多华校的学生和家长都体会到教师在教导学生过程中的辛劳，感恩于老师的付出。这项活动不但能推广华人的传统感恩文化，余仁生的产品尤其是鸡精亦得到大量的宣传。

对于余仁生产品的市场策略，由于是中药老字号，加上其优良传统，余义明信心满满地认为：

> 没有人可以否定中药的价值。在华人家庭里，我们从小就看到祖父祖母对中药的信任和熟悉，这像一种存在血液中的本能，已经流传了几千年。为

什么某些人不能接受？因为中药缺乏堆成的分析和进一步的研究，只要做了这方面的工作，中药就会有更大的市场，这个市场可能比西药更大。

（陈圆风，2000：86）

要在全球化和竞争激烈的时代脱颖而出，产品的研发是不可或缺和极为重要的一环，这也是目前许多华裔企业最弱的一环。诚然，在余义明的认知里，要进一步开拓中药的市场，就必须投入资本进行研究，以提高产品的质量和开发新产品。因此，余仁生集团的研究人员都是来自本区域著名机构（如新加坡国立大学、香港中文大学、广州中医药大学、北京中国中医研究院等院校）的有经验和专长的专业人士。他们所推行的计划，为传统中药的科技研究做出贡献，同时也给这个行业带来新的冲击。2000 年 8 月，余仁生（香港）有限公司与香港中文大学合作，针对余仁生的一个主要产品——白凤丸的作用机理和生物活性成分进行科学研究。

除此以外，非华裔消费者也余仁生集团的另一个目标。有鉴于余仁生的发源地是在马来西亚，而现今的总部又在新加坡，这个区域有很多非华裔的人口，他们的市场很值得开发。之前因为余仁生是中药老字号，其顾客群体都是华裔人士。但随着中医在新马一带逐渐受到马来人和印度人的认可，中药在非华裔的市场也因此大有可图。在开发友族市场的方针下，余仁生把中药以英文分类，把中药的优点信息传达给这群消费者，以达到吸引异族顾客及扩大中药的流传面的目的。这亦体现了余仁生集团用传统中药品做新市场的生意之经营策略。另外，为了迎接电子时代的来临，余仁生已经成立了 Cyber Shops，接受网上订购。其领导人深信，企业绝不可与时代的进步脱节。

## 八、结　语

华人企业文化在港澳台地区以外的传播与海外华人群体息息相关。海外华人所办的华文教育、社团和报业对华人社会贡献良多，华商在这方面亦扮演了举足轻重的角色。

作为发源于马来西亚的中药店老字号，余仁生的发迹过程彰显了中国移民在海外创业、守业和发展的艰辛历程。由于传统中药的准备过程相当烦琐，其疗效又不像西医那样迅速，因此不受生活忙碌的现代人青睐。余仁生的第四代接班人余义明认识到中药行业必须转型方能走出被市场淘汰的命运，所以余仁生于

1989年开启了传统中药店转型至现代保健自营连锁店的大计划。其转型计划成功让余仁生获得新的生命和持续发展，并在新加坡和香港两地上市。这家老字号的成功可说是其经营者善于利用传统中药品做新市场的生意，把产品焦点放在生活化和方便化，如其保健礼篮可用作送礼，让更多顾客能接受其产品。这家马来西亚华人传统老字号中药店不仅能在激烈市场竞争的过程中转型和变革以迎合现代人的需求，使其企业达到持续性发展，而且还能在中药国际市场上占有一席之地。时至今日，余仁生在东南亚国家的华人社会无人不晓，它所传承的不仅仅是一家老字号的品牌，更是流传百年的“仁泽众生”的理念。

通过对余仁生集团的分析，我们不难发现，该集团的成功是基于数项优点。一般老字号企业能持续性经营都有核心优点和竞争力。其一可归功于这家企业的核心精神和经营哲学，即创办人余广济世为怀的“仁泽众生”精神。百年后的今天，余家的接班人依然秉承余广的精神，坚持采用高品质的中药材制药，以出产优质产品。因此余仁生产品代表的是一种信誉和高价值的品牌。其二是这家企业虽然做的是中药生意，但其管理层一直与时俱进，开拓新市场和投入资金以研究更优质的产品。此外，余仁生集团一直以来都继承着其创办人“回馈社会”的理念，它在2001年便定下“有心才会感恩”的企业文化，旨在唤醒社会人士的爱心及学会感恩，以营造更和谐的社会。余仁生常年举办的公益活动包括“一桶金”、“一年一校”及“春节谢师恩”等，这些活动不但能传承华人的感恩文化，亦能进一步向社会推介其产品。

## 参考文献

[1] 陈志明．海峡殖民地的华人——峇峇华人的社会与文化［M］//林水檺，骆静山．马来西亚华人史．吉隆坡：马来西亚留台校友会联合总会，1984.

[2] 陈志明．涵化、族群性与华裔［M］//郝时远．海外华人研究论集．北京：中国社会科学出版社，2002：231-262.

[3] 陈圆风．余义明．中药上网售全球．21世纪企业家．［M］梳邦：南洋商报生活出版社，2000：82-90.

[4] 冯静敏．OldTown咖啡三代飘香［N］．星洲日报（元旦年刊），2012-01-01.

[5] 雷丁．华人资本主义精神［M］．香港：香港中文大学，2009.

[6] 彭西康．重拾历史的记忆：务边华人先贤的故事［M］．务边：务边文物馆，2016.

[7] 苏诗华，陈俊明．余家百年四代：仁泽众生．［N］星洲日报，2014-08-17：21.

[8] 颜清湟．华人历史变革［M］//何启良，林水壕，赖观福，等．马来西亚华人史新编．一册．吉隆坡：马来西亚中华大会堂总会，1998：3-76.

[9] 张继焦. 亚洲的城市移民：中国、韩国和马来西亚三国的比较 [M]. 北京：知识产权出版社，2009.

[10] 祝家丰. 文化的韧性与生命力：马来西亚华人文化个案探讨 [M] //文平强，许德发. 勤俭兴邦：马来西亚华人的贡献. 吉隆坡：华社资料研究中心，2009：165-188.

[11] 祝家丰. 城市化与海外华人饮食文化的传承：从咖啡店的变革看马来西亚华人咖啡文化的沿袭 [M] //张继焦，黄忠彩. 新型城镇化与文化遗产传承发展. 北京：中国市场出版社，2015：96-113.

[12] Furnivall，J. S. *Colonial Policy and Practice：A Comparative Study of Burma and Netherlands India* [M]. Cambridge：Cambridge University Press，1948.

[13] Koh，William. *The Eu Yan Sang Way：Renewing a Century of Heritage* [M]. Singapore：Cengage Learning Asia Pte Ltd，2012.

[14] Tan Chee Beng. People of Chinese Descent：Language，Nationality and Identity [M] // Wang Ling-chi，Wang Gungwu，eds. *The Chinese Diaspora：Selected Essays*. vol. 1. Singapore：Times Academic Press，1998.

[15] Tan Chee Beng. Socio-Cultural Diversities and Identities [M] // Lee Kam Hing，Tan Chee-Beng，eds. *The Chinese in Malaysia*. Shah Alam：Oxford University Press，2000：37-70.

[16] Wang Gungwu. *Community and Nation：Essays on Southeast Asia and the Chinese* [M]. Kuala Lumpur：Heinemann Educational Books，1981.